叢書パルマコン・ミクロス
pharmakon micros
m 05

怪異と妖怪のメディア史

情報社会としての近世

村上紀夫

創元社

江戸時代に繰り返し発生していた「髪切り」のイメージ（北斎季親『化物尽絵巻』、国際日本文化研究センター蔵）

江戸末期に起こったとされる「髪切り」のイメージ（錦絵「髪切の奇談」、国際日本文化研究センター蔵）

石塔磨きという「できごと」が奇妙な形の妖物「はかあらひ」として描かれた（『弘賢随筆』、国立公文書館蔵）

西南戦争の最中である明治10年6月下旬に東京で目撃されたというムクドリと雀の「合戦」を擬人化した図（錦絵「椋鳥雀大合戦」、国立歴史民俗博物館蔵）

「疑似体験も夢も存在する情報は全て現実でありまた幻なんだ…」
「小説や映画が人を変える様に？」

士郎正宗『攻殻機動隊』（講談社、一九九一年）

怪異と妖怪のメディア史

目次

【凡例】

一、漢字は基本的に現行常用字体に統一した。

一、史料引用にあたっては読みやすさを考慮し、原文にない振り仮名や句読点を適宜補った。また、逆に煩瑣になる場合は原文の振り仮名や訓点などを省略した場合がある。

一、年代表記は和暦のあとに（ ）で西暦を示した。なお、一八七二年の太陽暦への改暦以前は西暦と和暦は厳密には対応していない。

序章　メディア論としての「怪異」研究

「白い犬がいるとして、それを現実としよう。しかし、白い犬がいることを目で見たら、もうそれは映像という情報になる。白い犬がいる、と言葉にすれば、これも情報だ。観察され、単純化された情報であって、既に現実ではない」

森博嗣『有限と微小のパン』(1)

はじめに
――伊勢から鬼となった女が京に上ってきたらしい。

そんな噂が流れたのは、応長の頃(一三一一・一二年)のことであった。それから約二〇日間にわたって、西園寺に出たらしいなどの噂が飛び交っていた。「まさしく見たりと言ふ人もなく、虚言と言ふ人もなし」というが、都では鬼の噂でもちきりだった。ある日には「一条室町に鬼あり」と騒ぎになって、大勢の人が集まっていた。ところが、そこでも誰も鬼に会ったという者はいなかった。後日、奇妙な病が流行し、多くの人が二、三日にわたって患うことになったので、「かの鬼の虚言はこのしるし」だったのかという人もいたという。(2)

誰も見たことのないはずの「鬼」の情報に、右往左往する人の姿を兼好法師は書き留めている。注意したいのは「鬼」の上洛という情報の読まれ方である。あとになって、病が流行したことで、「虚言」はその予兆だったのかという解釈がなされている。「虚言」は、それだけなら自然に消滅したかもしれないが、その後のできごとと結びつけられたことで、新しい意味を付されているのである。

誰も見ていないものが、情報のなかだけに「存在」する。そんな例は他にも存在する。天狗もそうだろう。近世の仮名草子『古今百物語評判』巻三「天狗の沙汰、付浅間嶽求聞持の事」には、次のような一文がある。

天狗といふ物は、今の世に誰がさだかに其形を見たるといふ者なけれども、いにしへより其すがたを絵にも書き、又おそろしき物語ども多く御座候ふうへ（下略）[3]

ここでも、天狗は絵や恐ろしい物語が多くあるが、誰もはっきりとその姿を見た者はいないということが意識されている。鬼や天狗は、誰も見たことがないとわかっていたのに、その話だけはまことしやかに語られていた。誰も見たことのない天狗の存在を認識するのは「すがた絵」や「物語」、そして見落としてはならないのは、この一文を記した仮名草子『古今百物語評判』という作品などを介してなのである。人びとが、鬼や天狗を意識するのは、鬼や天狗との遭遇ではなく、その「情報」であり、「情報」を伝える媒体に接することによってである。

情報としての怪異

「怪異は情報にすぎない[4]」。こう書かれてから、多くの時間が流れた。その後、怪異を主題とする研究は多くの蓄積をもつようになっている。[5] しかし、怪異が「情報」であるという点にどれほど自覚的であったか。

歴史史料のなかで、しばしば怪異として扱われ、対処が必要とされる事象[6]――すなわち寺社の鳴動や異変、烏や狐の鳴き声など――について、実際に我々が目にすることができるのは、その報告、対処の記録、そして風聞を書き留めた日記などである。さらに学問分野によれば、そうした伝承や記憶、あるいはそれらを題材とした説話などの文学作品である。要は、怪異そのものではなく、史資料に記録されたその「情報」を研究対象にしてきたのである。

これまでの研究では、情報の内容には関心が高かったが、その情報を入れる容器であるメディア（情報媒体）に対する関心は希薄であったといわざるをえない。

メディアは単なる情報の容れ物ではなく、情報を媒介するメディアそれ自体が情報をもっている。[7] 怪異は、その情報に接し、それを怪異だと認識する人がいて怪異たりうるのだから、情報の受け手に影響を与えるメディアへの視点は不可欠だったはずだ。

まずは、怪異がどのようなメディアで伝えられたかという形式に注意を向けること。そして、情報としての怪異の影響を考えることが重要となる。怪異には真偽不明のものが多く、真偽を論じることはほとんど無意味である。ならば、その効果に着目することから考えていくことが建設的であろう。なぜ、真偽不明の情報としての怪異が一定の影響力をもっていたのか、という問いである。

そこで、メディア論の視点が怪異を考える上で有効になる。メディア論、メディア史[8]では、真偽以上に影響力を重要視してきた。[9] また、吉見俊哉は、メディア研究とは、個々の媒体の特殊性や個別性ではなく、「それらの個別性を可能にしている社会的な場の力学」の解明に向けられていると述べている。[10]

近世には、さきの『古今百物語評判』に書かれていたように、「物語」や「すがた絵」、瓦版や書簡など多様な媒体を介して、天狗や鬼、さらには実に様ざまな奇妙な噂が全国をかけめぐっている。こうした問題を考えるにあたっては、情報の流布にメディアがどのような影響を与えたか、その情報がどう読まれたのかが重要となろう。怪異を論じることが、すなわちメディア史でなければならない理由はそこにある。

これまで「怪異学」を標榜し、「怪異」を積極的に論じてきたのは東アジア恠異学会である。[11]「恠異」（怪異）について、王権との関わりを重視し、卜占によって国家が神の祟と認定した政治的予兆であったものが、時代とともに貴族や知識人などによっても「怪異」と記録されるようになったものとしている。史料上の文言としての「怪異」に着目し、その歴史的変遷が明らかにされたことは大きな成果である。しかしながら、近世政治史の史料においては、怪異という用語の出現頻度は必ずしも高くなく、近世には古代・中世の王権から見た怪異論との接続がうまくなされていない。[12]

これまで歴史学では中世の国家管理された怪異をひとつのモデルとして、それとの連続性を強調してきた結果、中世的怪異（「恠異」）と性格を異にする、近世の娯楽としての怪異を「下降」「劣化」と表現してきた。一方で、民俗学や近世文学で対象としてきた「妖怪」や怪談などと中世的怪異の接続は難しかった。

近世朝廷研究のなかでなされた怪異、[13]儒学など学術的世界での「怪」の語られ方、[14]草双紙などを使った近世「妖怪」研究、[15]宮田登による近世都市と妖怪[16]の個別研究、これらを総合した上での近世と中世の架橋は積み残されたままである。

しかしながら、現在の「妖怪」イメージを形成するのは、むしろ近世であり、近世の怪異が十分に明らかにされることなしには、怪異・妖怪の歴史を描ききることはできないだろう。

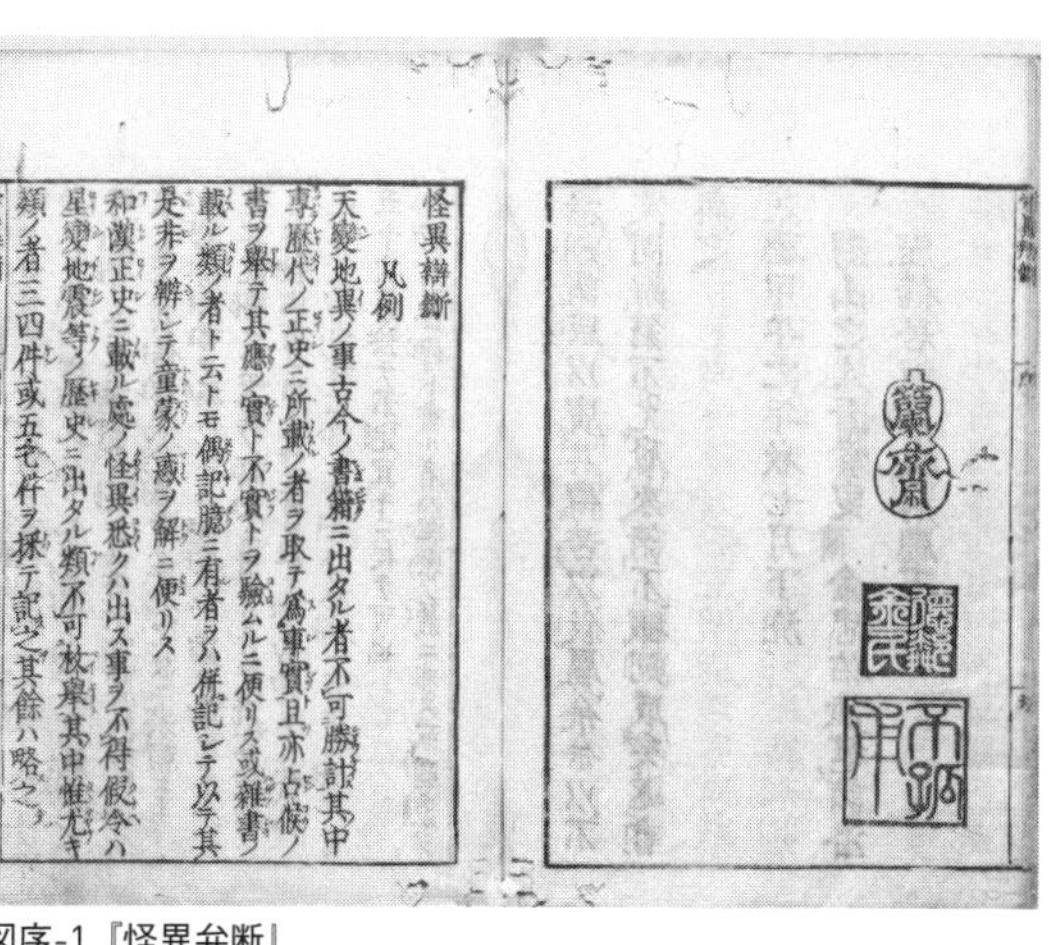

怪異辨斷　凡例
天變地異ノ事古今ノ書籍ニ出タル者不可勝計其中
專歷代ノ正史ニ所載ノ者ヲ取テ爲事實且亦占候ノ
書ヲ擧テ其應ノ實ト不實トヲ論ムルニ便リス或雜書ニ
載ル類ノ者ト云トモ偶記臆ニ有者ヲハ併記シテ以テ其
是非ヲ辨シテ童蒙ノ惑ヲ解ニ便リス
和漢正史ニ載ル處ノ怪異恐クハ出ス事ヲ不得假令ハ
星變地震等ノ歷史ニ出タル類不可枚擧其中惟尤キ
類ノ者三四件或五七件ヲ採テ記之其餘ハ略之

図序-1『怪異弁断』

怪異と不思議

近世の怪異について論じた木場貴俊は、広義・狭義の「怪異」を設定し、広義の「怪異」について、「あやしい物事」を指し、化物・妖怪・不思議など、表現する対象を包括する概念（天変地異や憑物も含む）と定義している[17]。

そして、何を「あやしい」と認識するかは、時代や地域によって、あるいは認識する人の位相によって異なっているから、時代と社会によって規定される怪異のあり方を論じることで、その「歴史性」を明らかにすることができるとする。そのなかに含まれる「狭義の怪異」については、朱子学での異常な道理で発生した鬼神＝気、異常そのものを怪異と呼んでおり、広義の怪異と区別する。さらに、中国の天人相関説などの影響を受けながらも、古代から中世にかけて日本独自の発展をとげ、政権にとっての災厄を神仏が示す予兆として理解され、国家によって集中的に管理

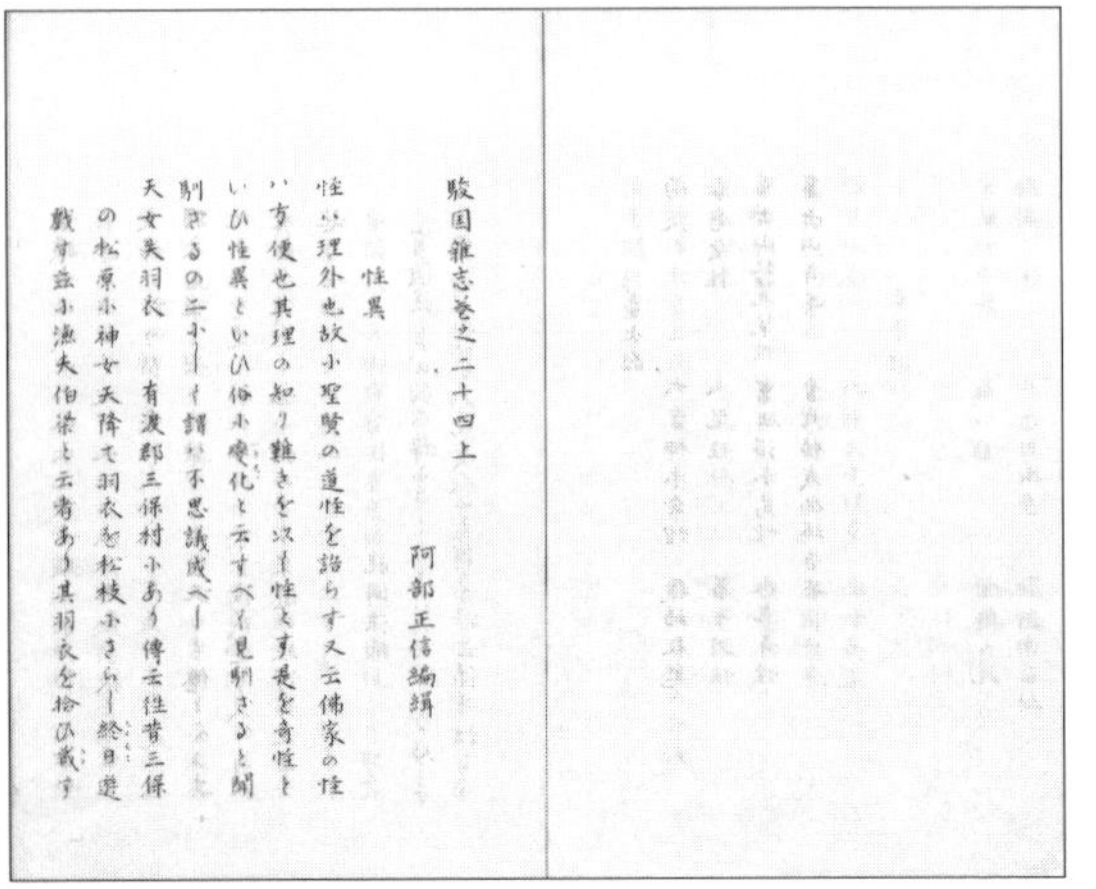

図序-2『駿国雑志』巻24上

された政治的な怪異を「恠異」と表現する。

つまり、木場は「あやしいものごと」の総称としての怪異に加え、朱子学的な理解による「怪異」(狭義の怪異)、そして古代・中世以来の恠異の異なった三つの「怪異」を慎重に使い分けて論じていく。

それでは、近世の史料には怪異をどのように定義しているだろうか。

『怪異弁断』という書物がある(図序-1)。これは、西川如見が、正徳四、五年(一七一四、一五)頃に刊行した歴史上の「怪異」について「是非ヲ弁シテ童蒙ノ惑ヲ解」いたもので、「天異」「地異」の二部構成となっている。

同書の「凡例」では、叙述の対象について「天変地異」「変異妖怪」という表現も使われている。このことから、西川が「怪異」という語を、「天変地異」などと同様の概念として理解していたことがうかがえよう。ここでの「天変」は、天体や気象に関わるもので、「地異」は地震をはじめ、草木の異常、釜鳴・家屋の鳴動など地上で発生する多様な事象が取り上げられている。[18]

また、旗本の阿部正信が駿府での在任中の情報をもとにして、天保一四年(一八四三)に完成させた駿河国

（現・静岡県中部）の地誌『駿国雑志』（図序-2）にある「怪異」という項目の説明では、次のように記している。

怪ハ理外也、故に聖賢の道怪を語らず、又云仏家の怪ハ方便也、其理の知り難きを以て怪とす、是を奇怪といひ、怪異といひ、俗に変化と云、すべて見馴ざると聞馴ざるの二にして、謂ハ不思議成べし[19]

阿部正信によれば、怪異、あるいは奇怪、変化、「怪」とは、通常の道理ではわからないこと（「理外」[20]）で、見慣れない、聞き慣れないもの、要は「不思議」である。見慣れず、聞き慣れず、道理がわからないもの——つまり、当該事象にかかる情報との接触機会の有無と「理」を判断基準とし、「不思議」だと認識される事象を怪異としているのである。[21]

木場のいう広義の「怪異」については、『駿国雑志』の認識とも齟齬はなく、「あやしい」とは、『駿国雑志』の記す「不思議」と置き換えることも可能だろう。そこで本書では、『駿国雑志』の記述や木場が提起した広義の「怪異」概念を参照して、[22]「怪異」を「当該社会において、あやしい・不思議とされた物事の情報」としておこう。

ただし、本書で対象とするのは「あやしい・不思議とされた物事」ではなく、その「情報」である。[23]「情報」とわざわざ記したのには理由がある。怪異に該当する事象が発生しても、誰も見ていない場所であれば人に認識されることはない。事象が情報に変換されないからである。また、事象に接した人のフィルターを通して情報にするか否かの判断がなされることになる。時には、怪異の発生が時の政権などにとって不都合であれば、「報告しない」ことによってなかったことにすることも不可能ではない。事象を認識しても、誰かが情報にしなければ怪異として認知されることはないのである。

一方で、自身が見たり体験したことでなくても、公式な報告が上がってきたり、噂や瓦版などのメディアを通して情報に接したら、人は不安を感じたり、不吉な予兆だと考える。時には政権として対処が必要になる場面も出てくる。こうした情報は、口頭の噂や公文書、あるいは瓦版などで伝えられたり、記録に留められたり、奇談として随筆などに筆録されるなど、メディアを介して伝えられる。事象は情報として流通するようになり、読み手によって解釈されることによって怪異となるのである。

このように整理してみれば、つまるところ、怪異とは情報の媒介と解釈によって成り立っており、受け手目線のメディア論、あるいはコミュニケーション論として論ずるべき課題だということになろう。

「妖怪」と怪異

なお、もうひとつ整理しておくべきなのが妖怪である。妖怪については、柳田國男が神の零落したものだとしたのはよく知られているが[24]、この点には既に多くの批判もある。

宮田登は、祀り上げられたものが神、祀り棄てられたものが妖怪であるとした。これに対して、妖怪研究で多くの業績がある民俗学者・人類学者の小松和彦は、「新しい妖怪論に向けて」というサブタイトルをもつ山姥についての論文で、超越的な霊的存在で人間によって祭祀されているものが神、祭祀されていないものが妖怪であるという、人間との関係性でとらえようとした[25]。小松は、妖怪の定義をめぐって、「議論を成り立たせるために、なによりもまず基本となる用語や概念の定義が求められる」とし、それがなければ学術論文ではなく「二次的な文学作品」にすぎないと批判していた[26]。しかしながら、一方では「妖怪を定義するのはむずかしい」と率直に述べて『あやしいもの』や『あやしいこと』、つまり『怪異』というふうに理解しておくのが無難である」とし、[27]「人に『あやしい』と思わせるものはすべて、『妖怪』というラベルを貼ってかまわない」とも記す。[28]こうした非常に緩やかな「妖怪」の定義が出現した背景には、小松が妖怪に関する人文・社会・自然科学の諸分野からの研究を総合する場としての「妖怪学」を構想していることがある。[29]厳密な定義が学術的に論じられることの少なかった妖怪研究を学術研究とするための前提なら、緩やかな定義は学際的な研究ができるように間口を広げておくための手段であろう。

小松の妖怪をめぐる定義は、振幅が見られる――というよりも戦略的に使い分けているようだ。現時点では、「できる限り広く設定し」なおかつ「意味のあいまいさ」を解消することを意図したという三つの意味領域に分けた整理によるのが、小松による「妖怪」概念の理解として妥当といえようか。すなわち、①できごととしての妖怪（現象―妖怪）、②超自然的存在としての妖怪（存在―妖怪）、③造形化された妖怪（造形―妖怪）である。この場合、①のできごととしての妖怪ならば「妖怪」＝「怪異」ということになる。[30]最初に①があり、②存在や③造形は、二次的な使われ方ということになろうか。

また、伊藤龍平は、小松の三分類に言及し、従来の研究では存在・造形に比べて「妖怪現象」についての研究が手薄だったと指摘し、「妖怪」を「身体感覚の違和感のメタファー」としてとらえている。[31]こうした個人的に経験される「妖怪感覚」が共感、共有され、それに「名づけ」が行われたものが「妖怪」だという。身体感覚で妖怪「経験」としてとらえているのは非常に興味深い。

ところで、語彙としては、近世初期にポルトガル人宣教師が編纂した日本語辞書『日葡辞書』に「妖怪」

（Yôquai　ヨゥクヮイ）とは「わざわいと危険なこと」とある。[32] 本書では文献史学の方法論によって、近世の事象を中心に論じようとするため、史料上の用語とは異なる意味で広く使われてきた語彙を分析概念として採用すれば、いたずらに混乱を招くことになる。前述の『駿国雑志』では、「是を奇怪といひ、怪異といひ、俗に変化（バケモノ）と云」とあり、バケモノを「怪異」などと同義で使用しているので、小松がいう②存在③造形の「妖怪」も「怪異」で代替可能である。

そこで、本書においては、早くから史料用語として見えている語彙「怪異」を採用し、「妖怪」の語彙を分析概念として使用することは控えておきたい。[33]

怪異解釈とデータベースの所在

怪異かどうかの判断は、歴史・地理・経験の〈知〉に基いてなされることになろう。そのための参照情報（データベース）をもっている者の判断が権威をもち、採用されることになる。怪異認識とは、歴史・地理・経験のデータベースを誰が維持管理し、運用しているかという問題に置き換えることもできよう。

律令国家のような中央に求心力がある場合は、時間とともに情報が蓄積される集中システムとなる。弘仁三年（八一二）九月、嵯峨天皇の命として、次の太政官符が出された。

太政官符

応換察神託宣事（まさにしんたくけんさつすべきのこと）

右被二大納言正三位藤原朝臣園人宣一偁（いわく）、奉レ勅、恠異之事聖人不レ語（かたらず）、妖言之罪法制非レ軽（かるきにあらず）、而（しかるに）諸国

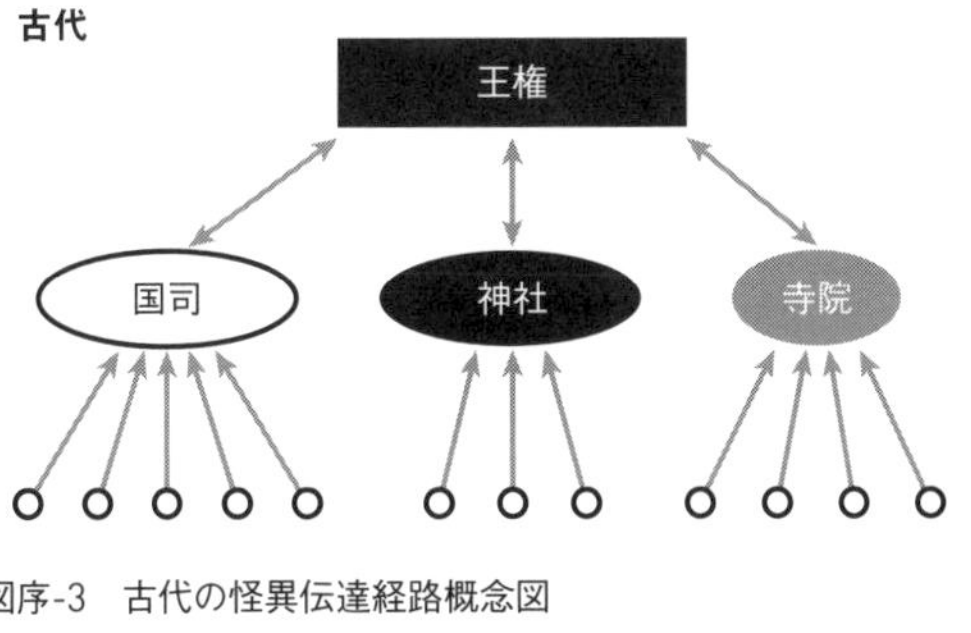

図序-3 古代の怪異伝達経路概念図

信二民狂言一申上寔繁、或言及二国家一、或妄陳二禍福一、敗レ法乱レ紀莫レ甚二於斯一、宜下仰二諸国一令上レ加二撿察一、自レ今以後、若有三百姓輙称二託宣一者、不レ論二男女一随レ事科決、但有二神宣灼然其験尤着一者、国司撿察定レ実言上

弘仁三年九月廿六日(34)

諸国で「国家」について言及したり、吉凶を語る「民の狂言」を信じて朝廷に上申する国司が多いが、今後はみだりに「託宣」と称して何かいう者がいれば処罰せよ。ただし、明らかに神意であるとみなされる場合のみ、事実関係を確認して上申せよ、と命じている。

情報の出所は「百姓」とある。第一段階は「託宣」を契機とする「百姓」「民」の間で広まった情報であり、これを国司がことごとく中央に上げてきていたため、今後は「諸国」で情報について厳重な事実確認を命じている。また、すべての情報を遮断しているわけではなく、明らかな神託についての報告は言上するように伝えているわけだから、「神託」そのものを否定してはいない。

この史料からは、「怪異」とは「神託」――すなわち神からのメッセージ――である可能性が高いと見なされる事象にかかる情報であったといえる。怪異の可能性がある情報が寄せられるたびに判断を繰り返せば、中央ではさらなる情報の蓄積と判断の経験が進行していく。

メディアという視点からいえば、「神託」の可能性が高い怪異以外にも、数々の妖言が民間で広がっていたことにも注意したい。「百姓」の間で流布していた時点では、「噂」といった口頭での伝達が基本であろう。こうした噂の出所はどこであったか。律令の「僧尼令」では、冒頭に僧尼による吉凶の判断や呪術行為を禁じている。

> 凡そ僧尼、上づかた玄象（げんぞう）を観、仮（いつわ）って災祥を説き、語（こと）国家に及び、百姓を妖惑し、（中略）並に法律に依りて、官司に付（さづ）けて罪科せよ。
>
> 凡そ僧尼、吉凶を卜（うらな）ひ相（はか）り、及び小道、巫術して病療（やまいいや）せらば、皆還俗（みなげんぞく）、其れ仏法に依りて、呪を持し疾（やまい）を救はむは、禁（いさ）むる限に在らず。[35]

律令体制のもとでは、僧尼が天体観測や占いなどによって吉凶を語ることや、「国家」[36]について言及することは許されなかった。天体の動向や占術による判断は、中央政府によって独占され、それ以外のものが行うことは「百姓を妖惑」するものと見なされていたのである。こうした規定の存在は、裏を返せば地域社会において、時に宗教者が「百姓」（庶民）に吉凶を語っていたことを示しているといえよう。

文字文化が広く浸透していく以前の民間では、僧尼などから得た知識に加え、古老の記憶や経験の伝承が判断のよりどころになろう。「俗信」などは、判断結果が経験則として蓄積され、口頭で伝承されてきたものといえる。

家職と中世の怪異

情報の中央集権化は九世紀をもってかたちを変えていくようである。六国史と総称される、律令国家が編纂した史書の最後となる『日本三代実録』は延喜元年（九〇一）に完成し、その後はこうした官撰の史書が編纂されることはなかった。九世紀末以降は、貴族たちによって日記が書かれ、数多く残されていく。日記は子孫に引き継がれ、先例や故実を知るために活用される。そして、日記は「家」と一体化されて集積されていくのである。[37]

情報は中央において集中管理されるのではなく、各家において家の記録として分散されていくことになる。公家日記の主題といえば、多くは儀式に関することなのだが、怪異もまた同様の事態が発生した際に、的確な対処をするために記録されていく。

加えて、私的世界を自由に表現をする「記」が出現するのもこの頃である。現在は失われ逸文として残るのみだが、平安前期の紀長谷雄（きのはせお）は『紀家怪異実録』という書物を書いていた。同時期、九世紀末から一〇世紀にかけて活躍した三好清行も『善家秘記（ぜんけひき）』という奇譚集を作成していた。[38]「記」「実録」が作成される背景として、唐の伝奇小説などがもちこまれた影響があるともいわれるが、[39]「史臣」と自らを規定していた紀長谷雄が、自身の見聞や身近な人から聞いた怪異を「実録」として書き留めていたことに注意したい。やはり、九世紀末から一〇世紀にかけての個人や家による意識的な情報の集積と記録化は、軌を一にするものといえよう。

各家での情報の分散管理が中世には拡大していく。データベースの維持と運用は家職となり、王権から離れて各家に独立・分散化されて構築・運用されていくことになる。禅宗寺院には、中国からの最新情報が入って

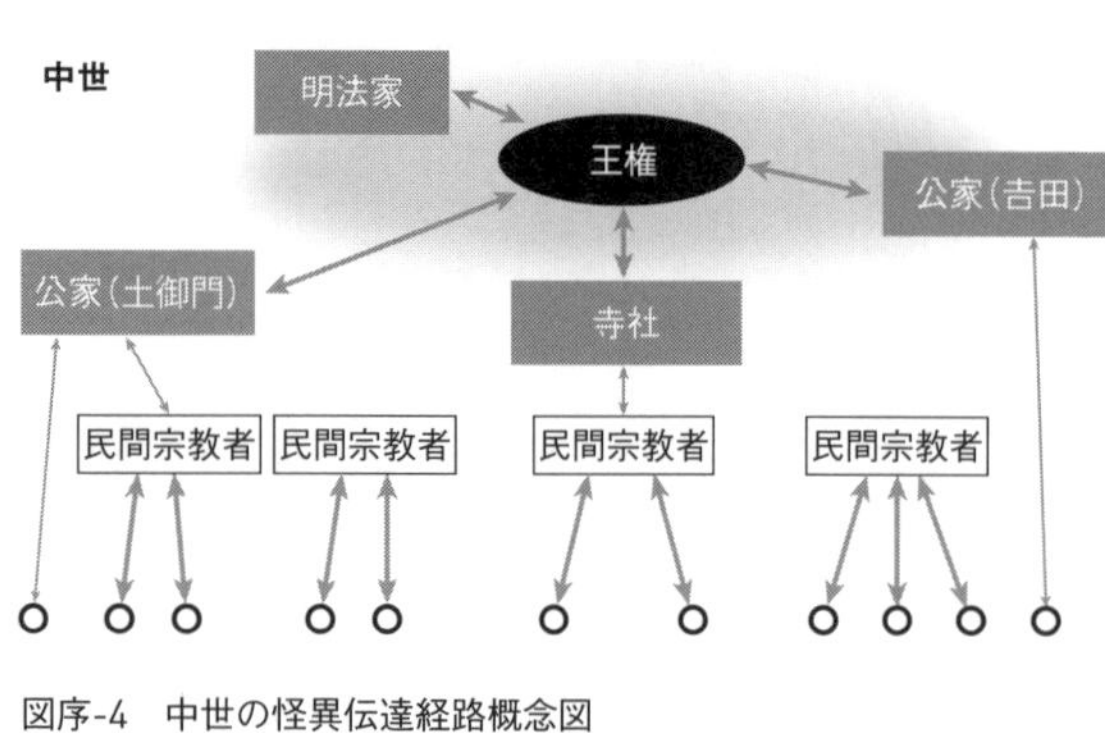

図序-4　中世の怪異伝達経路概念図

いる。中世の五山に集積された知も新しいデータベースのひとつといえる。いわば、複数のデータベースが独立して運用されているという状態である。

こうしたシステムは、変化には強いが不整合を起こしやすい。中世社会においても、時代の変化や社会的要請に柔軟に対応できたかわりに、事象に対する判定が一致しない場合がしばしば発生するのである。

一例を挙げれば、『太平記』巻二五に見える貞和四年（一三四八）の事件への対処がある。一〇月、仙洞御所において「二、三歳許ナル童子ノ頭」をくわえた犬が大床の上に座っていたという。御所侍が箒で追い払ったところ、御殿の屋根に登り棟木の上で「西ニ向ヒ三声吠テカキ消様ニ失ニケリ」という。この時、崇光天皇への譲位に伴う大嘗会が予定されていたが、この「夭怪」によって中止するか否かが問題になった。明法博士など「法家」に諮問したところ、多くのものが触穢による一年延期を勘申したが、ただひとりが「叡慮」次第と回答した。神祇大副の卜部兼豊は「これが触穢でないなら、神道などないようなものだ」と批判した[40]。

時と場合によって、法家や神道の白川家・吉田家、陰陽道の土御門家などが怪異の判断にあたって、専門的な技術や知識を駆使して対応することになる。その際、判断の方法は、それぞれの専門分野によって過去の記録の検索、学知による考察、占いなど多様である。

方法の多様性ゆえに、その結論や解釈も一致するとは限らない。しかし、どの解釈が採用されるかは個々の家の威信にも関わる問題となる。先の『太平記』の例では、卜部兼豊は、法家の解釈を採用して無事に神事が行われるようなら「一流ノ神書ヲ火ニ入テ、出家遁世ノ身ト可罷成」といっているが、家職の威信を賭ける一念が読み取れよう。

判断結果の不整合が繰り返され、そのことが威信に関わるとなれば、それぞれの家では、より影響力を増すための理論化や政権への過剰な接近なども進められていくことになろう。吉田兼倶のように牽強付会ともいうべき理論書をまとめ、時に歴史の捏造さえ行われたのも、そうした理由によるだろう。

一方で、吉田家の神学や土御門家の陰陽道などの〈知〉は、広く民間に公開された情報ではない。一部の神職や宗教者などが門弟となって伝授を受けたり祈祷を依頼するなど、直接的な接触をすることができたのも一部に過ぎまい。恐らく地域社会では、民間を活動の場とする修験者や陰陽師、そして僧侶、巫女などの宗教者に頼ることになろう。多くの民間宗教者が活動し、寺社門前など人が群集する場を数多くもつ都市部では、流言の発生や流行神の出現も頻発するようになる。(41) 突発的な熱狂現象の発生は、都市域を中心に、情報を拡散するローカルなネットワークが形成され始めていたことを示している。

分散型ネットワークの構築と近世

戦乱の時代が終わり、近世になると、多種多様な書物が盛んに整版本として出版されるようになる。こうした出版事業の興隆は、公家や寺院などで占有されていた閉鎖的な知の開放につながり、それまで秘匿され、わ

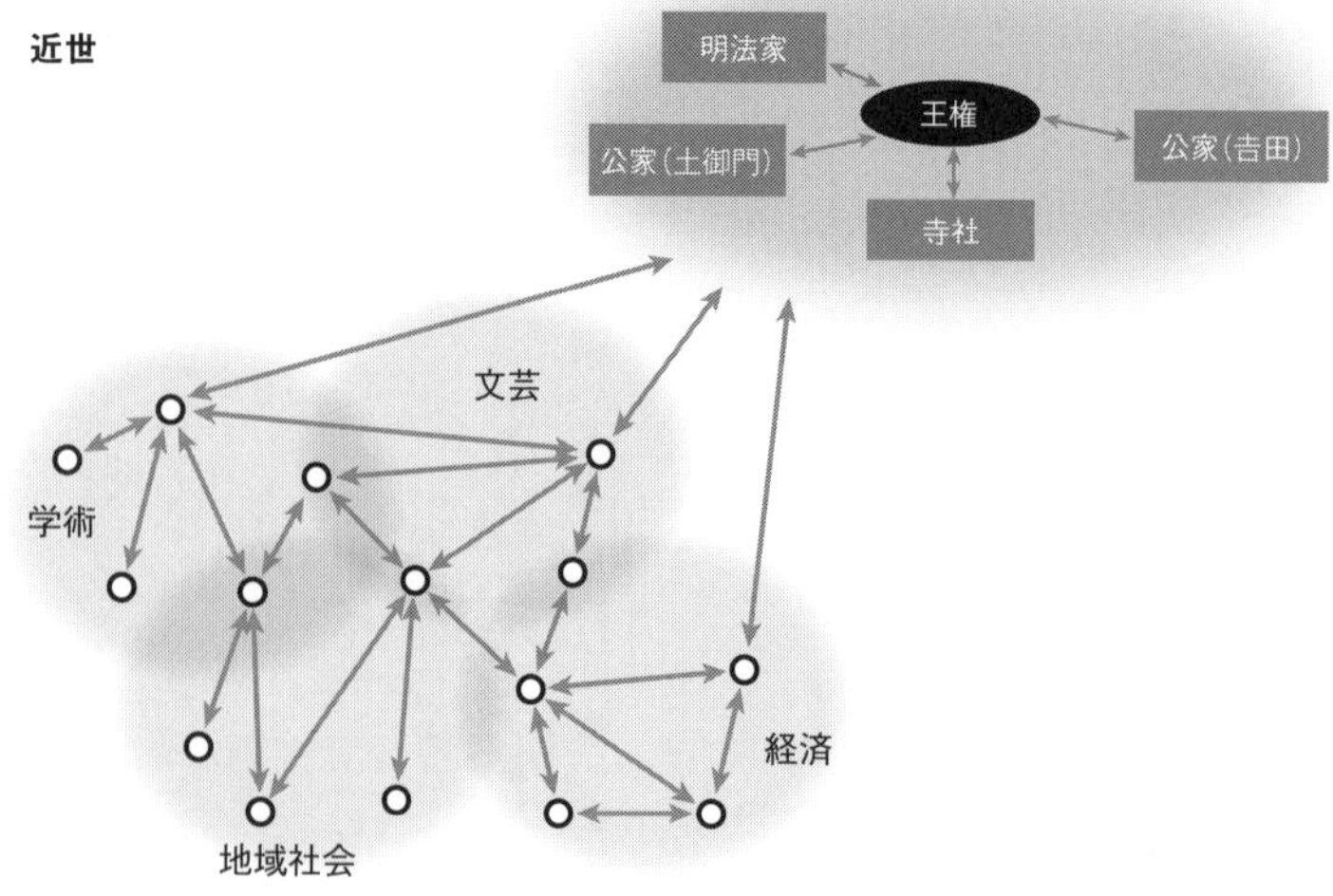

図序-5　近世の怪異伝達経路概念図

ずかに写本で伝わっていた古記録や物語、漢籍、さらに学術書などに広くアクセスできるようになっていく。

地域社会でも、中世後期から近世にかけて文字文化が広がっていく。年貢上納や諸役を村が責任を負う村請制により、近世の村落社会にも文字の運用能力は不可欠なものとなっていく。元禄・享保期には村や町で日記が出現し、年代記や記録が作成され始める。こうした日記や記録を書き留めるような町や村の上層部は、書物を蓄積し、また蔵書家間での貸借によって外部からも積極的に情報を集積する。

また、神職や陰陽師などの宗教者は、公家の吉田家・白川家や土御門家を「本所」として、許状を受けて活動するようになる。民間の宗教者も、家職として学術の知を保持していた公家に入門し、その知の伝授を受けられるようになった。

こうした吉田家や土御門家といった、公家に独占されていた宗教知を伝授される神職や宗教者が地域社会に広がっていく。さらに、歴史については年代記、地理的情報については地誌、そして博物学的知は『和漢三才図会（わかんさんさいずえ）』などの百科事典類が板本として流布していく。

そうなると、ある事象が「怪異」か否かについては、広く多くの人びとがそれぞれの手持ちの知を駆使して判断し、合意形成ができれば、その結果が社会的に共有されていくようになる。近世には、情報やデータベースの一元化がなされることなく裾野が拡大し、個々人が個別に保有するデータベースに基づき解釈する。こうして、分散型のネットワークが発展すると考えられる。(42)

地域社会のネットワークだけでなく、商取引を介した人のつながりや誹諧などの文芸、学術の世界など、多様な人の集まり(クラスター)が形成される。そうした集団では、自身のデータベースを構築する知識人や蔵書家が中心となり、さらに彼らがハブとなり、地域社会に情報を伝えるとともに、遠隔地間でも知識人の間での書状のやりとりや書籍の貸借によって情報が媒介される。在村知識人や蔵書家が学術・文芸のみならず、経済的な有力者として商業の世界ともつながり、複数のクラスターを繋ぐ結節点になっている場合も多かった。(43)

無論、情報の伝達は知識人だけが担っていたわけではない。遠隔地間の商取引や飛脚問屋、そして旅芸人や行商人による噂話なども、空間を超えた情報伝達に寄与していた。怪異はネットワークを介し、口頭や書状、瓦版など多様なメディアによって、時には全国的に拡大する。そして、それを知識人が論じ、記録に書き留め、好奇心旺盛な人びとによって消費されていったのである。

メディアからみた怪異の地平

あらためて、怪異の論点をメディア論的な視点から整理しておくことにしたい。ここでいうメディア論とは、マクルーハンの一連の議論[44]や佐藤卓己らの近代・現代メディア史をめぐる業績[45]が念頭にある。歴史学の方法論としては、まず史料の吟味＝史料批判があるわけだが、そこで問題とされるのは何よりもその内容である。一方で、情報の容れ物である史料そのもの（メディア）について、意識的に論じられることはなかった。

とはいえ、歴史学で古文書の所蔵調査の対象とされることが多い町や村、民俗学の調査対象となるフィールドで見いだされる文字史料については、ことさらにメディアとうたわないにしても、その形態や機能を意識した研究が進められてきた。近世史研究の分野では、地域社会の知識人による蔵書形成やネットワークに着目した研究や[46]、主体的な読書を通して自己形成をしていく読者に視点を据えた読者論などがある。[47]近年は、近世社会と書物の関係を概観するようなシリーズなども刊行されている。[48]地域社会における古文書の保存と管理など、アーカイヴズ学的な視点からも研究の蓄積がある。[49]民俗学においても、年中行事や生活のなかで作成され利用される文字史料を対象化した、小池淳一の民俗書誌論など豊かな研究成果がある。[50]

いずれの研究も、重要な視点を提起しており、貴重な成果を挙げてきている。しかしながら、これらの研究は最初から文字史料の存在を前提としており、なぜ文字史料というかたちで記録が作成されねばならなかったのか、そのメディアとしての特質は奈辺にあるかといった点についての関心は希薄であった。[51]

この点について、自覚的に論じたのは渡部圭一である。渡部は、「正信偈（しょうしんげ）」読誦の場に即して、声と文字表記の相互関係を掘り下げ、実践の場における文字表記という視覚媒体のもつ意義について問題提起をした。[52]筆者も渡部がいう「媒体レベルまで突き詰めて史料を捉える見方」の重要性にはおおいに共感する。本書では、書物や文書、噂など多様なメディアを対象とし、かつ「媒体」のもつ機能や特性を意識して論じていきたい。

近世社会における怪異について、メディア史という方法で論じるにあたっては、以下の点に留意したい。

(a) 怪異は情報である。

怪異とは、怪異とみなされた情報であり、メディアによって媒介され、史料に記録されたものが歴史学の研究対象となる。それぞれの媒介過程で濾過されたり、変容したりしている可能性がある。また、受け手によって送り手の意図とは異なった受けとめ方をしている場合もある。ストック型のメディアは長期間にわたって情報を保存し、時間を超えて情報を媒介することができるから、送り手と受け手は同時代とは限らない。時代によっても解釈にあたるデータベースの保有者や運用法が変われば、同じ情報であっても受けとめ方が変化している可能性がある。情報媒介と解釈のプロセスが重要となる。

(b) 怪異と判定するためのデータベースの所在と運用に時代や社会が反映される。

怪異と判定するには、当該事象の頻度や説明可能か否か、吉凶などが判断基準となるが、そのためには参照可能な情報の蓄積(データベース)が不可欠である。どこに、どのように情報が蓄積され、運用されるかに時代や社会のあり方が反映されている。データベースの維持管理と運用は怪異の認定システムにほかならず、その歴史的解明が、とりもなおさず歴史学としての怪異研究である。

(c) メディアの多様性と機能分担を意識する。

記事内容ではなくメディアそのものの機能と、メディアが情報の内容や読まれ方にいかなる影響を与えたかに留意する。[53] 複数のメディアがそれぞれの社会的機能を果たしながら共存し、怪異を伝えていた。その機能分担が歴史的に形成されていったものだとすれば、メディアの併存状況と機能分担を通して当該社会のありようを読み取ることができよう。それは、怪異とメディアを通しての社会・文化史研究となる。

本書の概要

上記のような問題意識のもと、本書では以下の五章にわたって、怪異を情報ととらえた上で、具体的な事例に則して情報を媒介するメディアとその機能、そして受け手による情報解釈の行為に着目して論じる。情報の流布や解釈の詳細を史料的に明らかにできる近世の都市が主たる研究対象となる。

第一章「「髪切り」――近世メディアがつくる怪異――」では、中世から近世への連続性と相違点を意識し、何者かによって髪がいつの間にか切られる「髪切り」について論じる。ここでは、メディアの特性に注意し、学術的著作と瓦版や噂など短期間に消費されるメディアにおける解釈の傾向性を明らかにする。

続く第二章「「一目連」――情報の連鎖と拡大――」の舞台は、三重県の多度神社の境内にある別宮一目連神社である。読者論として、ストック型のメディアといえる百科事典や地誌、学術書の読まれ方に注目する。

第三章「「石塔磨き」の怪――近世都市の怪異とメディア――」では、都市を取り巻く情報環境と流言の変遷を時系列で整理した。文政一三年(一八三〇)の江戸で、墓石がいつのまにか磨き上げられる事象をめぐり、噂の流布に、どうメディアが関わって情報が構築されたかを解明する。

第四章「「雀合戦」――書状というメディア――」では、「雀合戦」と呼ばれる、雀が群がって争う現象を通して、書状も情報メディアとしての役割を果たしていたことを明らかにする。書物以外にも多様なメディアがそれぞれの機能を果たし、情報を媒介していたことを確認する。

第五章「「流行正月」――疫病の噂とコミュニケーション――」では、情報ネットワークの形成から近代への移行を展望する。「悪しき年を送る」ことを期待して、一年の途中で正月を祝うとされた「流行正月」は、噂だけでなく、摺り物や瓦版で広範囲に情報が広まっている。連鎖的に流行正月を行い拡大していったのは誰か、近代には流行正月が見られなくなったのはなぜか。これらのことを明らかにし、近世の情報流布とメディアから近代を展望したい。

終章「メディアと怪異からみる近世社会」では、以上の議論をふまえて一七世紀～一九世紀における情報環境と怪異について概観をする。

第一章　「髪切り」――近世メディアがつくる怪異――

たとえばフランク国王は、子供のときから髪を切ることを禁じられていたという。髪は、多くの文明で、深い人格と特権の宿る場所とされ、それを切られるのは屈辱であった。

池上俊一『中世の身体』[1]

はじめに

髪切りとは、ナニモノかによって、いつの間にか人の髪が切断されるという現象である。こうした現象は既に中世にはあったようで、例えば公家の万里小路時房による日記『建内記』嘉吉元年（一四四一）二月七日条に「於室町殿女房髪、近年切之恠異事、為何者之所為哉不審之処」と見えている。[2]

室町殿――すなわち、足利将軍御所につかえる女房が、いつのまにか髪の毛を切られるという「恠異」（怪異）が発生しているという。

図1-1『化物尽絵巻』

毛根から抜けるのではなく、髪が途中から刃物のようなもので切断されている。にも関わらず、切られた本人がそれに気付かず、いつのまにか（あるいは寝ている間に）切られていて、誰の仕業か判然としないところが「恠異」たるゆえんである。

「髪切り」の興味深い点は、これが中世に留まらず、一七世紀から一九世紀まで近世を通じて断続的に発生しており、多様な史料に登場していることにある。近世の「怪異」研究は、古代・中世に比べると大きく立ち後れているが、こうした中世から近世にかけて長期間にわたり確認できる「髪切り」は、天人相関説を前提とした王権と関わる予兆としての中世的「恠異」から、[3]王権とは無関係に「つくられる」ようになる近世「怪異」[4]への変質について浮かび上がらせる素材たりうるだろう。

香川雅信は、この「髪切り」に関する寛永期の史料を挙げ、中世には凶兆であった「髪切り」の「恠異」が、「髪切虫」という実態と名称をもった存在（図1-1）とされるようになったことを指摘する。こうした凶兆としての中世的「恠異」から、実態をもつモノへと認識が変わる時期を寛永期と捉えるのが香川の見解である。[5]中世的な恠異から、キャラクターとしての妖怪へという香川が論じた「妖怪革命」への展開を念頭においた議論であろう。[6]

香川雅信は寛永期以降の「髪切り」についても論じている。そこでは、香川は髪切り事件を都市伝説のひとつとして取り上げた[7]。江戸時代の妖怪とは、人間が制御できない「自然」の象徴であり、自然から切り離された都市では妖怪がリアリティを喪失し娯楽の題材となるが、疾病や貨幣経済、都市型犯罪などは制御不能の都市における「第二の自然」であると論じている。そうした「都市型犯罪」の事例のひとつとして、「髪切り」の噂を取り上げているのである。「髪切り」を流言蜚語のひとつとして取り上げた川平敏文による近年の研究も、香川に近い視点で書かれたものといえよう[8]。

近世の「髪切り」に関する専論としては、野口武彦「髪切りの怪」がある[9]。ここでは、寛永一四年（一六三七）から文化七年（一八一〇）まで五例を挙げ、怪異現象を修験者や狐狸で説明するという「江戸時代の文化パラダイム」について指摘する。ただ、ここでの主たる関心は女性の髪のもつシンボリズムにあり、怪異そのものではなかった。

図1-2『狂歌百物語』

近世から近代にかけて、随筆や文学など多様な史資料に登場する「髪切り」（図1-2）について取り上げ、その怪異解釈の変遷について論じているのが原辰吉である[10]。原は、怪異解釈から「時代意識が見えてくる」と結論づけているのだが、近世の随筆類などに限れば、多様性が指摘されており、創作を除外してパターンにはまとめられないようだ。そのため、「怪異は与えられた解釈を呑み込みつつ、その形を成し、より怪しいものとなっていく」と肥大化する傾向にあると見ている。

これらの研究では、「髪切り」そのものというよりも、髪切りを通して近世の怪異観の有り様を論じようとしており、それぞれに重要な指摘がなされているのだが、相互に参照されることなく、現状では個別分散的な研究状況にあるといわざるをえない。

なおかつ、最大の問題は、これらの研究で参照されている「髪切り」に関する史料の少なさである。野口は僅か四例を挙げるのみであるし、もっとも多くの史料を引いている原の研究でさえ、狂歌を創作として除外すれば、近世の随筆五例と絵画史料四例にすぎない。

筆者は表1-1のように四〇件近い「髪切り」についての近世史料を確認しており、これまでの研究でのサンプル数は圧倒的に少なかったといわざるをえない。仮に何らかの変遷や傾向が見いだせていたとしても、わずかな例から一般化することは危険であろう。本章では、まず改めて一七世紀から一九世紀にかけての「髪切り」についての史料を、時系列に沿って検討する。その上で、情報量の増加によって「髪切り」像が拡散し、一層の混乱をもたらさないようにするための補助線として、メディアに注目する。

「髪切り」という「事件」が、その情報を掲載する個々のメディアでどのように語られているか、その情報の容器であるメディアの特性が「髪切り」像といかなる関係を示しているかに留意して考察したい。

表1-1　髪切り関連年表

年代	内容	考証	備考	出典1	出典2

寛永15年	大和の狐が伊勢参宮の暇乞いをすると京に髪切りが流行。		「異国より悪鬼の神のわたりしを……」の和歌を家ごとに貼る。	『春寝覚』寛永15年写	『仮名草子集成』第58巻（東京堂出版、2017年）
寛永14、15年	髪切虫という剃刀の牙、鋏の手足の「妖孽」の風説。		「異国より悪鬼の神のわたりしを……」の和歌。煎瓦下に髪切虫が隠れるという風説で煎瓦の廃棄相次ぐ	『宝蔵』巻4、寛文11年（1671）刊、山岡元隣	川平敏文「山岡元隣『宝蔵』箋註（八）」（『雅俗』18巻、2019年）
寛永14、15年	同右		『宝蔵』を典拠	『当世下手談義』巻四、宝暦2年（1752）刊	『当世下手談義・教訓続下手談義』（桜楓社、1969年）
寛永16年	秋、金沢に髪切虫。鳩くらいで虚空より飛翔		両手を鋏の鬼をつくり「送る」	『新山田畔書』	『加賀藩史料』第2編（清文堂出版、1980年復刻版）
寛永16年	金沢に「髪を切虫」来て、男女のたぶさを切る「風聞」。		「彼虫を送」	『政隣記』	『加賀藩史料』第2編（清文堂出版、1980年復刻版）
寛永16年	金沢に「髪を切虫」来て、男女のたぶさを切る風聞。		船をつくって手を鋏にした鬼を川に流す	『三壺記』	『加賀藩史料』第2編（清文堂出版、1980年復刻版）
（寛永カ）	「諸国の女の髪を切り、家々のはうろくを破らせ、万民をわづらはせたる大和の源九郎ぎつね…」		髪切りは大和源九郎狐の仕業。主題は源九郎狐の姉である姫路の於佐賀部狐	『西鶴諸国ばなし』巻1、井原西鶴、貞享2年刊	『日本古典文学全集39井原西鶴集二』（小学館、1973年）
元禄2年3月7～9日	江戸城女中が行方不明になり「あるいは髪を切り、またはびくになどになして」縁の下から発見さる。			『鸚鵡籠中記』	『摘録鸚鵡籠中記』上巻、（岩波文庫、1995年）

元禄2年4月	江戸城、江戸城廻りの屋敷で「女の髪を切」。男性には「すすめて腹をきらす」	「ばけ物のわざ」で「狐狸などにハあらず、又天狗のわざともおもハれず、かつはといへるものなるべし」		『御当代記』	『御当代記』（平凡社東洋文庫、1998年）
元禄のはじめ	伊勢松坂、江戸で夜間に往来の男女の髪を切る。元結い際から切断。紺屋町金物屋下女が被害			『諸国里人談』巻2-4「妖異部」、寛保3年（1743）刊、菊岡沾涼	『日本随筆大成』第2期24巻（吉川弘文館、1974年）
明和2年秋	江戸、髪切り流行			『武江年表』	『定本武江年表』中巻（ちくま学芸文庫、2003年）
明和4年秋頃	髪切り流行	髪の元結際より切る。若い女性の被害が多く、すべて夕暮方に発生	「飯綱の法修する者の所為」と世の人がいい、湯島の大善院らが捕縛されるが彼らの行為ではないとされる。	『後見草』中巻	『燕石十種』第一巻（廣谷国書刊行会、1927年）
明和4年秋	江戸、髪切り流行			『武江年表』	『定本武江年表』中巻（ちくま学芸文庫、2003年）
明和5年4～5月	四五月間髪切り流行、人々の髪自然と脱落す。是を髪切といふ。			『半日閑話』巻一二、大田南畝筆	『日本随筆大成』第一期第八巻（吉川弘文館、1975年）
明和5年夏	髪切（明和五年）四五月間髪切り流行〔割注〕人々の髪自然と脱落す。是を髪切といふ。	幻術の由風聞。『本草綱目』虫の部より「天牛」を「為囓髪」		『続譚海』巻37	『内閣文庫所蔵史籍叢刊第45巻　続譚海（一）』（汲古書院、1980年）

明和5年5月	江戸、大坂で男女・小児とも髪を切られ気絶することが頻発する	「髪切蟲といふ」		『摂陽奇観』巻32	『浪速叢書』第4巻（浪速叢書刊行会、1927年）
明和5年	江戸で去年から御本丸女中が被害、大坂は当春から流行の「髪切り蟲」。各所で女の前髪が切らる。「千早振…」歌を守袋に入れる。訴訟あり僉儀の結果、島之内畳屋町かつらやが咎められる。		絵図あり。鳥の如く口の大きい姿を売り歩く者があり。	『明和雑記』作者不明	『浪速叢書』第11巻（浪速叢書刊行会、1929年）
明和5年	大坂にて髪切。夜中寝ていると「たちまち髪のわげ落たる」という。歌舞伎役者の板東豊三郎が江戸の者から聞いた「千早振……」の歌を島の内畳屋町かづらや万兵衛が板行。万兵衛が疑われ捕縛される。		「山伏の類ひをかたらひて、魔術をもつて人の髪をきらせ、万兵衛がかづらをうらん為の企てなりしなど申あへり」	『つれづれ飛日記』螺女山人著、成立年不明	『上方芸文叢刊8　上方巷談集』（上方芸文叢刊刊行会、1982年）
明和8年	江戸？3〜4箇月女の髪を切ることが流行。修験が捕縛され詮議に			『明和誌』白峰院著	『鼠璞十種』第2（国書刊行会、1916年）
明和9年夏	大坂町中で「髪きり」といって「何物のわざとも知れずして人々の髪の先自然と切て髪切々々と言」			『浪花見聞雑話』	『随筆百花苑』第七巻（中央公論社、1980年）

明和	髪切りが流行したが、「悪山伏」が捕縛され罪に問われた。	「ゑせ山伏」が狐に髪をきらせ、「狐よけの守札を出せし」	文政13年（1830）記。筆者曲亭馬琴は明和4年誕生	『兎園小説拾遺』	『日本随筆大成』第二期第5巻（吉川弘文館、1974年）
（明和カ）	幼年の時「髪截とて大に流行」、知己が髻を切られる。	ある人は「狐の嚙截たるべし」。桐油などを塗ればいい。『酉陽雑俎』『魏書霊徴志』『北史斉後主紀』を引用	佐藤成裕は宝暦12年江戸生まれ。「余幼年の時」は明和か	『中陵漫録』文政9年完成、佐藤成裕筆	『日本随筆大成』第3期第3巻（吉川弘文館、1986年）
（明和カ）	世上で女の髪を根元より切る「髪切」。親族による縁談を嫌がった女性が「怪談」にかこつけて髪を切ることも多かったらしい。しかし、「松平京兆の在所」で髪切りがあり、「野狐」を捕殺すると腸内に「女の髪ふたつまであり」。	「実に狐狸の為すもあるとかや」「一様には論ずべからざるか。」	松平京兆は高崎城主、松平右京亮輝和（1750～1800）	『耳嚢』巻4、根岸鎮衛、	『耳嚢』中巻（岩波文庫、1991年）
天明中	江戸で婦女が暗中に髪を切られる。官吏捜索するも捕縛できず。	『洛陽伽藍記』から「昔年江都之妖、亦狐狸之所為」		『随意録』文政8年序、同12年刊、冢田大峰著	『日本儒林叢書』第1巻（東洋図書刊行会、1927年）
天明年中	髪切	幻術		平田篤胤『出定笑語附録』1巻（文化14年序）	『新修平田篤胤全集』第10巻（名著出版、1977年）

不明（天明カ）	「幼ナリシ頃、髪截トテ一時流行」、その後も一二見聞。	「狐妖」、道士が狐を駆使する。『北魏書霊徴志』『洛陽伽藍記』『北斉書後主紀』の狐による髪切り例提示	朝川善庵は天明元年生まれ。「予幼ナリシ頃」は天明か	『善庵随筆』	『日本随筆大成』第1期第10巻（吉川弘文館、1980年）
享和3年冬	最近、「髪きられたり」という噂のあるなか、来客あり。家内で寝ていた「いぬき」に物があたり肩に触ったように感じると「黒かみのおちゐたる」。	「野きつねなとのわさにて侍るよし」	旗本で地理学者の間宮士信が記した「髪きり」。擬古文	『視聴草』続初集之十	『内閣文庫所蔵史籍叢刊特巻第二　視聴草』第9巻（汲古書院、1985年）
享和4年4月頃	就寝中に男女の髪を切る「怪異」あり。		切断された髪が近くに見あたらないと死んだり、乱心する	『猿猴庵日記』	『日本庶民生活史料集成』第9巻（三一書房、1969年）
享和4年9月	髪を切るなどの「妖怪の沙汰」がある			『猿猴庵日記』	『日本庶民生活史料集成』第9巻（三一書房、1969年）
文化5年4月20日朝	下谷小嶋富太郎家下女が朝玄関を開けようとすると頭が重くなり、「忽然として髪落たり」。他ではねばりけ・臭気があるが、そうではない。去年、小日向七軒屋敷間宮氏の婢は宵から眠気があり切られたとのこと		「小日向七軒屋敷、間宮氏が婢の切られし……」は間宮士信のことなので『視聴草』所載の享和3年のことか。挿絵あり	『街談文々集要』巻5	『近世庶民生活史料　街談文々集要』（三一書房、1993年）

天保15年	本所緑町の下女はなが雪隠で眩暈を感じ、気がつくと髷が切り落とされていた。髷持参で公儀へ訴え			『天弘録』	『近世風俗見聞集』巻4（国書刊行会、1917年）
慶応4年4月20日	番町の女中が髪切り被害にあった。真っ黒いものにあたったと思うと髪が髷から切られていた。		猫のようでビロウドのような真黒いもの。巨大な黒い物が女性の頭髪を噛みきろうとする絵	よし藤「髪切の奇談」錦絵（慶応4年閏4月）	国際日本文化研究センター所蔵（国際日本文化研究センター「怪異妖怪画像データベース」）
ナシ	「秋の風は髪切虫かうばやなぎ」柳の老木が秋風で落葉した様子を髪切虫の被害に見立てたものか			『崑山集』巻第7、慶安4年刊	『古典俳文学大系　貞門俳諧集1』（集英社、1970年、383頁）
ナシ	某家中の侍が病気で寝込んでいると一夜のうちに「法体」。翌日、同家中のものが外出するといつの間にか「法体」して屋敷に帰る。その頃、町人にもあり。	「髪切むしといふもの飛行して目に見えず黒髪をくらふ」と噂されていた。		洛下寓居『新伽婢子』巻2（天和3年刊）	『古典文庫』第441冊（古典文庫、1983年）
ナシ	カミキリムシ等の昆虫が「髪を切る」とする。			『和漢三才図会』巻五十三「天牛」、寺島良安、正徳2年（1712）成立	『和漢三才図会』東京美術、1992年
ナシ	「剪髪」として『秋坪新語』引用。史料のみ。国内例については言及なし	『秋坪新語』「妖剪人弁髪……」		『一話一言』巻17	『日本随筆大成』別巻『一話一言3』（吉川弘文館、1988年）

ナシ	考証のみ	漢籍『捜神記』「老狐が髻を切る」、『宋書』『秋坪新語』を引き、日本の『宝倉』『西鶴諸国咄』引用。以下妖狐関係記事が続く。	本項は巻8「方術」の部「飯綱」の項の次にあり	『嬉遊笑覧』巻8、喜多村筠庭著、文政13年序	長谷川強他校訂『嬉遊笑覧』（四）（岩波文庫、2005年）
ナシ	「髪切」と題した狂歌		図あり。狂歌に「魔除けの紙に落つる髪切」	嘉永6年跋『狂歌百物語』	『古典文庫　狂歌百物語』上巻（古典文庫、1999年）
ナシ	嘴、手が鋏、赤い褌姿の灰色のモノ。手に黒髪の束		「髪切」とあり	『化物尽絵巻』『百怪図巻』	国際日本文化研究センター所蔵（国際日本文化研究センター「怪異妖怪画像データベース」）福岡市立博物館蔵

一　一七世紀の髪切り——寛永～元禄——

（一）寛永一四年　京・金沢

寛永一四年（一六三七）、京都では髪切り事件が発生していた。仮名草子『春寝覚（はるのねざめ）』には、次のような記述がある。

大和国法隆寺に長年住んでいた狐が伊勢に行くといって旅に出るや、夜間に「人のかしらをそりおとし、半剪になす」という事件が相次いだ。髪の毛を剃り落とされるというが、切口には「とりもち」がついているようだったという。

その後、「異国より悪鬼の神のわたりしをはや吹きかへせ伊せの神風」という和歌を門口に貼ると、その家には入ってこないという噂が広まっていた。[11] また、この和歌を簪（かんざし）につけておくといいともいわれていたらしい。[12]

しかし、この和歌の効果も限定的だった。どこからともなく、この髪の毛を切り落としているものの正体は「剃刀の牙はさミの手足」をもった「髪切虫といへる妖孽（ようけつ）」であるという風説が流れたようだ。「妖孽」とは、儒教の基本文献とされる四書のひとつ『中庸（ちゅうよう）』を典拠とする言葉で、災難の予兆、災いといった意味であるが、ここでは「髪切虫」という実態をもった存在であるとも考えられたようである。そして、誰言うとなく、この「髪切虫」は「いりがハらのしたにかくれり」とされた。そこで、人々は競うように家にある煎瓦（いりがわら）——素焼きのフライパンのようなもの——を道路に投げ捨てたため、路上にはその破片があふれ、道を歩く人はつま先立ちで歩かなければならなかったという。[13]

この事件が起こっていた頃といえば、島原・天草一揆が起こっており、京都では伊勢への群参も盛んになっていた。社会的な緊張の高まりもあってか、子どもたちが地蔵を祀る流行現象なども発生するなど、不穏な空気が広がっていた時期であった。[14]

京都での髪切り事件が終息した頃、今度は金沢で同様の事件が相次いだ。「何方ともなく鳩程の髪切虫、虚空より飛馳て反翻し、男女の髻（もとどり）を落す[15]」といい、人々は対策として「大舟を造り、鬼形を作り、両手をはさみに拵へ、巻物を裁着せ、美々布粧日々に長じて、傘鉾・鳥毛の鎗・台笠・立笠、其供廻り綺麗にして」川へ流したという。[16] こうした対応は、風邪が流行した際の民俗である風の神送りや、害虫駆除のための虫送りと同様のもので、「髪切虫」といっても民俗的な方法で対処しうる災害と考えられていたようだ。

京都と同じく「髪切虫」の仕業だと考えられていたようだが、「鳩」くらいの大きさで飛翔するという鳥類のようなイメージも伴っている。にも関わらず、神送りをする際には、鬼の姿で両手だけを鋏にしたものが造形されていた。そのイメージは確定していない。

その後、天和三年（一六八三）に刊行された怪談集『新伽婢子』では、[17]「或家中」でのできごととして、本人も知らぬ間に「法躰」となっていたという。目にも見えず、音もたてずこうしたことが起こるのは「天魔の所行」だと思ったと伝えている。一方で、同じ頃に「町人」の間でも同様の事件が起こっており、そこでは「髪切むしといふもの飛行して目に見えず黒髪をくらう」と噂されていたようだ。「髪切虫」とはいえ、「目に見え」ないのだから、鋏や剃刀などの手足をもっているわけではない。『新伽婢子』の当該記事では、事件があった時・場所を明示しないが、[18] 元禄期に再び「髪切り」が流行する以前の怪談なので、寛永期のことを念頭に書かれたものである可能性が高い。

以上のことから、寛永期の「髪切り」において、『春寝覚』のように狐の仕業であるとする理解があった一方で、「髪切虫」の原因による認識も広がっていたことが指摘できる。「髪切虫」のイメージは一定しておらず、時に「目に見えない」とさえいわれていたことなどを指摘しておこう。

（二）元禄二年　松坂・江戸

ついで「髪切り」が確認できるのは、寛永の事件から半世紀以上経過した元禄になってからである。

この髪切り事件は、『武江年表』には「元禄中、江戸并諸国、髪切はやる」(19)とあるので江戸だけの現象ではなかったようだ。俳人菊岡沾涼の『諸国里人談』巻二には、「此事、国々にありける中に伊勢の松坂に多し、江戸にても切られたる人あり」と記される。(20)あるいは、伊勢松坂から江戸へと広がっていったのであろうか。

元禄二年(一六八九)二月の夜、江戸城では「ばけ物」が出ていたという。大奥の下女が行方不明になり、二日後に縁の下で発見された。そこで、縁の下を捜索したところ大きな穴が見つかったという。古井戸か、かつての「雪隠の跡」であろうが、ここを狐が住処にしているようで、その狐が「右之女をもまよハかし置た」のだろうということになった。しかし、事件はそれだけでは終わらず、「是よりして様々狐のばけたる咄有」と不思議な事件が相次いでいたらしい。(21)

三月にも女中が行方不明になり、縁の下で見つかったが、「あるいは髪をむしり、あるいは髪を切り、またはびくになどに」なっていたというから、いずれも髪の毛がなくなっていた状態で発見されたのだろう。(22)

同様の事件は四月になってもやまないどころか、被害は拡大し、江戸城のみならず城下の武家屋敷からも報告されるようになっている。

一今年二月より御城ばけ物之事云出、四月十五日于今やまず、御城之事ハさし置、御城廻り屋敷ニても所々ニて女の髪を切なり、きられたる女ハ一日半二日も無正気、又男ニハすゝめて腹をきらする、久貝忠左衛門が料理人よりはじまりて主人をハ隠していハず、爰かしこにて侍にはらをきらする、何れも不死、皆ばけ物のわざなり、兎角狐狸猫などのわざにハあらず、又天狗のわざともおもハれず、かつはと

いへるものなるべしといふ(23)

ここでは、女性だけでなく、男性も被害にあっているという。女性は髪を切られると数日間にわたって正気を失っているというが、男性は「腹をきらする」と次々と自害を試みていたようだ。

興味深いのは、ここに至って「狐狸猫(こりねこ)などのわざにハあらず、又天狗のわざともおもハれず、かつはといへるものなるべしといふ」とされていることだ。当初は、狐の仕業とされていたのだが、被害が拡大して深刻化していくにつれ、狐狸や天狗のできるようなことではないと従来の認識が徐々に修正されていく。そこで、「かつは」（河童？）という結論に達したというのも興味深いが、いずれにしても「犯人像」は最初から一貫しているわけではなく、時間とともに変化していったことが看取できよう。

二　明和年間の髪切り——江戸・大坂——

元禄の後、「髪切り」が流行するのは明和年間のことである。『武江年表』には、明和二年（一七六五）秋と明和四年（一七六七）秋に「髪切」の流行を伝えている(24)が、その後も明和五年、八年、九年にも同様の事件が史料で確認できるので、長期間にわたって流行していたと考えられる。そのこともあって、明和期は「髪切り」に関する記録も豊富である。以下、明和期の「髪切り」について見ていこう。

(一) 江戸

明和五年（一七六八）の四、五月に「髪自然と脱落す」という現象があり、これを「髪切」と呼んでいたという。[25] こうした「風説」が広がっているなか、犯人とされる者が捕縛された。

> 一当夏（明和五年）初より江戸中女人、昼夜ニ不斗髪切られ申候由世上風説有之候、頃日深川ニ居住候者半井齢々子又臥龍水ト称復玄牢車と号し、当年中之吉凶相記し候小冊を門弟梓ニ刻ミ世ニ弘む、右之者被召捕、御僉儀有之、右髪切之儀ニ付、富士見御宝蔵番小沢太兵衛・松平大学頭内生田衛守新抱者之由本郷大根畠山伏大仙院・大塚神道者鈴木円六等被召捕、殆及御僉儀候而、何茂入牢、右髪切ノコト、幻術之由風聞ニ付、相考ニ云（下略）[26]

捕縛されたのは、その年の吉凶などを記した冊子を刊行していた半井齢々子、江戸城の貴重品を管理する宝蔵の守衛小沢太兵衛[27]、陸奥国守山藩に召し抱えられていた生田衛守、そして本郷の修験者大仙院と大塚の神道者鈴木円六であった。

野口武彦は、明和八年（一七七一）に修験者が捕縛されていたとされることから、「顕冥両界をなかだちする存在」である修験者が犯人であるというのは、「江戸時代の文化パラダイムにあって」は合理的な解であったとする[28]。

しかし、ここで捕縛されているのは、修験者のほかに神道者や占い師と思しき半井齢々子といった宗教者の他に、陸奥国守山藩に召し抱えられていた武士や[29]、富士見宝蔵番小沢太兵衛といった幕臣がいることにも注意が必要である。なぜ、彼らが捕縛されたのかについては、野口のいう「江戸時代の文化パラダイム」では必ずしも説明できない。この点については、後ほど改めて検討したい。

ところで、先ほどの『続譚海』で省略した部分には、蟷螂が「人髪」を食すとされることや、天牛を「嚙髪（ハツ）」と呼ぶことが『本草綱目』を引用して記されている[30]。

さらに興味深いのは、この時にも一七世紀と同様に狐の仕業とする見方があったようなのである。根岸鎮衛（ねぎししずもり）の随筆『耳嚢（みみぶくろ）』巻四を見よう。

> 世上にて女の髪を根元より切る事あり。髪切とて世に怪談のひとつとなす。中には男を約して、父母・一類の片附なんといふをいなみて、右怪談にたくして髪などを切るも多く、然共実に狐狸の為すもあるとかや。松平京兆の在所にて、右髪を切られし女両三人有りしが、野狐を其比捕殺して其腹を断しに、腸内に女の髪ふたつまでありしと語り給ふ。一様には論ずべからざるか[31]。

ここでは、親が決めた縁談を回避するために、髪切りのせいにして髪を切るような例も紹介される。一方で、松平京兆の領内で女性が髪を切られる事件が発生したが、その後に捕殺した「野狐」の腹を割くと「女の髪ふたつ」が見つかったともあり、髪切りが狐によるものであったことを示唆している。「一様には論ずべからざるか」と一般化には慎重だが、狐原因説があったことだけは間違いない。

この事件の年代を記してはいないが、「松平京兆」は高崎城主の松平輝和（まつだいらてるやす）（一七五〇～一八〇〇）だから、明和期のことである可能性があろう。

明和期の江戸における「髪切り」にあたっては、幕府による関係者捕縛といった司法当局による対応があったことを確認しておこう。

㈡　大坂

大坂でも江戸にやや遅れて明和五年（一七六八）、明和九年（一七七二）[32]に髪切りの流行があったようだ。

この時の騒動を記している『明和雑記』の明和五年（一七六八）の記事によれば、「去年」江戸で流行し、江戸城本丸の女中が被害に遭い、町方でも被害が出ているという「髪切り蟲」が、「当春の末」から大坂でも取り沙汰されるようになり、あちこちで女性が髪を切られたという。

そこで、「まじない」として色々な歌のことがいわれ、「千早振神の氏子の髪なれば切とも切れじ玉のかづらを」と書いた歌を守り袋に入れていたという。

この時には、「鳥のごときにしていかにも口を大きくして」描いた「髪切むしの絵図」（図1-3）なども売り歩かれていた。や

図1-3 「髪切むし」の図（『明和雑記』）

がて、髪切りの被害者が「公辺へ訴出」て、「吟味」が行われた結果、「嶋の内畳屋町辺のかつらや」が咎められたという。[33] この『明和雑記』では、「切られし者共ハやとわれしなる由にてかれ是言ひはやらせし事なり」としており、被害に遭ったというのは自作自演だったという。「かつらや」の宣伝であったということだろう。

この記事については香川も触れていたが、実は別の史料にもう少し詳しい事情が記されていた。『つれ〲飛日記』[34]によると、明和五年（一七六八）に「嶋の内畳や町かづらや万兵衛」という、芝居の役者などに向けて男女の「かづら」を作って商売としていた人物がいたという。

彼の隣家に板東豊三郎という役者がいて、渡し船で江戸の人と一緒になった。そこで評判になっていた江戸

での髪切りの様子についてたずねると、江戸の人は「今も此うたを書て髪のわげにさし入て置時ハ、きらるゝ事曽てなしとて、みなく此歌を書て入しより、きらるゝ事なしとて歌の書たるを見せけり」と、髪切り除けのまじない歌を見せたという。板東豊三郎はそれを書き写して、そういった話を好む隣家の万兵衛に教えた。万兵衛は「人が髪を切られましたら、私かたのかづらがよふうれふと存じまして、それであの歌をかづらやの看板のわきに張ておきました」というが、その後になって一儲けをたくらんだ。

万兵衛おもひ付て、かの歌を書て板行にほらせて、諸人にやりていふやう、此歌を懐に入て居る時ハ髪もきらるゝ事なしとて、近所隣は勿論、ほうぐよりもらひニ来るを大ひによろこび、おひくに摺出してやりにける。其歌は、

千早振神の氏子の髪なれば切ともきれじ玉のかづらを

右の歌を板行にすりて、かたハらに作者畳や町かづらや万兵衛と書付て、人に遣しけると也。

この歌は、「江戸より来りし歌なり」と評判になったようだが、どうやら誰かがそれに目を付けて海賊版をつくった。「其後此通りの板行して、髪切のまじない歌也とて市町をうり歩行もの」があり、そこに「万兵衛」と書いてあったことから彼が捕らえられたということらしい。「其かづらを売らんためのたくみし事もあらん」とか「山伏の類ひをかたらひて、魔術をもつて人の髪をきらせ、万兵衛がかづらをうらん為の企てなりし」といった噂も広がっていたという。

この記事を信じるならば、万兵衛は髪切りに便乗したにすぎず、彼が主犯というのは捕縛をきっかけとして流布した憶測にすぎないと考えられる。

万兵衛の行為を確認すれば、髪切りの流行を見て、「江戸」という先行して髪切り被害に曝されている地域で広まっている（つまり、既に実績があって効果が期待できる）呪歌をいち早く仕入れて、板行したことにつきる。彼の生業が髪に関わる「かづらや」だったこともあり、その呪歌に恐らくは宣伝目的で「作者畳や町かづらや万兵衛」と書きつけていたことが仇になったようだ。

ここで、改めて江戸での修験者らの逮捕事件を考えてみよう。修験者や神道者とともに幕臣など武士も逮捕されている。冒頭に名前が登場していたのは「当年中之吉凶相記し候小冊を門弟梓ニ刻ミ世ニ弘む」半井齢々子であった。大坂の事例をふまえれば、彼らも髪切り事件の実行犯などではなく、「吉凶」などを記した摺り物の販売など、その流行現象に便乗して一儲けをたくらんだ一味だったのではないだろうか。想像をたくましくすれば、大坂のかづらや万兵衛が聞きつけた「江戸」で流布していた「千早振……」の歌を広めたのが彼らの仕業だったとも考えられないだろうか。

いずれにしても、明和期の髪切り事件は江戸・大坂とも捕縛者が出たというが、実際には「髪切り事件」の主犯というよりは、それに便乗した違法出版や風説の流布に関わっていた者であろう。

なお、同時代史料ではないが、曲亭馬琴による『兎園小説拾遺』（とえんしょうせつしゅうい）には、明和期に狐を駆使して髪を切らせ、「狐よけの守札を出」していた「ゐせ山伏」が捕縛されたとある。髪切り事件に伴う山伏の捕縛には「守札」発行が問題となっていた可能性はあるだろう。

ところが、大坂では万兵衛が仕掛けた狂言だといわれ、江戸でも「幻術之由風聞」（『続譚海』）とあるように、修験者の幻術によるものであったかのようにされている。野口はこうした理解を「江戸時代の文化パラダイム」による「解」というが、むしろ捕縛という事実から、彼らが主犯であったに違いないという憶測のもとに噂された「解釈」といえる。

三　考証の時代——一九世紀の髪切り事件

こうした「髪切り」について、一九世紀になって、どのように語られるようになるかを見ていこう。本草学者の佐藤中陵によって文政九年（一八二六）に書かれた随筆『中陵漫録』には、「髪切り」について、次のような記事が見えている。

○狐魅截髪
余幼年の時、髪截とて大に流行す。余が知己のもの、一夕寝して髻を截らる。しかれども、枕に付きたる処は截る事能ず。其截たる跡甚だ臭して、涎滑なり。或人、是を見て云く、狐の嚙截たるべしと云。今案るに、桐油及蓖麻油にて塗り置く時は、百獣、敢て近く事なかるべし。案るに、酉陽雑俎曰。人夜臥無故失髻者。鼠妖也。是なり。又魏書霊徴志曰。高祖大和元年五月辛亥。有狐魅截人髪。又北史斉後主紀曰。鄴都弁州並有狐媚。多截人髪。(35)

佐藤中陵が「幼年」の時に見聞きした「髪截」（髪切り）についての記事である。佐藤は宝暦一二年（一七六二）に江戸で生まれているから、「幼年」の頃に流行した髪切り事件といえば、明和期（一七六四〜七二）のものである可能性が高い。

ここでは、「或人」が切られた髪の様子を見て、「狐の嚼截たるべし」といったと記す。そして、後半には『酉陽雑俎』などの漢籍を典拠として、狐が人の髪を切るという現象に関する前例を挙げ、「或人」の見立てを補強している。

これは、明和期の「髪切り」を、後年になって本草学者が考察したものである。それまでも、髪切り事件を狐の仕業であるとする見解はあったが、漢籍という学知によって考証を加えるというのが、近世後期の特徴である。

明和期の流行からしばらく後の天明期（一七八一～八九）にも、髪切り事件は発生した。この事件についても、一九世紀になって同様の考証が加えられた。文政八年（一八二五）の序文があり、文政一二年（一八二九）に刊行された儒者の冢田大峰による『随意録』には、漢籍『洛陽伽藍記』の狐が人の髪を切るという記事によって「昔年江都之妖。亦狐狸之所為」とする。「頃日読洛陽伽藍記」とあるので、読書をしているなかで過去の事件を想起し、かつて江戸で流行していた髪切りも狐の仕業かと思い当たったということであろう。[36]

天明元年（一七八一）生まれの朝川善庵も、「幼ナリシ頃」に流行していた「髪截」について触れ、「是狐妖トハイヘト、道士ノ狐ヲ駆役ノ然ラシムルニテ」と述べる。その上で、「西土」にも同様の事例があるといい、『北魏書霊徴志』『洛陽伽藍記』『北斉書後主紀』の狐による髪切りを紹介している。「道士」というのは中国風に表現したもので、恐らくは修験者などの宗教者が狐を使役したものと考えていたのだろう。[37]

こうした書物による考証の到達点ともいうべきものが、喜多村筠庭による考証随筆『嬉遊笑覧』である。本書は文政一三年（一八三〇）の序があり、その後も生涯にわたって書き綴っていたという。

ここには、漢籍の『捜神記』にある老狐が髻を切ったという記事をはじめ、『宋書』『秋坪新語』などを引き、さらに和書の『宝倉』『西鶴諸国咄』を引用する。その後はやや脱線し、妖狐関係の記事が続く。注目すべきは、「髪切り」について考証を加えた当該項目前後の配列である。巻八の「方術」の部に掲載されており、「飯綱」の項の次にあることである。つまり、喜多村筠庭は、狐が髪切り事件を起こすことについて、野生動物である狐の習性であるとは考えていなかったことになる。宗教者が使役する妖狐による「方術」が原因であると考えていたことを示唆しよう。これは、明和期に修験者が捕縛された際にあった「幻術之由風聞」[38]を、学知によって裏書きしたということにもなろうか。

図1-4　「髪切の奇談」

また、これらの漢籍による考証で依拠している文献が『洛陽伽藍記』など、ほとんど一致していること、時期が文政一〇年（一八二七）前後に集中していることにも注意したい。和刻本として国内で漢籍が出版されるなど、漢籍類をめぐる研究環境の変化があるのではないかと予想されるが、現時点では今後の課題としておきたい。

いずれにしても、一九世紀には知識人を中心に、漢籍による類例の確認という学問的作業によって、髪切りが狐によって引き起こされる現象であると考証されていたことが明らかになった。

とはいえ、一九世紀の髪切りが狐の仕業という理解で統一されたわけではなかったことにも注意が必要である。慶応四年（一八六八）の「よし藤」による錦絵「髪切の奇談[39]」（図1-4）では、番町の女中が髪切り被害にあったことを記すが、「猫の如く」「天鵞賊（びろうど）のごとく」の「真黒なるもの」がぶつかったと思うと髪が切られていたとして、巨大な黒い生物が女性の髪の毛を噛みきっている様子が描かれている。錦絵のような大衆的なメディアでは、こうした漢籍などによる髪切り像とはまったく異なるイメージが再生産されていたことになる。

四　「髪切り」のメディア論

ここまで一七世紀から一九世紀にかけての「髪切り」に関する言説を見てきた。情報は多岐にわたり、時系列で変化を遂げるというわけでもなく、一見すると無秩序に増殖しているかのようにも見える[40]。だが、果たして本当に無秩序なのか。無秩序だとしたら、なぜそうなのか。「髪切り」に関する言説は、多岐にわたり情報が集まるにつれて混沌とし、ひとつに収斂することはないから、無理にひとつの像に収斂させることなく、むしろ多様さを前提として、それを俯瞰する形で整理したい。その手がかりとなるのは、髪切りについての情報を伝えるメディアの形式である。

ここでは、メディアの特性によって、流布し消費されたあと、最後は消える性質をもつ瓦版や錦絵などに代表されるフロー型メディアと、情報が蓄積されていくストック型メディアに分けて、それぞれのメディアで語られる「髪切り」について確認をしていこう。

まずは、フロー型メディアから見ていく。「髪切り」について記す史料には、「風聞」「風説」といった表現が広く見られることから、口頭による伝聞（噂）による情報の流布が基本だったようである。噂であったからこそ、舞台は京都・大坂・江戸・金沢・松坂といった都市域に集中していた。また、京都から金沢（寛永）、伊勢松坂から江戸（元禄）、江戸から大坂（明和）と次第に舞台が移動、拡大しているのも、これが噂であるがゆえの現象であろう。もちろん、単なる口頭による伝聞だけではなく、寛永期の金沢のように神送りの造り物や行事による情報の拡散、明和期の瓦版のような簡易な摺り物といった印刷メディアによる影響もあった。

それでは、「髪切り」の原因に関する理解についてはどうか。当初は狐とされていたものが、『宝蔵』では「剃刀の牙はさミの手足」という奇怪な姿をした髪切虫の仕業だとして、それが棲息するという煎瓦の廃棄が相次いだ。寛永期の金沢では、手を鋏の形とした鬼に造形されたが、同時に「鳩」のようだという。元禄の髪切り流行から約半世紀、元文二年（一七三七）に佐脇嵩之が写した狩野元信筆とされる「百怪図巻」には、両手がハサミのようになっている「かミきり」が描かれている。[41] 明和期には口を鋏のようにした絵姿も流布していた。一方で、元禄期には「かつは」（河童？）とする見解もあった。

ところが、古記録や考証随筆などのストック型メディアでは、狐を原因だとする解釈が一七世紀から一九世紀まで一貫して存在しているのである。香川が指摘したような、中世的な「髪切り」から、実態と名前をもった「髪切虫」への変容[42]とは見なしえない事例も少なくないのである。

実は、この「髪切り」が狐の仕業であるという認識は、中世には既に存在していたのである。『建内記』を見ると、既に『洛陽伽藍記』や『酉陽雑俎』の記事が参照され、狐によって人の髪が切られるという事件が発

生していたことが記されている。(43)

これは、中国で編纂された北宋初期までの説話を集めた類書『太平広記』によっている。『建内記』によれば、『太平広記』は相国寺・天龍寺といった五山寺院には所蔵されていた。(44) 近世最初の寛永期に起きた髪切りを記し、大和国の狐との関係を示唆していた『春寝覚』は、儒者藤原惺窩の子で、公家の冷泉家を継いだ冷泉為景の手によるものだともされているから、(45) 過去の髪切り事件を伝える中世の古記録へのアクセスは十分に可能だった。何事も前例が重要視され、記録が繙かれる公家社会において、髪切りと狐を結びつける見解が何らかのかたちで伝えられていた可能性も否定できまい。

こうした髪切りと狐をつなげる見方は、民間でもささやかれ続けることになる。そして、中世の京では五山が所蔵していたにすぎなかった『太平広記』だが、清の乾隆二〇年（一七五五）に黄晟の校訂による刊本が出されて広く流布しているから、(46) 一八世紀から一九世紀の日本でも入手は比較的容易になっていた。

さらに、近世には漢籍が唐本と呼ばれて大量に輸入されていくだけではない。元禄期には『洛陽伽藍記』の和刻本が刊行され、『酉陽雑俎』も元禄一〇年（一六九七）には和刻本が刊行されているように、こうしたテキストへのアクセスは、中世に比べると格段に容易になっている。

その結果、上述のように一九世紀に至ると、近世の随筆類ではこれらの漢籍を参照して、『建内記』と同じように狐の仕業であると述べるに至っているのである。

つまり、髪切りが狐によるものだという解釈は、唐本や古記録のような書物のなかでも学術性の高いメディアにアクセスすることで生まれたものだということができよう。そして、こうした考証結果は、考証随筆という学術性の高い書物に記されて一九世紀に普及していくことになる。いわばストック型のメディアを介しての流布である。

こうした書物に基いた考証の結果は、『耳嚢』で見たように狐の腹を割いたら髪の毛が見つかったといった風聞によって、さらに裏付けられて信憑性を高めていくということもあった。

ストック型メディアでは、情報が蓄積されるが故に、過去の記録と矛盾の少ない最適解が求められる必要がある。修験者が多く公儀権力によって捕縛されたという情報が加われば、狐の仕業による髪切りという考証結果と矛盾しないような、修験者が狐を駆使していたからだという「合理的解釈」がなされていくことになろう。とはいえ、蓄積された情報のすべてが矛盾することなく整合的に説明できるとは限らない。「髪切り」についていえば、李時珍（りじちん）による中国本草学の集大成ともいわれる『本草綱目（ほんそうこうもく）』で、カミキリムシが髪の毛を噛みきると記されており、『和漢三才図会』『続譚海』では、カミキリムシについて言及しているが、こうした解釈はその後の「髪切り」理解では採用されていない。狐による髪切りとする情報の多さや中世以来の解釈という歴史性が、他の解釈を淘汰したのであろう。ストック型メディアのなかでも情報は不変ではなく、時間をかけて情報の取捨選択と再編がなされていることには留意したい。

このような比較的保守的であり、過去の解釈との整合性に比重が置かれがちなストック型メディアに対して、巷間の噂に代表されるようなフロー型メディアの場合はどうか。こちらは、それほど過去に縛られる必要がないので、一貫性や整合性はそれほど必要とされない。その場限りの解釈や、思いつき、ウケ狙いなども入り込む余地がある。(47) 髪切り虫としたり、鳩などのような姿とされたり、鬼をイメージしたような姿で造形されたりと、その折々にそれらしい姿で語られることになった。

異常な現象に対しては、通常とは異なる（しかし実施可能な）対処法が求められた。髪切りという怪異についての情報に接した人びとは、学術的考証では不安を払拭することはできない。これに対して、不安を喚起しつつ、「実行可能な不安の回避策が同時に示されている」ようなメッセージは説得力があり広まりやすいとされている。[48] そのため、煎瓦の投棄や呪歌の携行などの対処法が含まれるフロー型メディアの情報が拡大したのである。

そして、大量に消費されるフロー型メディアでは、情報を商品化することにつなげれば一儲けすることができる。このことから、髪切り除けの呪歌や、誰も見たことがないが知りたいと思う髪切りの正体を描いた瓦版などがつくられて、さらに情報を拡散していくことになる。

つまり、ひとことで「髪切り」というが、情報ソースは重層的であったということになる。古記録や考証随筆のようなストック型メディアでは、漢籍由来の狐という情報を核に、情報が蓄積されていき、それらが矛盾なく説明できるような合理的で保守的な解釈が再生産されていくことになる。

一方で、口頭での噂をはじめとして、祭礼の造り物や瓦版といったフロー型メディアでは、漢籍由来の狐による仕業だという解釈はそれほど一般化されず、多種多様なイメージがその流行の度につくられ、流布し、そして消費されていった。一貫性をもたないのが、フロー型メディアのなかで生まれた「髪切り」像の特色といえるだろうか。

髪切りのこうした情報とメディアの二重性が、髪切り像を複雑にしていたといえよう。

おわりに

ここまで、近世の「髪切り」について、史料に即して検討してきた。一七世紀から一九世紀にかけて、断続的に流行した「髪切り」であるが、そのイメージはきわめて多様に見える。

メディアに注目して整理すれば、ストック型メディアである漢籍や考証随筆では、一貫して狐が犯人であるという言説があり、その後も蓄積された情報から比較的矛盾のない解釈をする保守的傾向があった。修験者が使役する狐の仕業であるという理解も、そうしたなかで出されたものである。

一方で、噂や造り物、瓦版など短時間に流通し、消費されていくフロー型メディアでは、過去の記憶や記録とは必ずしも整合性が求められることなく、その時々にありそうな姿や解釈がなされていた。このフロー型メディアのなかでの髪切り像の多様化と増幅が、そのイメージの拡大につながっていったといえよう。

髪切りという事象を理解するためには、情報のみならず、情報媒体そのものにも着目する必要があることが指摘できる。怪異という耳目を驚かし、人々の興味をかきたてるような情報は、フロー型メディアとの親和性が高いことも重要である。こうしたフロー型メディアの情報から、娯楽化・大衆化された怪異が浸透していくのだろう(49)。

重要なことは、ストック型メディアとフロー型メディアは併存していたということである。知識人が語り考証した怪異が、次第に大衆化するというような一方通行ではなく、知識人による考証と、大衆によって消費さ

	ストック型メディア	フロー型メディア
例	書物（物の本）	噂・瓦版・錦絵・造り物など
主な市場	知識人	庶民（不特定多数）
知	学知・書物知	民俗知
性質	権威的	大衆的
流通範囲	限定的	開放的
方向性	時間を超える	空間を超える
持続性	長期的	短期的
傾向	保守的	刹那的
内容	一貫性	多様性

表1-2　メディアの特性

れた噂や簡易印刷物による情報が併存していた。時に両者は断絶しているわけではなく、相互に影響を与えあったと考えなければなるまい。流布していた噂のなかでも、有用とみなされた情報はストックされることもあろうし、ストックされていた学知が噂に信憑性を与えることもありうる。大田南畝のように知識人として考証随筆の執筆をする一方で、狂歌や戯作のようなフロー型メディアに積極的に関わるような人物もいる。二種類のメディアは相互に影響関係をもっていて、情報が融通されることで豊富になっていくことになったのではないか。最後に今後の見通しもかねて、近世におけるメディアの違いによる特徴を表に整理しておく（表1―2）[50]。

歴史学は、基本的にストックされた記録に基づいて論じられる。そして原理的には、時とともに消えていくフロー型メディアへのアクセスはできない[51]。ストックされた情報から、ストックされる以前のフロー型メディアの存在を想定して、そこで怪異がどう語られたかを意識する必要があろう[52]。少なくとも、メディアの特性を意識することなく、中世の古記録（ストック型メディア）と近世の瓦版（フロー型メディア）での記載を単純に比較し、「恠異」の歴史的変遷を論じるような方法は誤謬を犯しかねないであろう。

「怪異とは情報にすぎない」[53]。そう西山克は指摘した。そして、怪異の研究は緻密になった。情報そのものだけではなく、情報生成の過程や蓄積された情報の運用などについても次々と明らかにされてきた。しかしながら、情報への分析が緻密になる一方で、情報の容器であるメディアそのものや個々のメディアの特性については、あまり関心がはらわれてこなかった。メディアは単なる情報の容れ物ではない。メディアはメッセージであるといわれるごとく[54]、メディアそれ自体が情報を発信している。とすれば、メディアが発する情報に無自覚で、そこに記された怪異だけを分析するというのは、実は一面的な分析に過ぎなかったのではないだろうか。

怪異は情報である――それは正しい。しかし、その情報を伝達したメディアへの注意が不可欠であろう。

第二章　「一目連」——情報の連鎖と拡大——

八ツ過頃北の方雷鳴、町方にて云には一目連さまがお出かけなされたのじゃさかゐ、光らなんだと云。いかさまそんなことか（下略）

『桑名日記』弘化元年六月一三日条(1)

はじめに

三重県の多度神社の境内に、別宮の一目連神社がある。現在、同社の祭神は『古語拾遺』などに見られる天目一箇命とされているが、近世の地誌類には「一目連」を祀ると見えている。神の出現時には暴風を伴うとされ、社殿には神の出入りを妨げないように扉を設けないという。

一目連の解釈について比較的早期に言及し(2)、その後の言説に大きな影響を与えたのは、柳田國男の「目一つ五郎考(3)」であろう。

図2-1　多度神社本社の右側に一目連社の祠が見える（『東海道名所図会』第2巻「多度神社」・部分）

「目一つ五郎考」の初出は、『民族』第三巻第一号で、宗教学者の加藤玄智（かとうげんち）による「天目一箇神に関する研究」のすぐ後ろに掲載されている。加藤の論文は「天目一箇神の本来の意味としてファリック、ゴッドの一面が有つた」とし、ファロス（陽物＝男性器）との関係を指摘する。

これに対して、柳田は「加藤博士の新説に勇気づけられて、自分のまだ完成せざる小研究を公表する」と書き始めているが、論文の三頁目には「固（もと）よりファリシズムでは無かつたのである」と断じている。柳田の「目一つ五郎考」は、加藤玄智の批判を意図して『民族』の同じ号に掲載されたものなのである。(4)

柳田は、論文の冒頭で多度の一目連を取り上げて、人びとが多度の峰にかかる雲を見て天候を予知していたことから神格化されたものだと推測した。そして、一つ目の神に関する多くの事例を列挙した上で、柳田は、一つ目の神が広く存在し、その零落した姿が目一つ五郎という「化物」であり、五郎はすなわち御霊であると論じる。多種多様な一つ目に関連する事例を比較検討することで、「御霊信仰の千年の歴史」を明らかにしうるのであり、「時代の推移を思はない人々には、古史の解説を托すべきではないと思ふ」というのが柳田の主張である。(5)

後にこの論文を収録した単著の『一つ目小僧その他』にある「自序」で記すように、柳田の関心は「その例の多くを比べて見ることによつて、進化のあらゆる段階を究め、従つて端と端との聯絡をもあきらかにすることが出来るのである」という比較による変遷過程の解明にあった。[6] だからこそ、個々の相違に注意を払うことなく一括してファロスとする加藤玄智は、徹底的に批判されたのである。

その後、民俗学の分野で一目連について論じたものとしては、堀田吉雄「多度神と其の信仰[7]」がある。ここでは、柳田の論考もふまえて多度神社の最初の地主神が風雨の神であった一目連であり、後に「一目連に天目一箇命が覆いかぶさつてきた」が、元亀二年（一五七一）に織田信長によって焼かれ、慶長五年（一六〇〇）に復興した際に「主神であつた天目一箇命は摂社となられた」とする。後に堀田は、一本ダタラなど山の一眼一脚の怪に言及し、加藤玄智の説を支持し、多度神社の神職から聞いたという、「一目連を以て天目一箇命とし、別名を麻羅健男という」話から、一眼一脚の山の神を「ファルス的な存在であることは否定しがたい」とする。[8] とはいえ、堀田は「山の神は一つ目である」という話が多いことにも触れ、一本ダタラなどを「山の神的な妖怪[9]」としているから、全体的な構想としては柳田の神から妖怪へという枠組みを踏襲している。

堀田の研究では、現在の一目連神社で祭神とされている天目一箇命については、あまり重視されていない。一方、民俗学者の谷川健一は、金属精錬に関わる神と古代の氏族について論じるなかで、一目連の出現に雷鳴が響き渡り、風が起こるという点に「鍛冶場を連想させずにはすまない」とし、一目連は「もともと一つ目の連と呼んでいたものであろう」と推測している。[10]

ネリー・ナウマンは比較神話学的な方法も用いて日本の一つ目、一本足の山の神信仰について論じているが、そこで一目連について言及している。[11]

ところで、その後の一般書などでは、一目連が「妖怪」として扱われていることも多い。例示すれば、『日本妖怪大事典』[12]、『日本怪異妖怪事典　近畿』[13]などの事典類が挙げられる。また、三浦佑之の「風の妖怪」と題した二頁の文章では、カマイタチなどとともに一目連を取り上げている。[14]

これらに加えて看過し得ない事例として、小松和彦責任編集の『怪異の民俗学二　妖怪』がある。主題ごとに重要な論文を集成したアンソロジーであるが、「妖怪」についての本書では、「妖怪の民俗誌」のひとつとして、後述する関口武「一目連のこと」と題した論文が収録されている。[15]本書巻末の香川雅信による「収録論文解題」では、当該論文について、「竜巻を神格化した風の神」で「妖怪とはいえないかもしれないが」収録したという。一目連は「妖怪」、あるいは「妖怪とはいえない」けれども『妖怪』と題した書物で取り上げるには相応しい存在と見られているわけである。[16]

これらの研究とはやや異なる関心で、一目連について言及するのが気象学や地理学の研究者である。海洋気象台に勤務していた田口竜雄は、歴史史料に記された気象に関する記事を収集編纂し、自著では一目連についての史料から、カマイタチより規模の大きい「竜巻類似現象」「旋風」と気象現象にあてはめた。[17]戦後には、気候学・地理学者の関口武が、一目連に関する近世の地誌・随筆から「竜巻・トルネードである」とし、それを神として敬し、遠ざけようとする信仰が興ったとする。[18]

このように一目連への関心は、柳田國男から続いており、山の神信仰や風雨の神格化、一つ目小僧など「妖怪」との関わりでも論じられてきた。奇妙なことに、一目連は山や風雨の神として見られる一方で、一種の「妖怪」に近いものとして学問的な議論の俎上に上がってきたのである。こうした議論の出発点として、妖怪が神の零落したものだという柳田の零落論があったことは容易に推測がつくだろう。

改めて柳田による「目一つ五郎考」での議論を見てみると、その関心は「端と端との聯絡」を明らかにし、「千年の歴史」「時代の推移」を解明することにあったことがわかる。主たる関心は、神が零落した事実の指摘ではなく、神から妖怪へと長期間をかけて変化した、そのプロセスの理解にあったのである。「目一つ五郎考」の冒頭に多度神社境内にある祠に祀られる一目連が登場していたのは、柳田が自説の論証にあたって、まず一方の「端」に定点となる一つ目の「神」を配置するためであった。こうした現存する事例や伝承の比較を通して、民俗の変容過程を解明しようとする方法論は、後に重出立証法と呼ばれて、柳田の後継者たちに重視されていくことになるのは周知の通りである。

本章では、事例の比較によらず、柳田が一方の端に設定した神としての一目連について、文献史料を時系列に沿って読み解くことで、「千年の歴史」は無理としても、その基本的な事実を確認したい。そこからは、一目連像自体が時代とともにどのように推移しているかが明らかになるだろう。聊か迂遠な方法であるが、柳田が「神」として設定した一目連が定点たりうるかを確認することは、柳田の神と妖怪にかかる議論そのものについて検討することにもなるだろう。

本章では、長期間にわたって読まれ、参照される、第一章でいうストック型のメディアにあたる地誌・随筆や学術著作が主たる検討対象となる。分析にあたっては、個々の史料の記述だけではなく、それらの記述がどう読まれて、解釈されていくかにも注意したい。

一　百科事典（レファレンスブック）の一目連

一目連についての最初期の記述は、明暦二年（一六五六）に津藩の郡奉行山中為綱が書いた、伊勢最古の地誌と言われる『勢陽雑記』巻一である。多度神社境内にある「多度七種木とて根本ハ楠にて末に柏ノ類七色あり」という神木を、時の桑名城主本田忠勝が、城の扉にしようと伐採を命じた時の話である。

【史料1】[19]

本田中務　桑名城普請之時、此木を一枚板に挽を本丸乃扉にせらるとや、此木伐侍る時、神祠譴て曰神木といひ名木也、神意もはかりかたしと制しかとも時之奉行中江清十郎某、不及是非褒貶伐採けり、此夜一目連光を放、清十郎居所に来り、姿を山伏に現し清十郎一家を取毀、其後洪水出て中江時（ママ）清十郎屋敷木曽川と成、其後松平隠岐守家来奥平長兵衛と云者、彼屋しきの跡を新田につかせ、漸田植渡し侍る、此又洪水出放光多度に飛行し新田又川原と成、彼城中乃扉もいく程なふして見ゑす成にけるとかや、一目連ハ多度権現の末社と云々

多度神社の神木を伐採した奉行中江清十郎のもとに、山伏の姿をした「一目連」が光とともに現れ、その屋敷を破壊し洪水が発生したという。その後、屋敷跡を新田にしたが洪水があり、光が飛んだかと思うと新田は川原となり、神木を使った城中の扉もいつの間にか見えなくなったという。

この『勢陽雑記』は刊行されたものではなく、広く流布していたわけではないようだ。出版されて広く読まれたものとして、早いものでは元禄二年（一六八九）刊の怪談集『本朝故事因縁集』巻二に掲載された次の記

事がある。

【史料2】[20]

五十六　美濃国一目連

濃州田戸権現ニ一目連ト云神アリ。国中ヲ光廻給、其光甚明也。

評曰、神ノ光廻ハ邪神ナリ。真ノ神ノ光ハ凡人ノ目ニハ不見。古今珍キ事ナリ。

ここでは、一目連に関する情報は極めて簡潔であり、強い光を発して移動する神であると記載されているにすぎない[21]。

一目連の所在地が、伊勢国の多度ではなく「濃州田戸権現」となっており、情報に混乱がある。これは、著者[22]の実見ではなく、伝聞など間接的に取得した情報によるからであろう。

『本朝故事因縁集』が刊行されたのと同時期である元禄期、桑名における一目連について記しているのが、桑名藩士であった山本七太夫による『勢桑見聞略志』である。本書には、桑名多度神社に祀られた一目連社の霊験について語るほか、次のような地域社会における一目連観を伝える記述がある。

【史料3】[23]

年毎ノ七八月ノ比、暴風朝ヨリ発リ又晩ヨリ発リ暴雨有コトアリ、城下ノ者都テ云、此風雨未タ一目連ノ御出ナシ不可止ト云、又一目連ノ御出アリ可止ト云、果シテ其言ノ如ク往古来今異事ナシ、一目連ノ御出ト里俗知コトハ多度山鳴動スルコト二三度ニ及ヒ、光物現出シテ東西南北時ニヨリテ不定シテ一方へ飛行ス、後一日二日又当日又多度山鳴動スルコト前ノ如シ、又光物ト化シテ皈山ア(ママ)アリ、是一神異トス元禄年中僕幼弱ノ比、父ニ誘レ近郷ニ行、暮半過ニ家ニ皈リ門ヲ明テ入ケレハ、忽アカルクナリ、俄ニ風ノ吹落タルカ如ク程ナク光物南ヘ飛行ス、其一旦今思フニ尺五寸アマリ、又二三日ノ后皈山シ玉フトフ、其音ハ不聞、是則一目連ナリ、先ニ震動セリト亡父云ルコトアリ

ここから桑名の周辺の人びとは、七、八月の暴風雨と一目連を結びつけ、暴風雨は一目連の出現の前触れであり、一目連を祀る祠がある多度山の鳴動と「光物」の飛行を、一目連の出現の後に風雨が静まる前兆と考えていたことがわかる。

一七世紀における文献で、一目連について記しているものは多くはない。【史料2】『本朝故事因縁集』は、その後の怪談集の典拠とされるなど近世の怪談文学に影響を与えたとされるが、一目連に関しては当該項目を参照していると思われる記事は確認できない。一目連情報としては孤立しているといえそうだ。【史料1】の『勢陽雑記』の記事は一九世紀になってから、伊勢の地誌が作成される際に参照されるようにはなるが、【史料3】の『勢桑見聞略志』とともに、一七、八世紀における一目連像形成に与えた影響は見られない。

この後、一八世紀になると寺島良安による正徳二年（一七一二）刊の百科事典『和漢三才図会』の記載が大きな影響を与えていく。本書の一目連についての記事は、気象現象について記した巻三「天象類」に見える。「風」の項にある「颶」（うミのおほかせ）、すなわち「海中ノ大風」に付された寺島良安による「按」の部分である。

【史料4】[24]

△按勢州・尾州・濃州・駿州有不時暴風至、俗称之一目連、以為神風、其吹也抜樹仆巌壊屋、無不破裂者、

惟（唯カ）一路而不傷他処焉、勢州桑名郡多度山有一目連祠

相州謂之鎌風、駿州謂之悪禅師風、相伝云其神形如人着褐色袴云々

蝦夷松前臘月厳寒而晴天有凶風、行人逢之者卒然倒仆其頭面或手足五六寸許被創、俗謂之鎌閉太知、然

無至死者、急用萊菔汁伝之、則癒痕金瘡也、津軽地亦間有之、蓋極寒陰毒也（此与一目連似而不同、皆悪風也）

寺島良安は、伊勢の多度山に一目連の祠があり、伊勢・尾張・美濃・駿河といった東海圏で不意に発生する暴風の俗称を「一目連」と記している。その通り道では大きな被害が出るが、それ以外での被害はないとしており、狭い範囲に短時間で甚大な被害を出す突風とみられ、関口武が指摘する[25]ように、一目連は東海圏における竜巻の俗称であった可能性が高い[26]。多度には、この一目連を祀る祠があるという書き方なので、東海圏で広く見られる強烈な被害をもたらす自然現象を、桑名においては神格化して祭祀していると読める。比較的広範囲に見られる気象現象としての一目連と、多度神社だけに祀られる神としての一目連があるということになる。

なお、後半では相模国の鎌風、駿河国の悪禅師風などについて言及し、「鎌閉太知（かまへたち）」については一目連と似て非なる物であるとしている。

ここでの一目連は、【史料1】【史料2】に見られたような光についての情報は、全く欠落していることに注意したい。当該記事が「風」に関わる項目で書かれたものだという理由もあろうが、一目連については暴風とその被害についての記述に終始しているのである。

『和漢三才図会』は広く読まれた絵入りの百科事典だったこともあり、一八世紀半ばまでには一目連について

も、その広まりとともに知られていったようだ。(27)

興味深いのは次に挙げる享保一九年（一七三四）六月、近江国膳所（現・滋賀県大津市）で発生した暴風に関する記事である。

【史料5】(28)

同六日夜に、膳所大風、角矢倉シヤチホコ落て海端に有之、二の丸長屋少々損、瓦葺家中三軒少も損し不申、其侭五間程脇へのき申候、通り筋東側表松林の内五本、根本より末迄枝おろしたるごとく葉無之、番所少も損じ不申、五町計のき申候、一説、龍の昇天するとも云ひ、伊勢末社一眼霊のたまく出現あれば、必ず此災にかかると云々、又は一目輪と云ふ、天狗とも云ひあへり、其説一決無之

ここでは、膳所で発生した局地的な突風被害について、龍の昇天、一目輪（連）、天狗などの諸説があった。しかしながら、しばらくすると「去る比、江州膳所領大風、俗に一月（ママ）連風と云ふ由なり」とされた。当初は龍・天狗・一目連など多様な解釈があったにもかかわらず、一目連だという解釈に落ち着いたのはなぜか。そのあたりの事情をうかがい知ることができるのが、次の史料である。

【史料6】(29)

一近江輿地志出来差出し褒賞被賜候段、為御知申上候付御悦被仰下　辱　次第奉　存　候、

（中略）

一敝邑六月六日夜大風の段申上候所、御承知被遊被下、龍の通り候にても可有之やと先年江戸御茶の水之儀被仰下奉承知候、夫に付奥羽に申候、一目連にても可有之哉と申上候に付、一目連雑説にも仕候へ

> ば御聞被遊度思召由御尤に奉存候、敝邑に有之やうなる不時之暴風にて抜樹仆巌壊屋候様なるを伊勢尾張美濃飛騨にては一目連と申候由、尤土俗の説に御座候、伊勢桑名郡多度山に一目連祠御座候、此神の通行の時、必有之と土俗申習候、相模の土俗の鎌風、駿河に申候悪禅師の風と申候と、奥州の鎌イタチとやらん申候も同一物にて、或は大風又は如高諭蟄龍の所為などを斯様に無拠の名を付申候事に奉存候（下略）

これは、膳所藩の儒者であった寒川辰清が新井白石に宛てた書簡である。寒川が地誌『近江輿地志略』を完成させて藩主から褒賞があったことを伝えていることから、書簡が『近江輿地志略』完成の享保一九年（一七三四）のものであることは動かない。とすれば、「六月六日夜大風」が【史料5】に見える「膳所大風」であることも間違いあるまい。

寒川は、後半で新井白石に対して一目連について説明しているが、この部分は【史料4】とほぼ同文である。つまり、膳所では局地的な暴風が発生した際に、当初は多様な解釈がなされていたが、寒川のような藩内の知識人が、『和漢三才図会』に基づいて行った解釈が権威をもっていったということであろう。『月堂見聞集』でも、膳所の大風は一目連だったと記し、典拠を示してはいないが『和漢三才図会』の【史料4】全文を引用しているから、膳所大風を一目連だとする見解は、典拠としての『和漢三才図会』とセットで広まっていったのだろう。

ここで注意を要するのは、膳所は多度はもとより、東海地方とも遠く離れているという事実である。一目連という語は、『和漢三才図会』では東海地方での気象をあらわす語彙であり、気象を神格化して多度に祀られた神の名であった。本来であれば、近江膳所での大風について、「一目連である」と東海地方で大風という現象を表現する語彙で言い換えたところで、何の説明にもなってはいない。ところが、一目連という固有名詞を想起させる名称が与えられていたこと、多度では神として祀られていたこともあって、大風が擬人化され、「一目連である」という名前を与えられたことで、伊勢という地を離れても気象現象の説明として受け入れ可能なものになっていたということになる。

こうして、東海地方での気象現象についての呼称（方言・民俗語彙）としての一目連は、『和漢三才図会』という百科事典に掲載されると、それが参照される過程で一般化し、地域を離れても類似する気象現象の説明として使われるようになっていったのである。新井白石にまで報じられていることも、情報の広がりを示す事例として確認しておこう。

東海地域の気象現象である突風を指し示す語彙であった「現象としての一目連」と多度に祀られる「神としての一目連」は、次第に区別されることなく渾然一体となり始めたのである。

一七世紀には、比較的早い段階に作成された地誌や『本朝故事因縁集』で一目連について記述されるが、その後は参照されることもほとんどなかった。なお、この時点で一目連は『勢陽雑記』で山伏の姿で出現したと記されてはいるが、おもに光や洪水・風雨などの気象現象として認識されていた。

その後の一目連像に大きな影響を与えていくのは、広く読まれて、百科事典として利用された〈参照系の知[30]〉といえる『和漢三才図会』であった。「颪」の項目に掲載されていたこともあり、一七世紀の史料に見えていた光について言及することはない。その結果、地域的な信仰を離れて一般的な暴風を表す気象現象の名称とも受けとめられ、知識人の間では、京都など伊勢地方以外の突風被害をも一目連とする解釈がなされるようになった。

二　一目連の「正体」をめぐる言説――多度神社周辺の情報発信――

一八世紀前半は『和漢三才図会』の記事が、一目連の言説に大きな影響を与えていたが、一八世紀半ばには、それまで見られなかった言説があらわれるようになる。多度神社に祀られていた一目連の「正体」についてである。ひとつは、奈良・平安時代の文献である『日本書紀』や『古語拾遺（こごしゅうい）』に登場する天目一箇命とするもの、もうひとつは片眼の龍であるというものである。以下、順に見ていくことにしよう。

(1)天目一箇命

戦乱で大きな被害に遭い、慶長六年（一六〇一）になってようやく再興された多度神社であるが、その祭神は判然としていなかったようである。『勢桑見聞略志』によれば、「宝永年中家中ノ士志アル者、祭神紛擾トシテ弁難キヲ以、山田并宇治等ノ祠官ニ尋シムルニ何ニ仍テ考シニヤ天津彦根命也ト云越タリ」と、祭神を確定するために、[31]「山田并宇治」の神職による解釈を仰いだ。そして、伊勢の神職は伊勢神道の神学に沿って、アマテラスの玉から誕生した神のうちの一柱に比定した。それに伴って、「多度権現ノ臣下ト云、又山ノ狗賓（ぐひん）ノ名ニテ是地主神ナリト云」など解釈が一定していなかった一目連は、「天津彦根命（あまつひこねのみこと）ノ御子ニシテ伊勢ノ忌部（いんべ）氏ノ祖神」である天目一箇命とされた。[32]

確認しておく必要があるのは、一目連を天目一箇命だとする言説は、宝永年間[33]になって伊勢神道の影響を受けて新たに語り出された神学的解釈だということである[34]。

これが、多度神社で正式に採用され、その後の享保一八年（一七三三）に成立した出口延経（でぐちのぶつね）による『神名帳考証』などの学術的な考証でも受容されていく。次の史料がそれである。

【史料7[35]】

○多度神社　名神大

在多度山麓、神前有名巖流水、天津彦根命也、按桑名、佐乃富、額田神、皆此神之親類也、（中略）姓氏録云、桑名首、天津彦根命男・天久之比乃命之後也、多度社傍小社一目連者、多度太神之子、天麻比都禰命也、

姓氏録云、天都比古禰命子天麻比止都禰命、

旧事紀、天麻比止都禰命、作天一目命、俗謂一目連者、蓋天一目命之転語也、又按古語拾遺有伊勢忌部祖天目一箇命、与天一目命別神也、鈴鹿郡天一鍬田神社是乎、或以古語拾遺天目一箇命、為一目連者非也、（下略）

このように文献に基づいて、一目連を天目一箇神とした上で、一目連は「天一目命」が訛ったもので、「一目連」というのは誤りであると考証している。こうした言説は学術的な著作を中心に受容されていき、一目連を天目一箇命とする言説が繰り返されていくようになる。

さらに、多度神社も伊勢の神学的解釈を積極的に発信をしていったようだ。寛政九年（一七九七）刊の『東海道名所図会』を見よう。

【史料8】[36]

摂社一目連祠　本社則にあり。天目一箇命　古語拾遺に曰く、天目一箇命は筑前・伊勢両国忌部祖也。姓氏録に云く、天津比古禰命子天麻比止都禰命

社説に云く、北伊勢洪水暴風の災ある時は、此神出現してその難を防ぎ給ふとなん。神幸ある時は、山河鳴動して雷電す。故に北伊勢に洪水濤の禍なし。神霊の応験、古今に変らす新なる事、世のしる所なり。或記に云く、式内多度神社といふは、此天目一箇のやしろをいふなり。後に本社天津彦根命を祭る。則親神なるゆゑ、新宮本社となりて、一目連は摂社に成り給ふといふ。可否詳ならす。

ここでは、冒頭に『古語拾遺』などを典拠にして一目連を天目一箇命とする見解が示されている。続く「社説」では、一目連は出現にあたって「山河鳴動」をし「雷電」を発するが、暴風雨を引き起こす存在ではなく、暴風雨の「難を防ぎ給ふ」存在とされている。「或記」には、多度神社の主神はもとは一目連だったという解釈があったようで、多度神社にとっては、摂社に祀られる神が地域社会に災害をもたらす存在であっては不都合もあった。そこで神社側は、一目連について、災害を惹起する暴風などを神格化したものではなく、災害を防ぐ霊験あらたかな存在であるという公式見解（「社説」）を積極的に発信するようになっていたのであろう。

(2)一目龍

こうした多度神社を中心とした社説や神学的解釈、学術的な考証とは別の言説も一八世紀半ばに登場する。それが次の宝暦一四年（一七六四）刊の『市井雑談集』巻上に見えるような片眼の龍とする説である。

【史料9】[37]

○勢州桑名に一目連と云山あり但是山の龍片眼の由、依之一目竜と可謂を土俗一目連と呼ひ来れり此山より雲出る時ハ必暴風迅雨甚々し、先年此山の片目龍をこつて尾州熱田に来て民家数百軒、大石を以て累卵を圧すがごとく潰れたり、熱田明神の一鳥居ハ太さ二囲程あつて地中へ六七尺埋め十文字に貫を通したる故、幾千人にても揺し難し、此時其鳥居を引抜遙の野へ持行たり、斯る淩競き者なれハ此辺の物ハ何にても疾く倒るゝ事を一目連と云、尾州、勢州の郷談也

尾張・伊勢の在地伝承（「郷談」）として、片眼の竜が暴風雨を起こし、それを地域（「土俗」）で「一目連」と呼ばれているとする。同様の見解は、旅行家の百井塘雨による遍歴見聞記の『笈埃随筆』にも見える。

【史料10[38]】

○多度社

勢州桑名の東に多度山権現とて有り。其摂社に一目竜の社あり。極てちいさき社の、扉もなく翠簾のみかけたり。この神時として出るときは、風雨雷電頻り也。土人は多度権現出給ふらんとて、門に出或は窓より見れば、一帯の黒雲屋上を摺計り走る。然るに此辺にて此神出行あれば、風波穏かにして海上も融和なりと悦ぶに、他国にては忌嫌ふ。田畑大きに荒物有て掻乱せし如く也。世の人一目連といふは非也。一目の竜なるよし、此神毎月十八日には楫取の清（法）泉寺といふに入る事あり〈法泉寺、本願寺宗、社より半里ばかり〉一帯の黒雲に乗て彼寺に入なり。堂内一面に雲集りて、終日ありてかくて夕方に社へ帰り入るといふ。

ここでも、「一目竜」とし、「世の人一目連といふは非也」と断じている。少なくとも本書の著者であり旅行

家であった百井塘雨は、そうした言説を多度で聞いたのだろう。とすれば、本書は未刊に終わったが、百井塘雨は寛政六年（一七九四）に没しているので、おおよそ一八世紀後半くらいの見聞に基づくと見てよい。

この片眼の竜説の出所について看過できない報告が、和田徹城の大正七年（一九一八）刊『淫祠と邪神』に見える次のような記事である。

【史料11[39]】

> 多度の一目龍は、神宮寺の神官が神通第一の目連が龍を使役して雨を降らせることから思ひ付て、一目龍を云ふ名を作り、桑名の香具師の元締と結託して、諸国に散在する香具師をして雨乞の霊験を吹張させ、その報酬として香具師の元締の家から祈祷に使用する供物を買はせることにした。この香具師の家は井口屋と云つて両者の関係は今も尚ほ持続し、仮令他人が供物を納める場合でも、必ず井口屋の遺族に利得の割前を出してその許可を得ることになつて居る

この和田の報告には典拠が示されておらず、いつのことかも判然としないので、史料としては扱いが難しい。とはいえ、彼の出身校である第七高等学校卒業生記録によれば和田徹城の本籍は三重県なので[40]、和田自身が三重県でそうした噂を耳にしていた蓋然性は高い。事実無根のことを書いて公刊するとも考えにくいので、少なくとも同時代において井口屋なる香具師と多度の神宮寺との間に結びつきがあり、一目連社への献供にあたって井口屋が何らかの権益を保持していたことは事実に近いのではないだろうか。

問題は、香具師と神宮寺・多度神社との関係性がいつからのものかという点であるが、神宮寺が廃仏毀釈で明治初年には廃寺となっている点からいって、近世以前にまでさかのぼりうる可能性は否定できない。

なにより、一目連の話には寺院との結びつきをうかがわせるものが見られる。寛政五年（一七九三）の序をもつ松岡定菴（まつおかていあん）の随筆『緘石録（かんせきろく）』を見よう。

【史料12[41]】

又伊勢桑名檀特山アリ、山ニ一目連ト云小祠アリ、扉無ク簾数枚ヲ掛ケ内ニ神体幣等モ無シ、若桑名ニ事故アラントスレバ、其祠鳴動シ祠内ヨリ火玉飛出テ海中へ落チ簾コト〳〵ク山へ散ズ、祠ヲ守ル者知ラス其傍ニ芳泉寺アリ、寺ノ堂鳴動ス、故ニ其寺ヨリ祠へ報ズナリ

桑名で災害が発生する際には、一目連の祠から火玉が出現するとある。注意したいのは、一目連出現を「祠ヲ守ル者」は察知することができず、近隣の「芳泉寺」が鳴動することでそれがわかり、寺院から神社へ一目連の出現を報告するとしている点である。つまり、一目連の出現を判定することができるのは、神社ではなく寺院だということになる。「芳泉寺」とは、「傍」という表現からすれば、近世になって再興された神宮寺の法雲寺であるとも考えられるが[42]、【史料10】では、毎月一八日に法泉寺[43]の堂内に一目連が来ていると伝えている。法泉寺の本尊は、多度大社神宮寺西之御堂の本尊で多度神社の本地仏とされ、多度神社との関係も深いようだ[44]。とすれば、やや離れた真宗寺院の法泉寺が、談義などの場で多度神社一目連との関わりを発信していたのかもしれない。

和田徹城が書いたように、井口屋が香具師を通して雨乞いの利益を宣伝していたかどうか、そして一目連社を祀る多度神社でなく、神宮寺の僧侶の着想だという点については、確証を得られない。その点で扱いが難しいが、一目連社の霊験を近隣の寺院側が取り込んだ上で、竜とからめて独自の語りを発信していたという可能

性は指摘しておきたい。

以上のように一八世紀半ば頃に寺社周辺で、災害をもたらす存在としてではなく、地域社会に災害発生を知らせ、あるいは災害から守る神とする情報が積極的に発信されるようになっていたようである[45]。

また、一目連が片眼・一つ目であるという言説が、文献に明確に書かれるようになるのがこの時期からであることには注意が必要であろう。

三　発散する一目連像と二次創作の混沌

『和漢三才図会』による情報に加え、一八世紀半ばに多度神社や周辺寺院による霊験譚の積極的発信が行われるようになる。

多度神社の情報発信なども奏功したのか、多度神社から一目連社を勧請して祀る例が各地で見られるようになる。詳細は表2-1の通りだが、一九世紀の新田開発に伴って、農業を安定的に行えるよう天候の守り神として一目連社が勧請されている。そのほか、文政六年（一八二三）に桑名藩主だった松平忠堯（まつだいらただたか）が、武蔵国の忍（おし）藩（はん）（現・埼玉県行田市）に転封となっているが、忍城内でも一目連社が祀られていた。加えて忍藩は、江戸の三味線堀（しゃみせんぼり）（現・東京都台東区）にあった藩邸内にも一目連社を祀っていた。『東都歳時記（とうとさいじき）』正月条によれば[46]、藩邸内の社は毎月一日を縁日とし、当日は広く一般にも公開されて参詣者を受け入れていた。桑名を離れて江戸へと勧請された神社に対する信仰拡大に伴って、江戸でも一目連について知る機会は増えたことであろう。

一目連に関する情報源が複線化したことで、一八世紀末から一九世紀にかけては、一目連に関する多種多様な情報が諸書に記されるようになっていく。

一目連にかかる新たな情報が随筆類に記載される契機として顕著なのが、暴風や光など一目連と関わる自然現象に接した時である。

表2-1　一目連関係勧請社一覧

神社名	所在	形態	時期	備考	典拠
諏訪社	埼玉県行田市　忍城内			桑名から転封の松平氏が多度神社とともに勧請	『三重県の地名』（平凡社、1983年）
赤須賀神明社	猟師町（桑名市赤須賀）	境内社	寛政3年（1791）勧請	鎮守社	『三重県の地名』（平凡社、1983年）
一目連神	大平新田（桑名市大平町）	鎮守社	文政4年（1821）新田開発		『三重県の地名』（平凡社、1983年）
一目連	末広新田（桑名市福岡町）	鎮守社	文政4年（1821）新田開発		『三重県の地名』（平凡社、1983年）
一目連	安永村（桑名市安永）	鎮守社	文政10年（1827）以前	神明・天神・一目連	『三重県の地名』（平凡社、1983年）
一目連社	桑名市西鍋屋町				稲神和子『大和路・いせ路道標の旅』2版（しるべ文庫、1987年189頁、現存）
一目連神社	三重県桑名郡長島町源部外面			現存「一目連社」	『多度町史　民俗』（多度町、2000年）

一目連大神	西大鐘村（四日市市西大鐘町）				『三重県の地名』（平凡社、1983年）
一目連神社	中村（福岡県三井郡北野町中）		天保6年（1835）	久留米藩主有馬頼徳が水害除けに勧請	『福岡県の地名』（平凡社、2004年）
一目連	江戸三味線堀松平下総邸（東京都台東区小島町）	忍藩邸鎮守		毎月1日が縁日（『東都歳事記』正月）	『武江年表』明治6年7月31日条
一目連	勝呂赤尾（埼玉県入間郡）	堤防上に祭祀		一目連講あり	『坂戸風土記』第14号、1988年、40頁

※前近代創建が確実なものは神社名をゴチック体とし、創建年代不明は明朝体とした

(1) 風水害

桑名では新たな語りが生まれていた。桑名は古くから何度も水害を引き起こした、木曽三川のひとつである揖斐川（いびがわ）河口に近接している。ある時に桑名宿付近で甚大な水害が発生した際に、一目連の御利益で助かったという霊験譚が創出された。

【史料13[47]】

○一目連出現の事

いせの国桑名より二里がほどへだゝりて香取といへるところあり。此香取より十余町酉戌のかたにのきて多度明神のみや居あり。こゝの別段に一目連とまうすあり。いにしへより近きわたりにわざはひのありつるときは、たちまちあらはれましく〳〵て、すくはせたまふことゝなんいひつたふめる。今よりはた

とせまりさきのことになん。みな月のなかばより、霖雨しきちにふりつゞきて、木曽川・伊尾川のながれはやく、水たかくなりもて行からに、ちかきほとりの小川まで、やがてつゝみきれくづれて、村々に水おしいりぬ。さは水いでつるよといふほどこそあれ、大いなる家などやがてみなおしながさる。人々は木のすゑによぢのぼりて、たすけよ、ふねよとよばふこゑ、耳をつらぬき、たましひきゆるおもひなり。風はげしく雨つよく、たすけ舟さへこぎあへず、むなしく死するを待のみにて、あはれてにもまたおそろしかりき。かゝること二日になんおよびけるを、何ものかいひいでたらん、今や一目連のあらはれまして、すくはせたまふなるぞ、いのれ〳〵と打さけぶ。そのこゑ〳〵水の面にひゞきわたり、かまびすしきばかりにぞありける。その夜なかばばかりより、たちまち水引さりて、人々からきいのちをさへたすかりぬ。さはれ一目連の出現を見たりし人もなかりけり。

村に二日にわたって洪水が発生し、多くの人びとが死を覚悟していた時、誰ともなく「一目連があらわれて助けてくれるぞ、祈れ」という声が響き渡り、その夜から水が引いたという。洪水の最中にあって、誰ともなく「わざはひのありつるときは、たちまちあらはれまし〳〵て、すくはせたまふ」といわれていた一目連にすがったというのが真相だろう。

「さはれ一目連の出現を見たりし人もなかりけり」と書かれており、この時には一目連の出現を確信させるような事象は起こっていないのだが、それから間もなく水が引いたという事実が、一目連の御利益を確信させることになったのである。

(2) 暴風

一九世紀には一目連が広く知られてきた結果、桑名以外の地でも、甚大な被害を出した気象現象の説明として使用された例が見られるようになる。まずは享和元年（一八〇一）の大坂である。

【史料14】[48]

一八月二日　一モクレン

今日巳の刻頃より大風吹出シ寺嶋江之子島の岡に有之大船二間斗動キ、江戸堀阿波殿橋の人家やねを吹払中之島筑前殿屋敷備後蔵やしきの御殿大ひニ損じ北の新地芝居くづれ北在吹田村人家八九間も崩れ怪我人一五六人も有り都而坤の方より艮の方へ風筋強ク所々を損じ未の刻に鎮ル世俗龍の昇天セしといふものあれば地まひ風といふもありイチモクレンといふものなるよし（略）

ここでは、大坂の突風被害について「イチモクレンといふもの」らしいと語られていたことがわかる。[49] 当該記事に続けて「或書に勢州桑名に一目連といふ山あり」として『市井雑談集』の記事を引用する。また、「勢州多度神社の社説奥ニ著す」として「一目連の事」と題した文章を記するが、内容は【史料8】の『東海道名所図会』とほぼ同文である。つまり、『東海道名所図会』に「社説」として引用されている情報が、多度神社で語られる公式な情報として受けとめられているといえる。

続いて、大坂で暴風被害が発生した翌年、享和二年（一八〇二）の京都である。歌人で国学者でもあった伴蒿蹊の『閑田次筆』の記事を見よう。

【史料15】[50]

○過し壬戌のとし（＝享和二年・村上注）七月晦日、上京今出川辺に一道の暴風、屋を壊り、天井床畳をさへ吹上、あるひは赤金もておほへる屋根などもまくり取離たり、纔に幅一間ばかりが間にて、筋に当らざれば咫尺の間にて障なし、末は田中村より叡山の西麓にいたりて止りしとぞ。蛇の登るならば雨あるべきに、一雫も降らず。これ羊角風といふものかといへり。北国にては折〳〵あることにて、一目連と号くとぞ。又別に一種の風有て、俗にかまいたちいふは、かくのごとく甚しからねど、此筋にあたるものは、刃をもて裂たるごとく疵つく（下略）

これは、京都で七月に発生した暴風被害の記録である。大坂での事象を伝える【史料14】と異なり、京都では突風を一目連だといってはいないが、北国では同様のことを「一目連」と呼んでいると他地域での類似例として参照されている。通常とは大きく異なるような被害を生じた未知の気象現象について、桑名での「一目連」という解釈が参照され、桑名以外の地域でも説明のための「知」として受容されているといえよう。

興味深いのは、大坂や京都といった多度と無関係な地での暴風に対して、一目連が想起されていることである。第一章で見たような膳所と同様に、甚大な被害をもたらした自然現象について、一目連という呼称を与えることで納得している。先行する地誌や随筆などが参照されていることにも注意しよう。『和漢三才図会』以外の情報も参照されるようになり、情報が拡大しているのである。

(3) 火球

明和七年（一七七〇）七月一八日の夜、「火玉」があちこちに堕ちた。その数は一四、五ヶ所にも及んだというが、そこには「炭薬等」のような人工物の痕跡はなかった。[51] 盗賊の仕業ではないかという噂も流れていたようだが、干魃のため武家方では火災の発生に厳重な警戒をしいていたから、盗賊の行為ではないらしい。恐らくは火球、あるいは隕石だったのだろう。[52] この時の様子を詳細に記していたのが建部綾足(たけべあやたり)である。建部綾足による『折々草』「秋の部」所載の「明和七年庚寅の年の秋の事をいふ条」によれば、「火の玉の飛びいでゝ、北東をさしてゆく」その先についての証言は一定しなかったようだが、後日になって「桑名の方から来た人が「光り物」は大きな音を立てて「太度山の峰方に落たりし」と語ったという。あとで確かめてみると、その時の衝撃のためか山の中腹にあった大きな岩が神社の境内へと滑り落ちていた。しかし、神の霊威か樫の木に引っかかって巨大な石が止まり、神社の建物には傷ひとつ付かなかったらしい。[53] こうした話題が記された後に次のようにある。

【史料16[54]】

此太度山といふは、桑名の国府よりは北にあたりて、いと高きが侍る、是也。むかしいせの大御神、此所にしばし鎮坐ましけるよしなど、所にはいひつたへ侍る。又一目龍(イチモクレン)とたゝへ奉る神なむ、此御山の主にておはしまするよし。是はいける神にておはせば、をりをり飛ありき給ふ也。さるは或ときは風をおこし雲を巻て照かゞよひ給ふに、是に逢ひまいらせては、舟をそこなひ屋を破られなどするものいとおほけれど、よく人の祈ることを聞しめして、田畠の時をうしなはせじと、雨につけ日につけて、さる守りいちじるしくおはすほどに、人皆これをたふとみ奉るよし也。さるは、かの光りて飛しものも、かの一目龍(イチモクレン)にてほはしけめと所の人々はいへりけり。

ここで一目連について、風雨による災害を引き起こすが、人々の祈願を聞いて農業に差し支えないように雨や日照をもたらす神だと説明される。その上で、七月一八日の光る飛行物体は一目連だったと、桑名の人びとが噂をしていたことが記されている。

『緘石録(かんせきろく)』には一目連について「其祠鳴動シ祠内ヨリ火玉飛出テ海中へ落チ」とあるから、[55]桑名周辺では、火球を目にした人びとから一目連の出現を連想しても不思議はない。

実は、光物の飛行があった明和七年（一七七〇）は、干魃のあった年で、『続史愚抄(ぞくしぐしょう)』によれば六月は一日から二九日夜まで雨がなく、七月も一三日には「炎旱甚」しく、「草樹多枯、汙池皆竭、京師井水涸」とあるように、樹木は枯れ、池も井戸もすっかり水がなくなってしまうという深刻な状態であった。[56]こうした一日も早い雨が待ちのぞまれていた状況であったからこそ、桑名では「光物」を降雨の期待をこめて一目連の出現と見たのではないだろうか。

重要なのは、その解釈が桑名で完結していなかったことである。『折々草』を記した建部綾足は、この時には京都にいたようだ。建部が一目連について書いているということは、雨をもたらす一目連の出現だという解釈は桑名から京都にもたらされ、干魃のなかで降雨を期待する人びとには、地域をこえて正体不明の光物についての合理的説明として受け入れられたということである。そして偶然にも、光物の目撃があってから七日後の同年七月二五日には、大雨が京都で降っている。[57]

こうした偶然も重なって、広範囲で確認された天体現象が、桑名という限定された地域で信仰される光を発して飛行する（「照かゞよひ給ふ」）一目連の存在が、広く知られるようになっていくのである。

(4)旅行記・奇談

江戸の知識人などによる記録が増えてくるのも、一九世紀の特色といえる。桑名が東海道屈指の宿場町で、江戸から伊勢参宮の途中経路にあたるからか、多度神社に立ち寄って一目連社を実見したり、旅行の途次で多様な噂を聞いて旅行記に書き留めた。また、伝聞や書物を通して知った一目連についての情報を、奇談集や自身の随筆に記録するようにもなる。

一例を挙げれば、曲亭馬琴が享和二年（一八〇二）に上方へ旅行した際の記録のなかに、一目連が登場している。

【史料17[58]】

百三十九　一目連

桑名より三里ばかり西北に多度といふ所あり。多度太神宮たゝせ給ふ。相殿に一目連といふ神おはします。宮殿に扉なし、翠簾のみなり。神体は太刀一ふりと幣のみなりといふ。この神甚だ奇瑞をあらはし、折々遊行し給ふことありとて里人専ら信心す。〈多度太神宮は桑名より乾の方三里ばかりにあり。祭る神天津比古禰命なり。〇一目連　天目一箇命、亦天麻比止都禰命、天津比古禰の神子なり〉

そのほかにも松浦静山の『甲子夜話』巻二二で[59]、一目連に関する『市井雑談集』の記事をそのまま転載し、地方の奇談として筆録されている。また、近世末成立の林百助による『立路随筆』では、『和漢三才図会』の記事を読み下しにして転載し、文化四年（一八〇七）に書かれた小宮山楓軒『楓軒偶記』巻一では、前年の文化三年（一八〇六）に刊行された『閑田次筆』の記事が転載されている[60]。

伊勢の地誌類[61]や延喜式神名帳などの文献考証的な著作物[62]でも、多度神社やその祭神について言及するなかで、一目連と天目一箇命についての記述が見られる。

図2-2　「目々連」（『今昔百鬼拾遺』）

いずれも、先行する著作をふまえての記述が多く、情報としてはあまり新味はないが、出版物を介して一目連の情報が広がっていたことがわかる。

(5)二次創作

さらに注目すべきは、上田秋成『春雨物語』の「目ひとつの神」である。和歌を学びに京に向かった青年が、近江国老蘇（おいそ）の森の祠で夜を明かしていると、山伏や怪僧、狐などが訪れる。社殿から現れた「目一つの神」は、今や京で歌を学ぶ必要はないと、青年に故郷へ帰ることを薦める。そして、神は「一目連こゝに在り[63]」といって、青年を扇で空中に煽ぎあげ、山伏が袖につかまらせて空を飛んで故郷に帰り着いたのである[64]。

この話について、中村幸彦は『市井雑談集』を下敷きにしているとするが[65]、高田衛は前述した『折々草』の「光物」の話か、その伝聞情報を利用したものと指摘する[66]。ここでは、いずれにしても先行する随筆の記事を元にしつつ、舞台を桑名ではなく、近江の歌枕である老蘇に設定して一目連を登場させた独自の作品を作り上げている。いわば、一目連がキャラクターとなり、在地信仰や多度神社といった本来のコンテキストを離れた二次創作作品が生まれているのである。

こうした二次創作の例としては、安永一〇年（一七八一）に刊行された鳥山石燕（とりやませきえん）『今昔百鬼拾遺』下之巻「雨に登場する「目々連（もくもくれん）」（図2―2）も一目連のパロディではないかという見解があることも指摘しておきたい(67)。一九世紀における一目連情報は、先行著作を参照しながら、次々と拡大していく点が顕著である。また、特異な自然現象などを契機とし、奇談として知識人に手で記録されていく。

その一方で一九世紀においても、桑名では冒頭に引用したように雷鳴について「一目連さまがお出かけなされたのじゃさかゐ」とか、暴風雨に「一目連御出かけじや(68)」といった言葉も聞かれた。地域社会では、季節的な自然現象として「一目連」という言葉が日常的に使われているのである。書物の上での「一目連」像は、在地でのそれと次第に乖離していったのである。

おわりに

近世以降の記録に登場する一目連にかかる記事を見てきた。ここまで言及した主要な文献と相互関係について整理したのが図2-3である。実に多様な回路で一目連の情報が生み出され、さらに相互参照や引用を繰り返しては拡大していったことがうかがえよう。

一七世紀には、地誌類や『本朝故事因縁集』で一目連の記述があるが、参照されることはなく影響は小さかった。むしろ、広く流布して百科事典として随時参照される〈参照系の知〉である『和漢三才図会』の影響が大きい。気象現象を表す語彙として、知識人の間では、京都など他地域の突風被害を一目連とする解釈もなされるようになっていく。

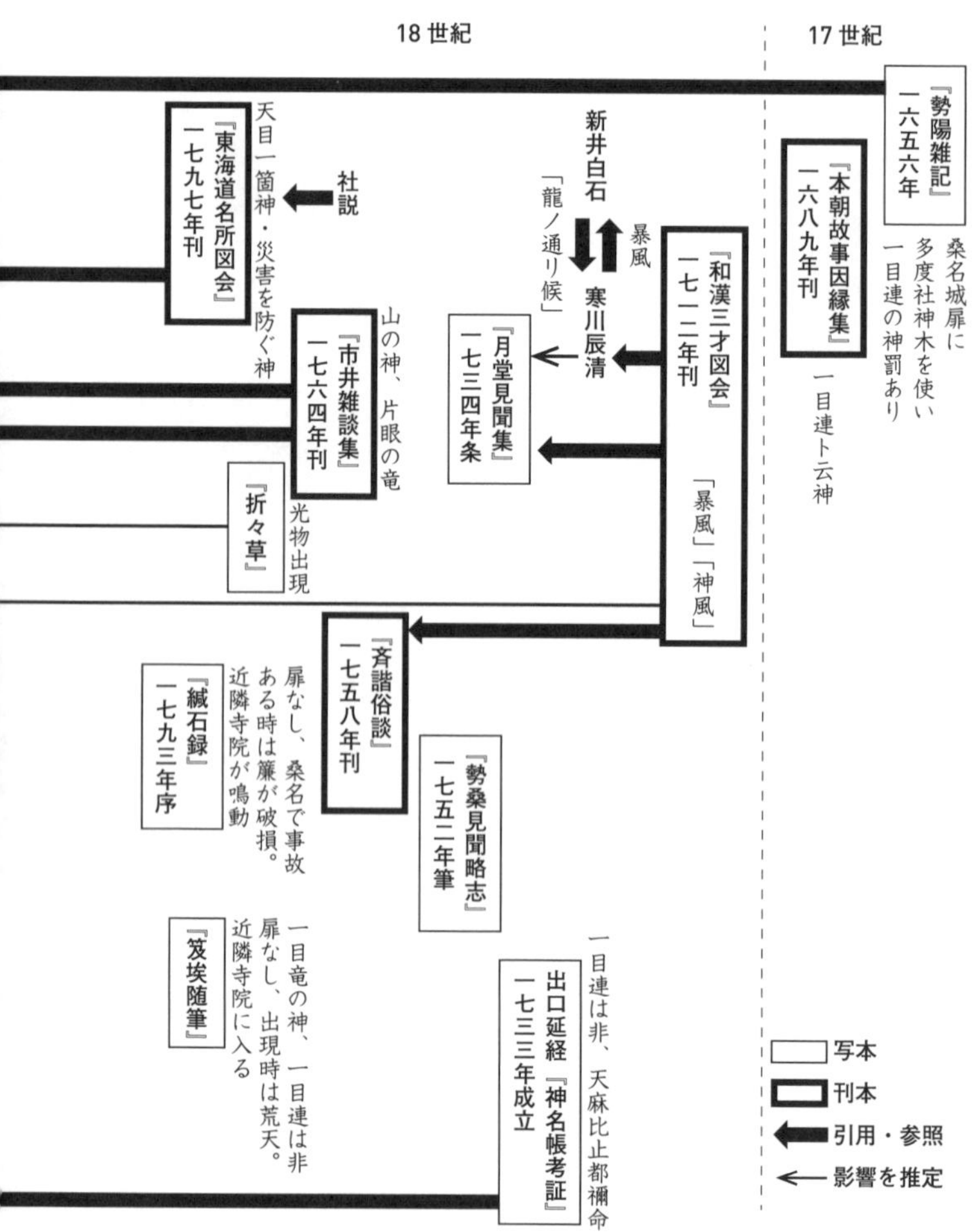
18 世紀
17 世紀
『勢陽雑記』一六五六年
桑名城扉に多度社神木を使い一目連の神罰あり
『本朝故事因縁集』一六八九年刊
一目連ト云神
『和漢三才図会』一七一二年刊
「暴風」「神風」
新井白石
暴風
「龍ノ通リ候」
寒川辰清
『月堂見聞集』一七三四年条
『東海道名所図会』一七九七年刊
天目一箇神・災害を防ぐ神
社説
『市井雑談集』一七六四年刊
山の神、片眼の竜
『折々草』
光物出現
『斉諧俗談』一七五八年刊
扉なし、桑名で事故ある時は簾が破損。近隣寺院が鳴動
『緘石録』一七九三年序
『勢桑見聞略志』一七五二年筆
出口延経『神名帳考証』一七三三年成立
一目連は非、天麻比止都禰命
『笈埃随筆』
一目竜の神、一目連は非扉なし、出現時は荒天。近隣寺院に入る
写本
刊本
引用・参照
影響を推定

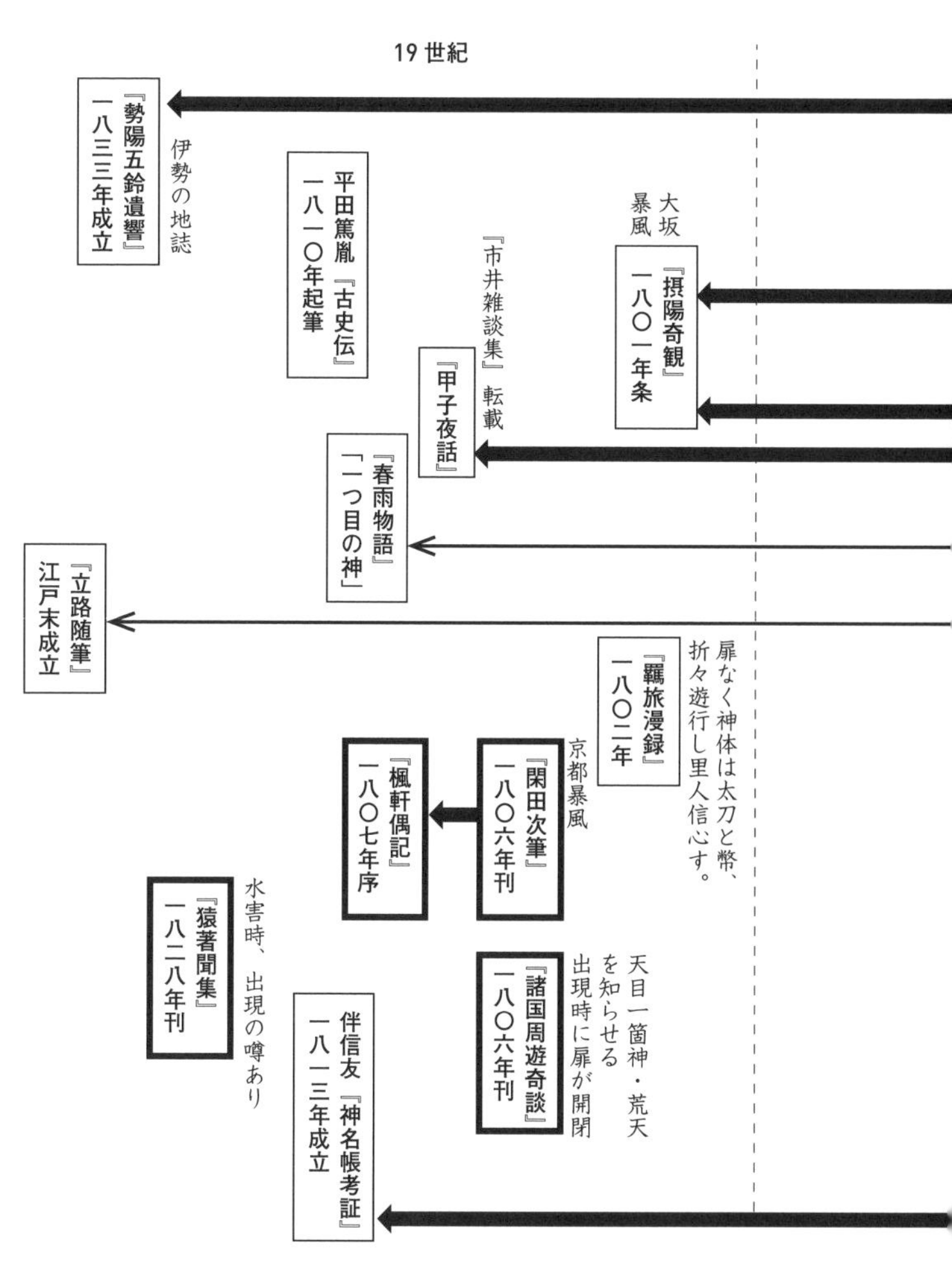

図2-3　一目連関連文献の影響関係

一七世紀段階では、一目連は『勢陽雑記』で山伏の姿で出現したと記されてはいるが、おもに光や洪水・風雨などの不可視の気象現象として認識されており、具体的なビジュアルイメージはもっていなかった。

一八世紀半ばには、寺社側の情報発信が加わる。神社側は「宝永年中」に「山田并宇治等ノ祠官」の神学的解釈によって、一目連社の祭神を天目一箇神であるとする見解を採用し、周辺寺院では片眼の竜であるという宣伝をしていった可能性がある。ここで、災害をもたらす荒ぶる神という側面よりも、地域を災害から守る守護神としての側面が強調されていく。一目連が片眼・一つ目であるという言説が初めて登場するのもこの時期である。[69]

一九世紀になると地域社会での見聞や知識人による考証、地誌の編纂など新たな情報が加わっていく。そして、上田秋成の『春雨物語』のような創作にも採用されていく。

一目連に関する情報は、一七世紀から一九世紀まで発信源・内容ともに多岐にわたっている。その理由として、『和漢三才図会』といった〈参照系の知〉に掲載されていたこともあり、暴風雨や光を伴って発生する甚大な被害をもたらした気象現象や未知の天体現象など不可知の事象に対して、説明原理として利用しやすかった点があろう。理解を超えるような事態に接した人びとは、「自分たちの知的資源を動員して状況の意味を解釈しようとする」[70]が、〈参照系の知〉は「広く一般的に共有される了解事項」[71]であるが故に、「状況を適切に理解した」として緊張緩和につながりやすい。一目連という概念が動員されて未知の事態の解釈がされることが繰り返されれば、次第にその存在感は強固になっていくだろう。

なお、一七世紀半ば以前の一目連にかかる史料は確認できない。堀田吉雄が多度神社について「旧記古文書も織田信長の伊勢征伐一向一揆にまきこまれて御社は兵火に炎上し何一つ確たる証拠が無いのである」と記しているような事情で、史料的には中世以前については実証が困難なのである。

史料が残る近世の二〇〇年程度でも一目連についての情報にこれほどの変動がある以上、確かな文献史料で一目連について一七世紀半ばまで遡及しうるものが存在しないなら、中世以前については憶測以上のものにはなるまい。近世以降の多様な文献から任意の情報だけを根拠に起源を検討するのは、おおきな誤謬にもつながりかねない。

柳田は「時代の推移を思はない人々には、古史の解説を托すべきではないと思ふ」とするが、近世の一目連の姿に大きな「時代の推移」が見られ、中世以前の文献史料が確認できないのなら、柳田のように一目連から「古史」を論じるのは無理があるといえよう。

それでは、後の妖怪事典などに一目連が掲載されたのはなぜか。そこで挙げられるのは、近世以来繰り返し参照されてきた『和漢三才図会』の影響である。【史料4】にあるように、一目連について言及する際に、「鎌閉太知」(カマイタチ)について触れられている。このカマイタチは鳥山石燕の『画図百鬼夜行』などにも掲載されている。[72]『和漢三才図会』の影響力は甚大で、しばしば一目連について記述される際に、カマイタチについても併記される例が多い。[73]

しかしながら、『和漢三才図会』を注意深く読めば、カマイタチについて「此与一目連似而不同」、すなわち似て非なるものであるとはっきりと書かれているのである。その後の一目連とカマイタチを関連させる言説は、[74]いずれも『和漢三才図会』の誤読に基づいているといえる。もちろん、誤読だからといって全否定すべきではなく、誤読が一目連とカマイタチをつなぎ、新しい解釈を生み出している点にこそ注意をしたい。

その後の一目連像に大きな影響を与えることになったのは、他ならぬ柳田國男であろう。それまで、カマイタチと一目連を結びつけることはあったとしても、一つ目小僧と結びつけるような解釈は存在していなかったのである。民俗学の研究対象として「妖怪」を俎上にあげた柳田國男が、「一つ目小僧」を論じた書物のなかで一目連を取り上げて位置づけたことで、一目連が後の「妖怪をめぐる人びと」[75]に「妖怪」を想起させる存在となった[76]といえよう。

第三章　「石塔磨き」の怪——近世都市の怪異とメディア——

「いやいやとんだものが流行ります。」

「ハテ。」

「例の『墓磨き』でございますよ。」

「出ましたか。」

「出ました。」

杉浦日向子『百物語』(1)

はじめに

ある年の秋、江戸では誰もいないはずの墓地で毎夜、ガリガリという音がしていた。

石塔磨き(2)とは、文政一三年（一八三〇）の八月頃から関東各地の墓所で、墓石がいつのまにか磨き上げられていったとされる事象である。誰の仕業なのか、そして何のための行為なのか、その目的も明らかでなく、次々と墓標が磨かれたというだけの報告が相次ぎ、怪談めいた噂も流布するようになっていた。

石塔磨きについては、江戸時代に書かれた複数の随筆類に記録されている。江戸風俗研究家の三田村鳶魚が早くから言及しているほか(3)、大正期に書かれた時代小説(4)でも取り上げられていたから、それなりに知られていたのだろう。

民俗学の柳田國男も注目しており、「臼の目切り」では、近世随筆の『きゝのまに〳〵』で、人知れず行われるという臼の目立ての伝説とあわせて妖怪あつかいされていたことに言及している(5)。これは短文なので、柳田の関心がどこにあったのかは明確でないが、彼の「民俗学」と題したメモにも、「群集心理として」という見出しとともに「お蔭まゐり」と「石塔みがき」が挙げられている(6)。石塔磨きについて「ヤマシのしたこと」と記されており、石塔磨きは山師が仕掛けたことが広まったもので、背景には群集心理が働いていたと柳田が考えていたことがうかがえる。このメモは、「どうしても、新しく民俗学の教本をつくる必要がある」と考えていた柳田が、その構想を書いたものであるから、石塔磨きという奇妙な事象は、当時の柳田にとって、民俗学の根幹と関わる問題だったということだろう。

石塔磨きについて文献史料を用いて詳細に論じたのは、氏家幹人である。『甲子夜話』を中心に松浦静山周辺のできごとを紹介した『殿様と鼠小僧』で、他の随筆や記録などから、その実態を詳細に明らかにした(7)。とりわけ重要なのは、曲亭馬琴の随筆により、この事件が道心者の示唆で病気平癒を願った病者の行為であると指摘したことであろう。

そのほか、鈴木棠三が江戸の巷談として『藤岡屋日記』所載の記事を紹介し、「不可解な犯罪」と述べて、「若い衆の力自慢のいたずらだったのかもしれない」といい(8)、土居浩は墓地に石塔が建ち並ぶようになった

「石化する墓地」の問題として言及している。[9]

柳田國男は、「群集心理」との関わりで石塔磨きに注目し、その事象から怪異譚が生まれ、受容されていく過程の心意に目を向けていたが、その視点は引き継がれることはなかった。後の研究では、主に奇妙な事象の解明や「犯人」の動機、その背景に主たる意識が向けられてきた。しかしながら、正体不明の対象に関するあいまい、かつ真偽不明の情報群から、真実に迫ることは必ずしも容易ではない。

流言を作者論ではなく、「うわさ話の担い手集団」による「読者論」が重要だとした佐藤健二の視点[10]をふまえれば、誰かによって磨かれた墓石についての情報を、怪異譚として受けとめていく情報の受信者こそが問題となろう。

本章では、こうした都市に流布した怪異譚について考えるにあたって、流言を「あいまいな状況におかれた人々が自分たちの知的資源を動員して状況の意味を解釈しようとする場合」に発達するのが流言であるという、タモツ・シブタニの視点[11]を手がかりとしたい。シブタニの流言についての定義をふまえ、メディア史研究者の佐藤卓己は、流言を「情報崩壊」ではなく「情報構築」ととらえている。[12]石塔磨きというあいまい情報に対して、人びとはどのようにして情報を解釈していったのだろうか。

つまり、本稿の関心は、石塔磨きに関する「真相」の解明ではなく、一九世紀の都市・江戸において、石塔磨きをめぐる言説を詳細に、いかなるメディアが関わり、どのように情報が構築されたか、その過程を解明することである。そこからは、近世の流言に多様なメディアが果たしていた役割が明らかになってくるだろう。[13]

都市メディアと流言について考える上では、石塔磨きは格好の素材である。江戸を舞台にした事件であった

表3-1　石塔磨関連事項

月日	実見	風聞	備考	典拠
9月18日	麻布谷永昌寺　墓所奥石塔1本正面を磨き、8・9本磨いているようだが不明確		風聞あり見物あり	『藤岡屋日記』文政10年条
9月20日		赤坂盛徳寺　磨候由	真田家菩提寺のため足軽配置し見物を入れず	『藤岡屋日記』文政10年条
9月24日		飯倉町一乗寺　9月24日報告　日時不明、石塔2本磨く由		『藤岡屋日記』文政10年条
9月24日	9月24日報告、西久保光明寺　石塔6本。1本は4方磨き、施主名朱入れ			『藤岡屋日記』文政10年条
9月24日		9月24日報告　専光寺、大善寺　石塔2本正面磨く由		『藤岡屋日記』文政10年条
9月24日		麻布谷町西光寺、法善寺、大泉寺、芝切通　青龍寺　石塔磨きの風聞あり見物あるも「風聞のみ」の由		『藤岡屋日記』文政10年条
9月26日	芝青松寺　9月26日報告。亀井大隅墓所石塔・玉垣倒れ、石灯籠倒れる。酒井大和守墓所　石塔異常なく石灯籠・玉垣倒れる。徳永権之助墓所　石塔1本、石灯籠など倒れる。片桐勇之助墓所　石塔異常なく石灯籠、玉垣倒れる。		住僧は9月7日発見、山廻りは9月9日発見といい事実不明。「追々風聞御座候ニ付」	『藤岡屋日記』文政10年条
		青松寺　墓番が回った際には異常なく7つ半から6つの間のできごとと報告。蟒蛇の天上、天狗の相撲、天狗のいたずらなど噂		『弘賢随筆』

		愛宕下青松寺、大碑を半分地中に差し込み、若干洗う		『視聴草』
9月27日		麻布正信院・崇岸寺　日時不明、石塔2本磨く由		『藤岡屋日記』文政10年条
9月27日	麻布教善寺　石塔3本磨くように見えるが、「いたづら」にも見える			『藤岡屋日記』文政10年条
9月28日	了源寺　石塔磨き少々朱入れ、龍福院石塔磨き、地蔵堂入念に洗う	28日丑刻、戸板を摺る音がし、翌朝見ると墓が磨かれていた。新堀堂前、新寺町など「余程被洗申候由」	実見に家来派遣、10月17日に松崎慊堂が実見。	『弘賢随筆』『慊堂日暦』
9月29日	浅草清光寺（信光寺?）1本、本法寺、正定寺17～8本、武州豊島郡西善寺1本、赤坂田町成満寺5～6本、溜池澄泉寺30本程石塔を磨いているのを「追々見出」報告			『藤岡屋日記』文政10年条
9月29日		幸龍寺石塔磨かれた由		『弘賢随筆』
9月末		9月末浅草幡随院等の石碑数十本磨く・数多洗たる由	したくしく見しものより聞けり	『視聴草』『藤岡屋日記』天保元年
10月1日	浅草正福院20本、松源寺9本、真龍寺2本程、乗満寺、遍生寺3本、清水寺3本程、本覚寺13本程、武州豊島郡専福寺6～7本、西蓮寺15本程、観音寺15本程、上十条村寿福寺8本程、下十条村清浄寺3本程、王子金輪寺中宝珠院3本程「追々見出候由」			『藤岡屋日記』文政10年条

10月3日		駒込行願寺にて7、80本洗う由、石瓦のようなもので碑面の文字のところを研磨。昼も来て磨するが人目に見えず。朱墨はねばり有	したくしく見しものより聞けり	『視聴草』
10月3日	寺社奉行より寺院へ触			『視聴草』
10月4日		小石川玄関寺、天神後ろ西岸寺など見物許さず		『視聴草』
10月7日		上野御霊屋辺の石灯籠に墨、翌日より夜番はじまる		『視聴草』
10月8日		噂を馬琴が書き付ける		『兎園小説拾遺』
10月8日		松浦静山が東漸院で上野山内、護国院で墓洗いがあると聞く。		『甲子夜話続編』
10月10日		江戸一円の寺院が磨かれたとの由		『視聴草』
10月10日		松浦静山が増上寺宿坊雲晴院で話を聞く。当寺では「未だなけれど、近頃何院かに有りし沖群集」があるも、これは檀家が磨いて来たものを誤認したもの。		『甲子夜話続編』
	広徳寺石塔洗い、朱を入れる。		一見した者の手紙	『弘賢随筆』
	高田宝泉寺19基あらうと上申		予が家の墓あり	『視聴草』
12月上旬		馬琴「石塔みがき後記」を記入		『兎園小説拾遺』

ことから、近世随筆など複数の史料に記述を見い出すことができる。それに加え、表3-1に整理したように二ヶ月程度という極めて限定された時間に流布した噂であり、時間軸に沿った情報構築過程を確認しやすいからである。前章では、長期間にわたって読まれ、繰り返し参照される随筆や地誌を取り上げたのに対し、本章

は短期間に流布し、消費されたフロー型メディア、具体的には史料に記録された多様な噂（「風聞」）が主な分析対象となる。

一　文政一三年九月　江戸の石塔磨き騒動――発端と拡大――

①第一報――麻布永昌寺――

文政一三年（一八三〇）[14]八月、関東の各地で石塔磨きが報告されていた。そして九月、ついに江戸でも石塔磨きが確認された。真偽不明な情報も多いのだが、次の史料は、『藤岡屋日記』が引用する町奉行所の隠密廻がもたらした報告である。藤岡屋が入手した町奉行所の公式文書のようで、信頼性は高い。

【史料1[15]】

麻布谷町　禅宗　永昌寺

右永昌寺墓所ニ有之候石塔、去ル十八日夜、何者共不知、磨候由及承候間、私共罷越、墓参躰ニ致成見候処、墓所奥之方江有之候石塔壱本、正面磨候様子ニ相見へ、其外ニも八九本程磨候哉之見へ候も有之候得共、右之分ハ聢と難見御坐候、近辺風聞も有之、見物之者も参候様子ニ御坐候

赤坂清水谷　禅宗　盛徳寺

右盛徳寺墓所ニ有之候石塔八本程、去ル廿日頃之夜、何者共不知磨候由、是又承及候ニ付、見置可申と私共罷越候処、同寺ニ真田伊豆守菩提所ニ有之、同家ゟ足軽三人ヅヽ毎夜勤番致候由、右ニ付見物之者之

為在入不申候由

右之趣、奉入御聴候、以上

九月廿四日

隠密廻

この報告から、九月一八日夜間に永昌寺墓所の石塔が、何者かの手で磨かれていたことがわかる。隠密廻は風聞を確かめるために、墓参のふりをして様子を見に行ったところ、石塔一本は確かに正面が磨かれていた。他にも八、九本を磨いていたようだったが、こちらは確実ではないとのことだった。「近辺」でも噂になっていたようで「見物之者」が来ていたという。一方で、二〇日頃に八本の石塔が磨かれていたという盛徳寺は、松代藩真田家の菩提寺だったので、足軽が勤番をしていて見物人は入れなかった。そのため、隠密廻も事実確認ができていない。

続いては、九月二九日に書かれた浅草寺の記録である。こちらは、浅草寺別院の梅園院から浅草寺への上申書を書き留めたものである。寺院組織内での公式報告の記録であるから、これも信憑性は高いものである。

【史料2】[16]

一一昨廿八日夜何時共不相知、返照院末小塚原寺町安楽院檀家之石碑四本、年号又ハ家名・戒名之所計、或者正面壱円磨候間、今朝見附候、組合之内ニ浄僧清光院・浄土宗円音院方ニ茂磨有之、怪敷義ニ付御届申上候旨安楽院申出候ニ付、此段御届奉申上候、以上

文政十三寅年九月廿九日

返照院法類

当時御預代

善龍院
梅園院
本龍院

安楽院の墓所で石塔四本が磨かれていることが報告され、ほかに組寺の清光院・円音院でも同様の事案が確認されていて「怪敷義」なので報告するとある。これらの記事から、九月の中旬から下旬にかけて、江戸の寺院境内墓地で石塔磨きが相次いでいたことは間違いないようだ。

その後も、隠密廻や定廻（じょうまわり）など町奉行所の三廻りは、九月二六日、二七日、二九日、一〇月一日に石塔磨きを報告している[17]。九月二九日には、浅草清光寺[18]ほか六ヶ寺、一〇月一日には浅草正福院ほか一三ヶ寺での石塔磨きが報告された。ただし、一夜にしてこれだけの石塔が磨かれていたわけではない。「追々見出候」とあるから、墓所を確認してみると石塔が磨かれていたことに気づいたということのようだ。とはいえ、一度に複数の寺院から石塔磨きが報告されたことで、あたかも同時多発的な現象のように受けとめられたようである。

興味深いのは、【史料1】【史料2】から、磨かれた石塔が具体的にどのような状態であったのかが確認できることである。噂や風聞と違い、公式な記録や報告であるから、実態を記録したものといってよい。

まず、【史料1】に「正面磨候様子」とあり、【史料2】から「年号又ハ家名・戒名」など石塔の文字のある部分を中心に磨き上げていることがわかる。また、「磨」という表現から明らかなように、洗浄ではなく、いわば表面の研磨である。全面に手を加えているわけではなく、主に正面や文字が彫り込まれている場所だけが対象だったようだ。

さらに、磨かれたのは墓地一ヶ所につき数基程度である。旧暦の九月下旬ともなれば日の暮れも早い。石塔の正面を中心に数基程度なら、一夜で磨き上げることも不可能ではない。後には、一夜にして数十基の墓がたちどころに磨き上げられたかのような言説が流布していくことになるが、実態はこのようなものであったことを確認しておく必要がある。

無論、こうした公文書による報告は、誰もが接することができる情報ではない。早い段階で噂になっており、【史料1】にあるように、九月二四日の時点で麻布の永昌寺に「見物之者」が集まっていた。これらの野次馬たちが、次なる噂を広げていくことになろう。

②奇怪な噂の拡大

江戸の寺院から石塔磨きの情報が相次ぐなか、九月二六日に愛宕下の青松寺(せいしょうじ)で発見された、次のような事象が発生していたことが隠密廻から報告された。

【史料3[19]】

芝青松寺ニ有之候武家方石塔・石玉垣等を、夜中何者共不知、倒置候由(たおしおきそうろうよし)及承候ニ付、相探候処、左之通り御坐候

亀井大隅守墓所

右は二間四方之石玉垣内ニ有之候、高サ一丈程、幅四尺余之石塔一本、玉垣共倒、玉垣石七八本折有之、同所続ニ石玉垣三ヶ所有之内石塔ハ別条無之、玉垣は不残倒(のこらずたおれ)、石玉垣前之石灯籠二本倒居候処、早速修復出来候由

右石塔は別条無之、石灯籠二本、石玉垣壱間余倒有之候由

酒井大和守墓所

右ハ石灯籠二本、高六尺余之石塔倒て有之、石玉垣は別条無之候由

酒井飛驒神墓所

右は石塔弐本之内一本、石灯籠二本、石玉垣壱間半余倒有之候由

御役不知　徳永権之助墓所

右石塔ハ別条無之、小石灯籠二本、九尺四方之玉垣不残倒有之候由

片桐勇之助と彫付有之候墓所

（下略）

ここでは、複数の墓所で石玉垣や石灯籠の倒壊が報告されている。その一方で、石塔の被害は少なく、石塔の研磨などについての報告はない。『藤岡屋日記』では、石塔磨き関連の事案として記事が掲載されているが、石塔磨きとは様相を異にしている。冷静に考えるなら、石灯籠や玉垣などの倒壊であれば、地震や突風などの被害の可能性も高く、石塔磨きとは無関係と考えるのが自然だろう。

右の史料で省略した部分には、被害事実の発見時期について記している。墓所の庵に住む僧は七日朝だといい、山廻りの者は九日朝といい、何が本当かわからない（「何れ実事ニ候哉相分兼申候」）という。被害は、表沙汰になるよりも二〇日近く前のことで、少なくとも石塔磨きの事象が確認されるよりも以前、九月上旬であったことは間違いない。

当然のことながら、石塔磨きの噂が広まるまでは、石塔磨きと結びつけられることはなかった。被害を受けた小浜藩酒井家（酒井飛驒守忠蓋）へ寺から届けられた書状とされるものには、次のように盗賊説に加えて天狗や大蛇の関与が取り沙汰されていたことがうかがえる。

【史料4[20]】

初は青松寺ニも大ゝはゝみ居まいらせ候まゝ、夫がてん上したろうの、天狗様のすまふだろふの、天狗様の御遊ひだろふのとゝりぐ申候へどもとうぞく（盗賊の業）のわざのよしたしかに承りまいらせ候、ま事ニ土佐様御はかなどのたていしは人か三人かゝりてもめつたにはうごかぬやう成いしをとんぼかへりなといたさせ御座候間、天狗であろふと申とりぐゝはさいたし候いし

このような噂が流れていたにも関わらず、間もなく、墓所で石塔磨きという奇妙な事態が相次いでいたこともあり、石塔との連想か、関連するできごとと見られるようになっていた。問題を大きくしたのが、被害に遭った墓の多くが武家のものであったことである。

次第に噂には尾ひれがついたようで、『視聴草』三集五には「愛宕下青松寺にてハ諸侯の大碑を半分土中へさしこみ、其外若干あらふ」と見えている。[21] 実際には、ほとんど石塔に被害はなかったにも関わらず、石塔を土中に半分ほど差し込み、若干の墓石が洗われていることにされているのである。石塔磨きの主たる行為が、墓石の洗浄（「あらふ」）ではなく、研磨であったことからも、これが事実無根であることは明らかである。にも関わらず、青松寺墓所での玉垣・石灯籠倒壊事件が、石塔磨きと関連づけられて、石塔磨きの噂と整合するように語り方が変容していたことがうかがえよう。あるいは、寺院側も墓所の管理不行き届きが問われること

を恐れて、そうした解釈を誘発するような説明をしたのかもしれない。

幕府も、石塔磨きと青松寺の墓所毀損を一体と見なしていたであろうことは、次のような触が、寺社奉行の脇坂安董から寺院にあてて出されていたことからも明らかである。

【史料5】[22]

近頃御府内寺地ニ而何者とも不知石塔を洗ひ又者取毀候儀有之由相聞へ不届之事候、依之銘々心附見当り次第差押へ、月番之奉行所へ可訴出候、勿論右体之儀有之歟、或ハ心当りも候ハヽ、是又可届出候事

十月朔日

ここで、「石塔を洗ひ又者取毀候儀」と石塔磨き（洗浄と誤解している）と青松寺の墓所毀損（「取毀」）とが一連のこととして理解され、取締の対象とされたのである。とはいえ、確認しておく必要があるのは、このようなものを見つけた場合、ただちに「差押へ」て報告することを命じていることからもうかがえるように、これは人為的な現象にすぎず、公権力によって取締可能な行為であると幕府側が認識していたことである。考証家で江戸神田雉子町の町名主であった斎藤月岑が「此節、寺院ニ而石塔を磨キ候徒者はやり候由[23]」と当時の日記に書き記しているように、最近の石塔磨きは「徒者」の仕業であると考えていたこととも一致する。

奇妙な噂はつきまとっているが、何者かによる目的不明の奇妙な行為にすぎず、あくまでも人の手によるものだというのが幕府側の理解であった。これを怪異とするような認識は、九月末までは一般的ではなかったのである。

二　歪曲・膨張と収束――文政一三年一〇月～一一月――

①飛躍する噂

文政一三年（一八三〇）一〇月には噂が大きくなっていたようだ。曲亭馬琴が一〇月八日に随筆『兎園小説拾遺』に書き記した「夜分磨古墓石怪」によると、「十月に至りて、此事いよ〱甚しく風聞せり」とある。[24]「一夜の中に十も十五も磨ことあり」といい、一夜に磨かれるとされる墓石の数も急増している。馬琴の聞くところでは、墓所で石塔を磨く法師を見た「子守両三人」が声をかけたところ、無言で睨まれ、恐怖で逃げ帰った子守たちの歯はお歯黒をつけたようになっていたという。墓を磨かれた者は子孫断絶するなどという噂もあったようで、怪談めいた風聞が広がっていたことをうかがわせる。

この時、馬琴は「いぬる日、今戸なる何某、稲荷の社の屋根なる真鍮の狐二つの内、一つの狐も磨れたりと聞ぬ」と書き付けたあと、このように続けた。

> 又いぬる夜、浅草なる西福寺の門をたゝく者有。門番人誰ぞと問へば、云々の処より来れり。本堂へとほるといふにより、門をひらきて入れたるに、其人三人也。本堂の方へはゆかで、墓所のかたへゆくにより、門番人、あとより追かけ出て、本堂はそなたにあらず、こなたこそと呼留るとき、襟元ぞつとせしに驚きて、見かへらんとせしに、頭髪を切おとされけり。（中略）彼三人を尋ねしに、ゆくへもしらずなりしとぞ。かゝれば狐の所為なるべしといふ者有。[25]

馬琴は、こうした話には虚談も多いが、墓が磨かれる事件が発生しているのは事実なので、「狐を使ふ者の所行にて、墓を磨せ、その怪を攘ふ守札なんどを売らん為かも知るべからず」と評している。呪術者が狐を使って墓を磨かせ、それを回避するための祈祷札を売ろうとしたものではないかというのだ。

いささか飛躍した議論にも見えるが、第一章で論じた「髪切り」に言及し、明和年中には「ゑせ山伏」が狐に人の髪を切らせて、狐除けの札を売ったことが露見して処罰されたという前例があるとも記している。石塔磨きを追いかけて髻を切られたという噂から、こうした髪切りの話を想起したのだろう。(26)

狐を連想したのは、墓石だけではなく稲荷社で「狐」の像も磨いているという噂があったからだが、これは誤報の可能性が高い。松浦静山の随筆『甲子夜話続編』では、「某仏師」の談話として、場所は「新堀」の某社で、社前の両狐の石像が磨かれたとしていた。その後に儒学者の朝川善庵からの話により、「祠前に置きたる両狐」ではなく、祠屋上の四隅に設置した狐のうち三疋が洗われていたと修正している。(27) いずれにしても、馬琴が聞いた話とは食い違っている。

『視聴草』が伝えているのは、さらにお粗末な顛末である。「浅草本法寺稲荷堂」のこととして、屋根にある瓦の狐がひとつ洗われていると評判になり、見物人が多く集まっていた。しかし、「狐一ツ近頃屋上より落て損したるにより、此ころ新しく一ツ作りてあけた」ものが、「はやりものゆへ、何人かあらひたるならんといひ出」した結果、評判になったものだと伝えている。(28)

その素材は、馬琴が聞いたように真鍮だったわけではないようだが、場所が浅草であり、狐の像が屋根の上にあったとされている点では一致している。馬琴が聞いていた狐の像が磨かれたという噂は、破損した稲荷堂の狐像を新調したところ、ひとつだけが新しかったので、それを見た慌て者が「誰かが洗ったんだ」といいだしたにすぎなかったようだ。

とはいえ、石塔磨きが「はやりもの」となったことで、一〇月には無関係なものまで石塔磨きに関連づけられて語られるようになり、噂が増幅していく点には注意しておきたい。

一〇月一〇日になって、松浦静山が増上寺宿坊の雲晴院に行った際に、石塔磨きについて話を聞くと、「近頃何院かに有りし迚群集」があったが、実は檀家が墓石を磨いて来ただけのことがわかったと伝えている。(29)これも、そそっかしい人があらぬ噂を流したのだろう。

松浦静山の記述で興味深いのは、磨かれたという石塔を見物に来た「群集」の存在がうかがえることだ。見物人が集まっていたのは、石塔磨きが発生した場所を伝える瓦版が発行されていたことによるものらしい。石塔磨きについて「右之場所、板行ニいたし売候者つかまり候由」と斎藤月岑が伝えているから、販売者は捕まったようだ。(30)物見高い見物人は、事実を確認することもなく、磨かれた石塔の存在だけを確認して、さらなる噂を広めたことだろう。

馬琴は怪談めいた話を書き付けていたが、評判が拡大するとともに、奇妙な噂は次々と語られるようになっていたようだ。石塔磨きは、無関係な情報まで吸収しながら、多様な言説や解釈が生まれていた。

赤坂の紙屋に半紙をたった一帖だけ毎日買いに来るという不思議な客の話(31)や、刀鍔の職人が金箔をもって外出していた際に何者かに奪われた話(32)なども石塔磨きに関連づけて語られていた。前者はどうみても石塔磨きとの関連性は希薄だし、後者も被害にあったのが金箔なのだから、ただのひったくりの可能性が高い。石塔磨きへの関心が高まっているなか、わずかな接点があったり、何らかの奇妙な人やできごとについての噂は、石塔磨きとの結びつきが疑われるようになっている。こうして、石塔磨きをめぐる言説は、多種多様な奇譚を呑み込んで、急速にその不思議さを増していくのである。

話が大きくなっていく理由は、なにより「磨かれた石塔」という結果があるにも関わらず、目的も不明で、いつまでたっても誰の所業なのかが明らかにされていないことにあった。それゆえ、却って石塔磨きの「正体」について伝える噂は非常に多くなっている。

石塔磨きの噂について、大きく分ければ人の手によらない超自然的存在の行為として、その姿を伝えるものと、人為的行為としてその動機について語るものに大別されそうだ。

静山が聞いた話は、ある夫婦が墓参したところ、自家の墓石を磨いている者がいたので「磨くに及ばず」といったところ、「消うせた」という。我が家に帰ると「七歳なる女子の、成婦の如く眉を剃り歯を染てありたるゆゑ、又驚て、その歯を磨きおとせども白からず」という。[33] 留守番をしていた娘が、成人女性のように眉を剃り落とし、お歯黒をつけていたのだ。これについて、「彼の妖物の忽この如き返報やせし」とされた。

同様の話は『視聴草』も書き留めている。下谷あたりの四歳になる小児と子守が墓所で「見なれざる女」を見かけて、立ち去るようにいわれたが去らずにいると、「今に思ひしらすへし」といわれた。怖くなって帰ると少女も子守も歯を黒く染められていて、「いかにみかきても黒きもの落す（おちず）」という。[34]

また、ある親子が寺院参詣の帰路、どこからともなく「この娘年頃なり、鉄漿（おはぐろ）を付てよし」という声が聞こえ、帰宅すると眉がなくなり、歯が黒く染められていたという。[35] これは、石塔磨きと直接は関係がないようだが、いつの間にか歯が黒く染められていたという話題なので、あわせて記録されたのだろう。

図3-1『弘賢随筆』「はかあらひ」

女性が、石塔磨きの報復でいつの間にかお歯黒を付けられていたという噂は馬琴も記しているが[36]、人知を超えた報復をする「妖物」の話が広がっていたのだろう。

馬琴が記していた髪を切られる話も見える。『視聴草』の伝えるところでは、白衣の女性を墓所で見かけて捕らえようとしたが、口から息を吹きかけられると「毛髪脱落せり」とのこと。一説には懐中から取り出した白い粉をかけられ、かかったところが禿げたとも伝えている[37]。

このような奇怪な噂は、石塔磨きが人ならぬモノの仕業と考えられていることを如実に示していよう。ほかにも石塔磨きが「大入道」になったといった怪談めいた噂[38]もあとを絶たなかったようだ。

一方で、儒者の朝川善庵から松浦静山が聞いた話では、善庵の門人が磨かれた石塔に拙い字で「依心願磨之」と書かれていたとのこと[39]。便乗したイタズラの可能性もあるが、「心願」があって磨いている者がいるのかもしれないという。

こうした合理的な解釈の例としては、前述したような馬琴の「狐」を駆使した宗教者が、守り札を売ろうとしての行為だという推測がある。

図3-2『視聴草』「はかあらい」

図3-3『視聴草』「はかあらひ」

また、『視聴草』では、「耶蘇の法」で石塔を何百基か洗えば「何の術自在に成就す」ということでもあるのではないかという憶測も語られる。[40] 一時は砂糖問屋某と万作豆うり某が石塔磨きの犯人として捕縛されたらしいが、彼は朝夕に「センズバリバリ」と奇妙な唱え言をしており、「邪宗」に間違いないという噂も流れていた。[41] これは、後に誤報だと確認されたようだが。

石塔磨きが人為的なものだとしたら、これほど評判になっているにも関わらず、いまだに誰の仕業かはっきりしていないのが不審である。そこで、松浦静山は「何れ形を隠す幻術有りて、耶蘇の徒抔にや」と「或人」に手紙を送っている。[42] 石塔磨きの姿が見えないのは姿を消す秘法を使っているからで、妖術を使うキリシタンなのではないか、というわけだ。

キリシタンが登場するのも唐突だが、静山も「近頃京坂の辺なる豊田みつぎと云が所為」を想起しているように、前年に京都で、キリシタンの疑いで豊田貢らが検挙される事件[43]が起きていたことと関連していよう。[44]

あれこれと推測を巡らしたあげく、松浦静山は「幻妖の術を伝る族の所為ならん」として、「千塔を磨けば祈願達する抔」という言説が師から弟子などに伝えられて世上に流布しているのではないかと結論づけた。[45] いつまでも石塔磨きの正体が明らかにならないのは、その姿が「幻術」などによって目に見えないからだと考えられるようになっていたことがわかる。

不可視だからこそ、どのような姿か気になるのが人情である。そうしたなか、「享保年間の物」とされる「百鬼夜行の巻物」から、「はかあらい」なる「怪物」の絵が見いだされた。『視聴草』や『弘賢随筆』では、その姿を写したものが描かれている。[46] これは、毛が生えた四本足の奇妙な動物のようである。おそらく同じ絵を馬琴も目にしていたと思われ、「古き絵巻物に石塔磨といふ虫有。かたち泥亀に類して赤み有」と記している。[47]「虫」とあるから、小さなもので見つからないと考えられていたのだろうか。別に「さきの図とハ大に異なり」という、鬼のような姿で着物を着た二足歩行の姿も『視聴草』に見える。[48] 過去の絵が発見されることで、石塔磨きという「できごと」が、姿をもった妖怪めいたビジュアルイメージを帯びるようにもなってきたのである。

②騒ぎの収束――一一月――

江戸を騒がせていた石塔磨きをめぐる噂は、一一月も下旬になると急速に聞かなくなっていた。馬琴は「十一月下旬より、石塔磨の噂、フッとやみけり」と伝えている。[49] その理由として、どうやら石塔磨きの正体らしきものが判明したと考えられるようになったことがあるようだ。

馬琴によれば、本所立川の道心者から「癩病人」が「古き石塔を人にしらさぬやうに、一千みがくときは、その功徳によりて、難病平癒うたがいなし」といわれ、疾病の治癒を願って石塔磨きを実践していたという。

図3-4　江戸流行後の石塔磨き

一一月中旬に「露顕」し、「癩人」と道心者が寺社奉行によって捕縛されたのだという(50)。天保二年（一八三一）二月二一日付けの馬琴書簡には、

一、石塔みがきの事、痴人のわざ、いよ〱実説と申事に御座候。げにも、去冬十一月下旬より、拭ふてとりたる如く、風聞やみ申候。是又一奇事に御座候(51)。

と記している。ここで「痴人」となっているのは、『兎園小説拾遺』の記事から見て、「癩人」の誤読であると思われる。十一月から翌二月にかけて、何らかの事実が明らかになっていき、馬琴は「いよ〱実説」と確信するようになっていた。

とはいえ、馬琴が伝えているような道心者の教えにより、「癩病人」が夜間に人知れず石塔を磨いていたという解釈が事実か否かは明らかではない。ただ、何らかの祈願のために石塔磨きをしていたという静山の予想から大きくはずれているものではない。

表3-2　江戸流行後の石塔磨き記録一覧

年月	地域	概要	典拠史料	出典
文政13（天保元）	知多郡	知多郡緒川村で石塔磨きの風聞。横須賀陣屋近辺など石塔磨きあり。三州でも風聞。	『尾張霊異記』2篇上（※「近来世珍録初篇」から）	名古屋市教育委員会編『名古屋叢書』第25巻（名古屋市教育委員会、1964年）
天保3年正月	名古屋	円頓寺墓所で石塔磨き。以後諸寺院。2月下旬沙汰止み。発端は下総積宿とのこと	『尾張霊異記』2篇上（※「近来世珍録初篇」から）	名古屋市教育委員会編『名古屋叢書』第25巻（名古屋市教育委員会、1964年）
天保3年2月朔日	名古屋城下	就梅院石塔を何者から磨き朱を入れる。城下寺院残らずこのことあり	『名陽見聞図会』初編（上）	『名陽見聞図会』（美術文化史研究會、1987年）
天保2年2月	棚倉城下（福島県）	石塔磨き、戒名1、2字磨くこと取締の申し渡し	「諸用手控帳」	『棚倉町史』第3巻（棚倉町、1977年）
天保2年3月8日	瀬上宿（福島県）	昨日、竜源寺境内石塔のうち大乗妙典供養塔など磨かれる	「文政十三年正月諸日記」	福島市史編纂委員会編『福島市史資料叢書』第68輯（瀬上町検断阿部家文書）（福島市教育委員会、1996年）
天保3年	酒田（山形県）	寺々の石塔磨き流行	「酒田市史　阿部正己資料」所引「自誤抄」	酒田市史編纂委員会編『酒田市史』史料篇第7集（酒田市、1977年）
天保2年頃？	上方筋？	石塔磨き流行。魔国になる噂。先に洗えば被害なしと陸奥伊達辺の人びとが石塔を盛んに洗う。	「天保年中巳荒子孫伝」	小野武夫編『日本近世饑饉志』（学芸社、1935年）

ある意味で、多くの人びとにとって了解可能な「解」が提供されたことで、急速にあいまいさが失われ、人々が興味を失っていったということであろう。

なお、道心者捕縛が報じられた後も、表3-2・図3-4の通り、天保二〜三年（一八三一〜三二）にかけて東北や東海地方などでも石塔磨きが確認されている。[52] だから、馬琴の解釈が事実であったか否かは明確ではない。仮に事実だったとしても、江戸においてのみ有効な「解釈」に過ぎない。[53]

三 メディア流言としての石塔磨き

ここまで、江戸で語られた石塔磨きの流言について見てきたところだが、これらの情報がいかなるメディアを通して伝えられたかを確認しておこう。

江戸での流行に先がけて、関東圏で石塔磨きの事象は確認されていた。その情報は、江戸で石塔磨きの流行が確認される一ヶ月以上前になる、八月付けの書状で江戸にもたらされていた。[54]『視聴草』によれば、その書状は常州竹原宿名主「又助」なる人物が、「其許(そこもと)様も兼々(かねがね)御物すきのよし」と書き留めて誰かに送付したものらしい。

『視聴草』には、この書状について「伊藤慶敬より借覧す」とあるので、こうした興味深い情報を伝える書状は、私的な通信として個人の手もとに留められていたわけではなく、筆写されて回覧され、広く流布していたことがわかる。

同じように『甲子夜話続編』巻五十、[55]『視聴草』三集之五[56]には、「石川中務少輔助御領分」で八月に発生した石塔磨きについての書状も書き留められている。この書状は、『視聴草』には「無名氏書簡写」として記載されている。『視聴草』筆者の目に触れた時点では、筆者不明（「無名氏」）として、書状に書かれた情報だけが転写されて広がっていたわけである。[57]

つまり、江戸での流行以前に、書状を通して関東で発生した石塔磨きの情報が江戸に伝えられていたことになる。書状が回覧され、筆写されて流布していたことも重要である。松浦静山に書状を示した儒者の林檉宇（はやしていう）は、「已（すで）に或人（あるひと）より聞て疑がはしと思ゐし」が、この書状写しを見て「半信を生ぜり」といっている。[58] 出所不明の噂という口頭のコミュニケーションではなく、特定の個人間でやりとりされる書状という文字情報の存在が、信憑性を高めたとえよう。この情報を受けてか、静山の友人の朝川善庵は、門弟が関宿にいるとのことで、その門弟を通して現地情報を仕入れていた。[59] 書状が回覧され、情報が共有されていくと、人的ネットワークを介した追加情報なども口頭で付加されていき、いっそう信憑性を高めることになっている。

その後も、『弘賢随筆』には、寺院からの酒井飛騨守宛の状況報告の書状なども掲載されている。[60] 幕府御家人であり学者としても知られていた屋代弘賢（やしろひろかた）の周辺は、こうした半ば公的な情報も伝えられうる環境にあったのだろう。[61]

石塔磨きは、江戸に先行して下総関宿・日光道中の宿場、上州高崎など関東地方で次々と確認され、情報が江戸へと伝わっていた。噂を耳にしつつも半ばは疑っていた人も、実際に磨かれた墓を目にすると、その驚きを奇怪な噂とともに、書状で江戸の知人へと知らせた。そして、書状は江戸の受信者のもとで留まることはなく、回覧されたのである。

江戸の人々は、石塔磨きという事象を、江戸で確認されるよりも先に情報として知っていたわけである。そして、その初期段階の情報には、既に奇怪な噂も伴っていた。江戸の人々は石塔磨きについて、そう遠くない将来に起こるであろう怪異として、心のどこかで待ち構えていたといえる。

無論、石塔磨きの情報は、書状だけで伝わっていたわけではない。林檉宇が書状を目にする前に「或人」から情報を聞いて、「疑がはし」と疑念を抱いていたように、口頭によるチャンネルも存在していた。宿場町などでのできごとならば、人や物の流通に伴って噂は江戸に入っていただろう。

そしてついに、九月一八日に麻布で石塔磨きが発生した際には、見物客が集まっていた。赤坂盛徳寺で実際に石塔磨きがあったかどうかはともかくとして、そうした噂が広まっていたからこそ、真田家は足軽を配置して人の侵入を排除する必要が生じていた。[62] 江戸での石塔磨きは、発生するなり多くの人びとの関心を集めていたのである。

見物客を集めたのが瓦版である。『斎藤月岑日記』には、石塔磨きが発生した場所を「板行」したものがあり、発行者が捕らえられたと伝えている。[63] 無論、石塔磨きについての瓦版が作成されていた背景には、そうした情報を求めるニーズがあったことをうかがわせよう。

こうした騒動の中で「はかあらひ」の図像も発見される。それまで、誰もはっきりと石塔磨きの正体を見ておらず、その姿に関心が高まっていくなかで、期待に応えるビジュアル情報である。「或人写して示」し、「写し置」、あるいは「はかあらひの怪を図せしなりとて贈らる」と、写しが次々とつくられて回覧されることになる。[64]

興味深いのは江戸での流行が収束したのち、名古屋で石塔磨きが行われた際のことだ。絵師の小田切春江(歌月庵喜笑)による『名陽見聞図会』によれば、「高力大人、存生の節、東都の何某ゟ委しき書付をおくりたりとて、予に見せられし」とあり、江戸で石塔磨きが流行した時点で詳細な報告が名古屋に寄せられていた[65]。なお、小田切春江は、『石塔美賀記』という画本を作成していたようである[66]。

以上のことから、石塔磨きは、まずは書状や書付というメディアによって媒介される「あいまい情報」で広まったものであり、佐藤卓己がいうメディア流言であった[67]。なお、本章で紹介した書状や公文書などが、創作でなかったという証明は難しい（内容面で大きな矛盾はないようだが）。ただ、こうした流言に関わっては、真偽よりも効果を重視するメディア論の視点に学ぶべきだろう。受け手は書状や公文書の情報と理解し、より信憑生の高いものと考えて回覧し、情報が拡散したことを重視すべきであろう。

一般に、口頭の噂は記憶の限界から次第に単純化していくとされている。噂とは、それ単体で一応はまとまった情報となっている。ただ、複数の噂が必ずしも矛盾なく併存しているわけではない。

ここで見たように、随筆類には多様な情報が累積していっている。『視聴草』は象徴的で、某日くとして複数人からの断片的な情報を次々と書き留めている。しかも、それらが矛盾なく整理されているわけではない。個々の情報はシンプルなものだが、随筆に書き留められて蓄積されると多様化し、錯綜したものに見えてくる。

さらに、随筆を記すような知識人は、あいまいな状況を理解するために古典籍を博捜する「考証」（口承ならぬ）によって、さらなる情報を追加していく。こちらの情報構築は、複数の相矛盾する噂や情報を見渡した最小公倍数的な解釈へと発展していく。フロー型のメディアである噂、断片的な風聞を随筆に書き留めストックしていく過程で、情報が整理されて全体として意味あるものにされている可能性がある。

随筆作者による主体的な情報収集は、あいまいな状況理解のための「考証」の過程である。問題は、一定の

「解」が提出されてあいまいな状況が収束した後も、記録がストックされ時空を超えることである。こうして蓄積された情報は、後の時代や他地域で類似の事象が発生した際に参照され、解釈に影響を与えていくことになる。

おわりに

ここまで、石塔磨きをめぐる多様な情報について見てきた。江戸の人びとは、事前に書状で関東圏の石塔磨きについての情報を得ていた。江戸で、ついに同様の事象が発生すると、関連しそうな情報が、誤報や見間違いなども含めて、石塔磨きと次々に関連づけられて広がっていた。

そこで明らかになったのは、流言が「情報崩壊」ではなく「情報構築」[68]であるということだ。石塔磨きをめぐる動向は、遠方から書簡で届けられていた不可解な事象が、次第に江戸に接近してくるなかで、事態を解釈しようとした「情報構築」の過程そのものであった。

こうした情報構築には口コミ情報に加え、書状や過去の記録が参照されるだけでなく、それが情報構築の素材として転写され、共有されていくことになる。興味深いのは、そうした過程において、見間違いや誤報なども関連情報として吸収され、さらに情報は錯綜していったことである。

情報解釈の過程では、書状[69]や瓦版などの文字や印刷メディアの役割が大きかった。[70]噂は書かれたものを通して、記憶の限界を超えて複雑化しながら拡大していくメディア流言となる。[71]最終的に、合意できる解釈へと接近し収束するが、素材となる情報に間違いや誤報が含まれている以上、それが真実とは限らない。

タモツ・シブタニは、あいまい状況の人が知的資源を動員して状況の意味を解釈しようとし、「その状況を適切に理解したと満足するや否や、緊張が解消し、情報欲求は霧散」し、「ある解釈を受け入れると、その解釈に基づいてさまざまな意思決定や外的な行動を行う」[72]とされる。江戸では、ひとつの「解」が得られたことで収束していったようだが、その後も東北や東海でも、同様の事象が確認されていることからも明らかなように、あくまでも江戸でしか通用しない「解」にすぎなかった。

現在、我々が目にすることができる近世の噂は、史料に書き留められたものである。事後に得られた結論に基づいて、知識人が情報の取捨選択を経て内容を整序した一部の随筆は、必ずしも当該期の情報の錯綜ぶりを伝えていない。江戸での「解」が真実とは限らないことに鑑みれば、筋が通っていても慎重な分析が必要になろう。

一方で、逐次的に収集された断片的な情報が書き留められた『視聴草』のようなものでは、個々の情報に整合性がないために複雑に見える。実は、こうした時に矛盾もはらむ断片的な情報の数々こそが、噂の実態に近いのかもしれない。

史料の情報は、同時代の記録であっても書き手の立場や史料の性格によっては、記録するという行為によって語りの実態とは距離が生じている可能性があることにも、注意をはらう必要があるだろう。

重要なのは、結論よりもむしろ、そこにいたる情報構築の過程なのである。

第四章　「雀合戦」――書状というメディア――

わたしたちはまず、同種の仲間に対する闘争が自然の条件のもとで、いやもう少しましな言い方をすれば、文化以前の条件のもとで、種を保つのにどういう働きをしているのかを尋ねてみよう。

コンラート・ローレンツ『攻撃――悪の自然誌――』[1]

はじめに

雀合戦(すずめかっせん)とは、雀が群がって争うことをいい、雀戦(すずめいくさ)ともいう。『日本国語大辞典』の第二版では、用例として『視聴草』(一八三〇年)などが挙げられている。

動物などによる「合戦」のように見える集団行動は古来より怪異とされ、蛙合戦や蟻、蜂などの「戦い」が中世の古記録にも記されてきた。[2]

中世から史料に確認できる蛙合戦については、笹本正治も言及しているが、[3] 雀合戦については比較的新しいのか中世史料では確認できず、研究もほとんど見られない。民俗学者の木村博による「『蛍合戦』『蛙合戦』『雀合戦』」が雀合戦を表題にもつ唯一の作品ではあるが、[4]明確な論旨はなく、事例から想起される感想と疑問を任意に羅列したもので、随想の域を出ない。

雀合戦そのものを主題としたものではないが、伊藤慎吾の「異類合戦物」に関する論文のなかで、近世の随筆『耳嚢』所載の雀合戦についても言及している。[5]伊藤論文での『耳嚢』記事についての位置づけは必ずしも明快ではないが、技巧を凝らした文体の早期の例として挙げていることから、その後に展開する中世軍記物のパロディとしての戯作や戯文など、近世における異類合戦物の萌芽としてとらえていると思われる。

雀合戦について、木村は「まず生物学的な調査から始めなければならないのであろう」とするが、鳥類学の三上修によれば、繁殖を終えた秋以降の雀は、集団を形成し、雀の群れが塒入りする際に乱舞するようだ。その様子を江戸時代には「雀合戦」と呼んでいたという。[6]してみれば、雀合戦と称される現象は、特殊なものではなく雀の一般的習性であるといえよう。秋に雀が群れを作って行動することは、正徳二年(一七一二)成立の絵入り百科事典『和漢三才図会』巻四二の「雀」の項でも、「八九月群飛田間」と記されており、[7]江戸時代の人びとも知っていたことである。

では、雀合戦が近世になってあらわれるのはなぜか。木村が文中に記していた、雀が全国にいたにも関わらず、「『雀合戦』の見聞が江戸に片寄っているように見えるのも気になる点である」という疑問は、素朴ながらも検討に値するのかもしれない。[8]「雀合戦」が一般的習性であるにも関わらず、近世以降に、そして江戸中心にしか見られないのならば、時間的・空間的な偏在は、歴史的・文化的な影響を受けていると考える必要があろう。
木村は極めて限られた史料しか見ていないので、本章では、議論の前提として雀合戦に関する記録をできるだけ集め、その実態を明らかにしたい。その上で、雀合戦の情報は江戸近辺に限定されているのか、情報が関東圏に限定されているとすれば、その理由はなぜなのかを検討してみたい。

一　遠州見附

まずは『日本国語大辞典』の用例として掲載されている『視聴草』の記事を確認しておきたい。舞台は東海道の宿場である見附宿（現・静岡県磐田市）近辺にある森町大洞院である。

【史料1】(9)
「（異筆）文化十一二頃か　雀合戦」

①　森町
　　大洞寺

右境内奥八町斗之間雀合戦有之、其有様誠ニ珍事ニ御座候、右合戦去月廿九日ゟ今日迄六日之間、日々あつまり東西ニ別レ戦ひ申候、西方之雀者鳩程も有之、東西之雀ハ平生之雀也、凡町数五六丁の間を隔、此方又鳶鳥集り居、打死之雀をくわんとす、雀勢ひ強ク不叶躰ニ而一昨日之合戦ニ東方之雀を取らんとするに一羽の雀、鳶の頭ニ喰ひ付、其間ニ又々十羽程雀一むれ来りたちまち鳶を追散シ一羽の

鳶既ニあやうき所江西方之大雀七八羽飛来り漸々鳶を助ケたり、誠ニ珍敷見物之人数夥敷十町程の間者爪も不立、先荒増申上候

二月五日

猶以合戦初リハ昼七時過ゟ入相の鐘を限りて戦ひ申候、大洞寺江御参詣御見物御出待入候

見附宿

銀蔵

浜松宿

御問屋中様

②一見附宿近辺ニ森町と申所に東西二十町斗之野原御座候、右之広野ニ而去月廿九日ゟ雀合戦御座候由、私屋敷元〆之者通行之節見物致し候処、誠ニ前代未聞之事めさましき珍事ニ御座候由咄ニ承り申候、右元〆一昨日当地着いたし候、定而其御地江者最早相知候半哉与奉存候得共、珍敷事ニ御座候間申上候、別紙之書状ハ浜松問屋ニ而元〆写参候ニ付、一寸写差上候、誠ニ実事ニ御座候間入御覧申候

二月十四日

村松十次

この史料は、二つの部分からなっている。②が村松十次なる人物が「元〆之者」が見たという雀合戦について伝え、その参考として「元〆」が浜松の問屋で写した書状を送ると伝えている。①は、その浜松問屋で元〆が書き写した書状である。見附宿の銀蔵なる人物から隣の宿場である浜松に届けられたもので、森町大洞院における雀合戦の様子が詳細に報告されている。

正月二九日頃から「雀合戦」が見られるようになったという。時間帯は七つ時（午後四時頃）から日没を告げる「入相の鐘」までというから、夕方から日没までの現象である。季節的にも雀がつがいを作り始めるにはやや早いから、[10]三上修が指摘していたように、一群の雀が塒入りする様子を雀合戦といっているのであろう。森町大洞院も見附宿から北にある山間部に所在しているから、雀の塒があったとしても不思議はない場所である。雀の群れが塒入りするタイミングを狙って、鳶や鷹などの猛禽類が集まってくることも珍しいことではない。周辺環境の変化など、何らかの事情によって大洞院あたりでは集団が特に大きくなるようなことがあったかもしれないが、自然現象として十分に理解可能なものだった。[11]

ここで興味深いのは雀合戦の詳細情報が、見附宿銀蔵→浜松問屋→（元〆）→村松十次→某と既に四人を経由して伝わっている点である。いわば、「友達の友達」[12]というかたちであり、既に都市伝説としての要素があったのである。

この書状が『視聴草』に掲載されていることも重要である。『視聴草』は、幕臣の宮崎成身（みやざきせいしん）が文政一三年（一八三〇）から編纂をした雑録である。この書状は、江戸で異事奇聞を伝える情報として読まれていた可能性がある。しかも、端に「文化十一二頃か」とあるように、どうやらリアルタイムの情報ではなく、同書の編纂時点ではいつの頃かはわからなくなっていたようだ。

なお、文宝堂の随筆『筆満加勢（ふでまかせ）』巻一九にも、やや異動はあるが、同じ見附宿からの書状が書き写されている。[13]ここでは、「文化五戊辰年」の記事に続いて「同三月初旬風説」とあるので、文化五年（一八〇八）のできごとだった可能性が高い。

この見附宿からの書状が、珍事を伝えるものとして江戸で流布していた可能性を示唆するのが、次の史料である。

【史料2⑭】

雀軍の事

文化五年四月遠州見付宿の辰蔵といへる、浜松の問屋へ贈り状を、予が許へ来る是雲と称す法師の語り見せける。其文に、森町大洞院の奥八丁斗りの間、雀合戦有て、其有様（そのありさま）誠に珍らし。東西に分れ、西方の雀の内に鳩ほど有るもあり。東は平常の通。又凡五、六町程隔て鳶・烏集り、右斃たる雀を取喰はんとするを、鷹来て鳶・烏を逐ふて相戦ふ。雀の勢ひ強く、鳶も鷹も叶はざる体也。一昨日の合戦に、東方の雀を取らんとするを、雀壱羽鳶のかしらへ喰付、其内に外の雀戦ひを忘れて鳶に取かゝる。西方の雀七、八羽飛来り、漸く鳶を助けたり。誠に討死せし雀の数多く、今日迄六日程の事に候。其辺茶屋・飴売夥しく、見物人拾町斗の間、誠に爪も立不申。尤合戦の始り、昼七つ時分より入相の鐘を限のよし認たり。昔より鳥獣・虫介の争ひ戦ふ事もあれど、雀の戦ひ鳶・鷹の助力も珍らし。辰蔵が作り事なるや。奇成事（きなること）なれば爰に記す。

右は、江戸の南町奉行であった根岸鎮衛（ねぎししずもり）による随筆『耳嚢』所載の記事である。ここでは、『筆満加勢』と同じく文化五年（一八〇八）とし、情報源も『視聴草』にある「銀蔵」ではなく、『筆満加勢』と同じ「辰蔵」としている。内容面からいえば明らかに【史料1】と一致する。傍線部の是雲という僧が根岸鎮衛に見せた「浜松の問屋へ贈り状」とは【史料1】の①にあたる部分であろう。

このように森町大洞院での雀の集団行動が、文化年間に見附宿から「雀合戦」と名づけられた上で一種の異事奇聞として書状で伝えられた。その書状が、広く書写されて複数の回路で江戸に流布していたのである。

二　江戸湯島――天保三年

江戸での雀合戦は、文政七年（一八二四）七月に小石川馬場や加賀藩邸、湯島根生院（こんしょういん）で雀（図4-1）とムクドリ（図4-2）の「合戦」があったとされるのが早い事例である。場所は本郷の周辺である。[15] この時は雀同士の争いではなく、雀とムクドリの戦いだったという。一時は評判になっていたようで、見物人が群集していたという。

その後、江戸で雀合戦が話題に上ったのは天保三年（一八三二）のことであった。[16] その時の様子を伝えるのが曲亭馬琴による随筆『兎園小説別集（とえんしょうせつべっしゅう）』である。

図4-1　スズメ

【史料3】[17]

雀記、雀戦

天保三年壬辰秋八月六日より、同月十日比まで、湯島麟祥院〔号天沢山〕の隣寺〔寺号をわする。なほたづぬべし〕の森にて、雀数千隻宿せしが、雀戦起りしより、処々の雀集り来て数万に及び、くひあふ事夥（おびただ）し。その声、遠く本郷御弓町、

図4-2　ムクドリ

水道橋辺までも、くつわ虫の遙に群鳴く如く聞えしとなり。吾友木默老人の家人国越某、同月六日の夕つかた、はからずその寺の頭りをよぎりて、目撃せしよし。その翌七日、老人より消息のついでに告られにき。又一友人鈴木有稔の近隣某も目撃せしに、雀は森の中に在り、外の方よりうち見られれば、くひあふ処、定かには見えざりしが、そこらの樹の下にくひ殺されし雀、木の葉の散たるやうに見えたりとぞ。（風聞には死したる雀、米苞に三五俵有しといへり。追考余録第二巻にしるす。合し見るべし）ある人、このことを板にゑらせんとて、有稔子に画を誂へしが、彫工いまだ成を告げずといへり。（下略）

馬琴は、湯島であったという「雀合戦」について、右のように伝えている。情報源のひとつは木默老人で、家人の目撃情報を消息のついでに馬琴に知らせたという。木默老人とは、讃岐国高松藩家老の木村默老である。もう一人は、馬琴の友人である鈴木有稔の「近隣某」の目撃情報であった。

天保三年（一八三二）の湯島で発生した「雀合戦」は、松浦静山による『甲子夜話続編』でも報告されている。[18]「世上風説す」とあるから、江戸ではかなりの評判になっていたようだ。静山は「林氏の文通もこれに及ぶ」と記しているが、ここでいう「林氏」とは静山と親しかった林述斎である。述斎は湯島にあった昌平黌とも深い関わりがあった儒家だから、情報は信頼に足るものだった。好奇心旺盛な松浦静山は、人を派遣して現地で詳しい話も聞き取らせていた。

馬琴の情報では、湯島麟祥院の隣とするも「寺号をわすする」とあり、場所は明確に示されていなかった。松浦静山の随筆『甲子夜話続編』巻八二では、「湯嶋切通しの傍ら根性院（根生院）と云る、都下真言四ヶ寺の中なる寺内のことなりと云」と記されている。とすれば、そこは八年前の文政七年（一八二四）にも雀とムクドリの「合戦」で評判になっていた場所である。雀の集団塒が形成されやすい場所があったのだろう。

なお、馬琴は後述する書状で、「雀合戦」があったという寺院が「平生雀のねぐら」であり、「ふとくひあひはじめ」たと記している。[19] しかし、馬琴の「友人」であった鈴木有稔の「近隣某」の目撃では、雀が「くひあふ」といわれてはいるが、実際には「くひあふ処」ははっきりと確認できなかったようだ。ただ、木の下に多数の「くひ殺されし雀」の姿があったのを見たという。この事実も、「雀合戦」が、雀の集団による塒入りであったことを示唆する。夥しい雀の死体は、群れでの塒入りを狙って集まった猛禽類やカラスなどに捕食されたものであろう。雀同士の「合戦」が行われてはいなかったにも関わらず、雀の遺骸が大量にあるのを見た人が、「合戦」を連想して「討ち死に」だと解釈したと考えられる。

松浦静山も、雀とムクドリが前衛・中軍に分かれて整然と戦っているという噂に対して、「この言見る者の心よりして、軍陣のことに思ひ合はするにて、附会せる也」と語っている。[20]「見る人」が合戦だと思って見るから、そのように見えるのだということである。

それでは、この湯島根生院における雀の集団塒入りが「見る人」に「軍陣」を想起させ、「合戦」ととらえられたのはなぜか。実は、この「雀合戦」に関わっての情報収集をする過程で、松浦静山も曲亭馬琴も【史料1】の遠州森村大洞院での「雀合戦」を伝える書状を見せられているのである。静山は知人から【史料1】の写しを送られており、[21] 馬琴は伊勢松坂の小津桂窓（おづけいそう）（久足）からの書状で、遠州であった「文政十二三年の頃」の「雀戦」について知らされている。[22]

つまり、江戸で雀の集団塒入りが発生した際には、類似の前例として遠州の事例が参照されうる環境があったということになる。【史料1】の書状が化政期に江戸に伝えられて一定程度の流布をしていたとすると、事前に「雀合戦」という語彙が江戸の人びとの間では浸透していた可能性がある。これが鋳型となり、天保三年（一八三二）に、雀が前例のないほどの大規模な集団を形成して飛んでいる不可解な状況を見た人びとは、それを理解しようとして、過去に報告されていた「雀合戦」という語彙を想起したことだろう。「雀合戦」という名づけがなされたことで、初めて見る現象であっても理解の範疇に留めておくことができる。すると、ただちに各方面で、根拠となる【史料1】が再発見されていき、情報として共有されると「雀合戦」という理解が定着していく。無論、「雀合戦」が違和感なく受けとめられたのは、蛙合戦のような動物による「合戦」とみられる現象が、他に知られていたこともあっただろう。

三　情報の収集と分析——馬琴と松浦静山——

天保三年（一八三二）八月の「雀合戦」に関する噂を聞いた馬琴は、それを友人で実見した者もいて「是実説に御座候」として、「蛙合戦ハ和漢ニ度々有之候（たびたびこれありそうら）へ共（ども）、雀合戦ハめづらしく覚（おぼえ）候」と伊勢松坂の友人、小津桂窓に書状で知らせた。[23] 九月のことである。その際、馬琴は「篠斎子（じょうさいし）ハ好奇の人ニ候間、此義も御噂可被成（おうわさなしくださるべ）

下候」と「篠斎」へも伝えてほしいと頼んでいた[24]。

書状の宛先になっている桂窓とは、小津久足である。伊勢松坂の豪商で本居春庭の門弟、そして蔵書家として知られていた[25]。篠斎とは殿村安守のことで、同じく伊勢松坂の国学者にして本居宣長の門弟である。いずれも、馬琴の友人で伊勢松坂の知識人であった。

これに対して、小津桂窓からは、前述の「文政十二三年の頃、遠州秋葉山街道森村といふ所にて、雀戦ありしよし」という情報が伝えられた。これは地名、年代から見て明らかに【史料1】の情報である。

翌年の天保四年（一八三三）二月下旬に殿村篠斎から書状が届いている。殿村篠斎は松坂で情報収集（「聞合」）をして、その成果を「書付」として馬琴に送付したのである[26]。馬琴は早速、その情報を自身の随筆『兎園小説余録』に掲載している[27]。篠斎がもたらした情報は、次のように近隣での様子を伝えるもので、馬琴がいう「雀合戦」のような現象は「不珍」とするものであった。

【史料4】

覚

凡四十年前

一津古川と申所え雀夥敷集り候よし

廿七年前

一神戸領高岡村え夥敷集り、四五町四方え鳴声聞え候よし

五年以前

一御領分郡山村
是は双方藪へ集り、折々食合、少々死鳥も出来候よし、最六七日の間に候由
去卯六月末より七月初迄
一同円応寺村
畠中又は藪へ夥敷集り、畠場荒し候に付、近村へ毎日人夫十人宛、追人出し候由、是又折々食合、少々づゝは死鳥も出来候て、鳴声三四町四方へ響候由に御座候
一玉垣村の儀者聞合候処、存知者無御座候
一江戸当年集り候者、むく鳥に御座候
右の通、模寄の者に相尋候処、実説に御座候、在中には前段の事共、折々御座候由、不珍抔と申居候、中にも前申上候者、其内目立候筋にて、見物に罷出候者も御座候也
辰十二月十八日　　　市兵衛
佐六様

この「覚」に掲載されている情報は、よくよく見れば「雀合戦」と呼ばれるような「食合」が発生している現象に限るものではない。雀が大規模な集団化をした事象についての報告である。とはいえ、馬琴にとって伊勢松坂から届いた、同様の現象は「不珍」という情報は決定的だったようだ。

馬琴は、情報提供に感謝するとともに、篠斎に対して春に雀の雛が多く育てば、夏秋に「ねぐらを争ひ、群戦いたす」ことがあるとし、「遼東之豕同様之談ニて、一笑いたし候、かゝる事、世には多かるべく候」と

述べている。(28)ありふれたことだとも知らずに驚いていたのだ、というのが馬琴の感想であった。

なお、松浦静山はありふれたことだとまでは書いていないが、前述のように「合戦」と見えるのは「見る者の心」だと論じていた。静山は、湯島根生院での「雀合戦」について、「或説」として一昨年に同寺で殺された「納所の僧」の怨念によるものだという噂も聞いていた。殺された僧の三回忌にあたるというが、「実否弁ずべきならざれば」とし、真相はお釈迦様じゃないとわからない(「釈尊の天眼に非ざれば実否は知れず」)と静山の態度は極めて慎重である。

さらに、静山は「文政十二三年の頃」の遠州であった雀合戦を知って、「文政十二年乙亥」から逆算すれば、三方原の合戦から二四四年、長篠の合戦から二四一年で、ほぼ二五〇年にあたるので「是らもかの戦死、二百五十年の旧魂と云とも可ならん」とする。(29)戦場の亡魂が成仏することなく、死後も戦い続けるという話は珍しいものではなく、(30)発想としては突飛すぎるというほどではない。ただ、その後に静山は「博粲々々」と続けている。これは「一粲を博す」、つまりお笑いぐさとなることの意なので、本気で論じているというよりは、ちょっとした思いつきを披露しているという程度であろう。

実は、静山は真相に関わる重要な情報を、林述斎から聞いていたのだ。述斎は雀合戦について飛び交う噂を「冷笑」して、次のように説明したという。

【史料5】

東台本坊災後の造構、此節専なれば、山中の雀栖所を失へるなるべし。因て佗に栖止を覓るよりして、湯嶋辺へも行たるべし。然に旧林の雀あれば、新宿の雀を拒しならん。其外に何たる訳あるべからず。

図4-3　寛永寺と湯島根生院

つまり、当時は上野寛永寺本坊の再建工事が進むなかで、境内を塒としていた雀が居場所を失い、近隣の湯島へ移動したと林述斎は語っているのである。事実、寛永寺と湯島根生院は極めて近い場所にあった。根生院は図4－3の下部中央に描かれる上野寛永寺内の不忍池に近接し、麟祥院もそれほど離れてはいない。その結果、もともと湯島を塒としていた雀と、新たに寛永寺から移動してきた雀の群れが、塒にできる限られた樹木をめぐって競合することになったのだろう。こうした情報から、松浦静山は馬琴と同様に「雀合戦」とされている現象について、とりたてて珍しいものではないと判断していたようだ。

当時の知識人は、不思議な現象に遭遇した際も、情報を収集した上で、過去の記録や地方での事例と比較検討し、最終的には合理的な解釈に落ち着いていたことがうかがえる。

四　雀合戦を伝えるメディア

松浦静山が湯島根生院での「雀合戦」を知ったのは、まずは「世上風説」――すなわち噂によってであった。林述斎からの「文通」でも言及されていたが、「未だ実否を知らず」という静山は、「人を使して」詳しい情報を集めている。その後、次々と「奴僕」の目撃情報や、知人で儒学者の朝川善庵からの門人の見聞などが寄せられている。

馬琴の場合も友人の木默老人から家人の見聞が伝えられ、鈴木有稔の近隣の目撃談を伝えられたことで知っている。まず、第一報は知人・友人からの口頭によるコミュニケーションである。

また、松浦静山は「世上の説」なども書き留め、馬琴も「風聞」を記録しているから、信頼できる親しい友人からの情報以外にも、多様な人びとから噂は耳にしていたと思われる。噂の発生源として想定しうるのは、「雀合戦」を見に集まっていた見物客であろう。寺院周辺で見られた雀の通常と異なる行動と、三年前に寺院で発生した殺人事件を想起した人びともそのなかにいたことであろう。

続いて、馬琴は書状によって遠方からの情報を集め始め、松浦静山は知人友人のネットワークを使って「雀合戦」について知ろうとした。ここで、書状が重要な役割を果たしていた。静山は初期から、林述斎からの「文通」によって雀合戦の情報に接していたが、さらに知人から、過去に遠州で発生していた「雀合戦」についての村松十次による書状【史料1】の写しを示されている。

先に見たように、過去の「雀合戦」と記した書状が再発見されたことで、雀の群れによる行動は、「雀合戦」

という呼称を与えられ、「見る者の心」もそこに軍陣を想像し、目にした光景を「合戦」の文脈で語るようになっていく。

馬琴は、書状で伊勢松坂から情報を仕入れていた。重要なのは、馬琴が篠斎から届けられた書状を、自らの随筆にそのまま転載していることである。【史料4】をよく見ると、宛名は佐六＝篠斎となっている。つまり、篠斎は、自らが受け取った書状そのものか、その写しを馬琴に提供していたのである。

【史料1】や【史料4】のように、私信が書写されたり、書物に引用されて、その情報が受信者の手を離れて広がっていたことに注意したい。書状といえば、発信者と受信者との間で完結する私的なコミュニケーションのように思われがちであるが、そうしたイメージを超えた広がりを見せている。むしろ、宮地正人が指摘していたように、内容によっては書状も遠方でのできごとなどを知らせる一種のニュースメディアとして、想定以上に広く読まれていた可能性がある。[31] 発信者も時に公開されることを念頭において、書状を認めていたことも考えておく必要がある。[32]

書状は、個人的な信頼関係のなかで発信された見聞であるとみなされたことで、不特定多数の間で流布する信頼に値しない噂などではなく、信頼性の高い情報と認識された。書状は、時に受信者の手を離れて、情報を必要とする人の間で広く読まれ、書写され、その情報が共有されていったと考えられる。

ところで、馬琴や松浦静山のような知識人は、情報収集を経て、最終的にありふれたことだと理解したようだが、冷静な判断が必ずしも広く共有されていたわけではない。

「雀合戦」については、不特定多数を対象とした一種のマスメディアといえる瓦版や錦絵として、情報が流布される計画もあった。興味深いのが、**【史料3】**にあるように、「雀合戦」を「板に彫らせん」としていた者がいたということである。既に絵は鈴木有稔の手で準備ができていたが、彫工の都合で刊行には至っていないと馬琴は伝えている。その後、実際に刊行されたのか、それとも頓挫したのかについて馬琴は記さないが、絵入りの瓦版などで情報が拡散していけば、「雀合戦」のイメージはより強固に定着したことだろう。

ここで、「雀合戦」という情報が、前章の石塔磨きと同じように書状によって伝えられていたことに注意したい。想起されるのは、ブルンヴァンがゼロックス・ロアと呼んだ、一九六〇年代から見られたタイプライターや手書きの話が、コピー機による複写で流布していた都市伝説である。[33] 松田美佐はチラシによる噂として、一九七〇年代のヨーロッパ諸国で確認された食品添加物に関するチラシや、一九八〇年代から日本で流布した当たり屋のチラシを紹介している。[34] 印刷物を伴えば、噂は口頭で伝えられるもの以上に詳細で具体的な情報を伝達することになり、それだけ真実味を増すことになる。印刷物による噂の流布が一般化する背景には、松田も指摘するように、文書を大量に複製できるワープロやコピー機といった事務用品の普及が考えられなければならない。だが、近世においては書状の書写という方法で、同様の詳細情報を伴う噂が広がっていたことになる。

口頭のコミュニケーションと相違して、書状には記録性がある。同時期における通信の役割を終えても、書状そのもの（や写し）が保管されていれば、その情報は失われることはない。後日に類似の事態が発生したときに、過去の書状が再発見され、異なった読み方をされることもありうるのである。遠州見附の「雀合戦」についての書状が、後年の江戸根生院で発生した雀の集団行動を説明する「史料」として、新しい意味をもった

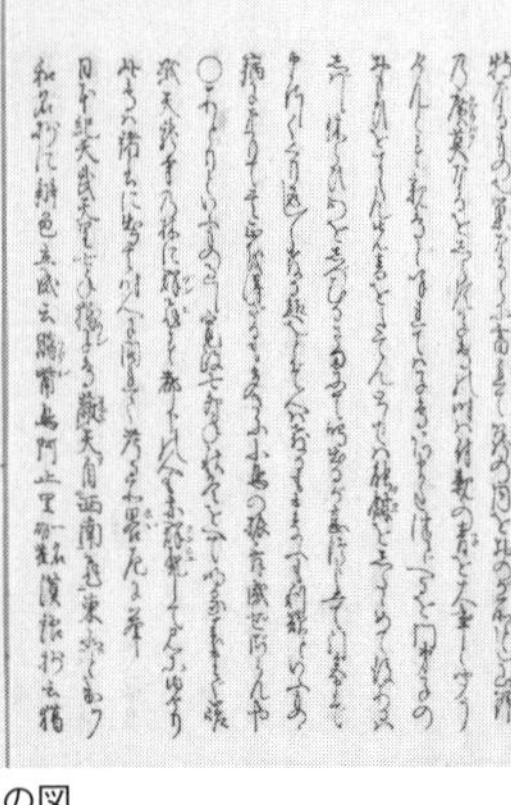

図4-4 『閑田耕筆』左側はアトリの図

ように。

このように考えれば、冒頭に挙げた木村博の『雀合戦』の見聞が江戸に片寄っているように見えるのも気になる点である」という疑問にも答えが出せそうである。「雀合戦」が江戸周辺だったのは、雀の集団行動を「雀合戦」と名づけて解釈した遠州での情報が、東海圏を中心として、主に東日本に偏在していたからではないだろうか。[35]「雀合戦」情報が既に行き渡っていたことで、雀の群飛を「見る者の心よりして、軍陣のことに思ひ合はする」ことになったのである。

先入観をもたない者には、雀の群れが必ずしも合戦に見えることはなかっただろう。実際、寛政年間（一七八九～一八〇一）に京都の嵯峨天龍寺でアトリが群飛し、[36]見物人が多数訪れていたことが報告されているが（図4-4）[37]、京では「合戦」などという表現がされることはなかった。それどころか、文化二、三年（一八〇五、六）頃の京都郊外の嵯峨では、鳥の群れが現れた年には飢餓がないことから「豊年鳥」と呼ばれていた。[38]京では、鳥の集団行動に対しては、不穏な「合戦」とは大きく異なる吉兆のイメージが重ねられているのである。

おわりに

雀が集団を形成し、競って塒に入るのは一般的習性なのだが、それが大きな集団を形成した時に「合戦」であると認識したのは人間であった。

この現象に対して、恐らく最初に「合戦」という名づけをした遠州からの書状が、江戸に到来して流布していくと、それが鋳型となって、天保三年（一八三二）に江戸で発生した雀の集団行動も「合戦」と認識されることになった。雀の群舞を「合戦」と見なす既存情報の偏在が、報告される雀合戦事例の地域的な偏りにつながったようだ。「雀合戦」の噂が江戸周辺に偏在しているのは、多様な回路で情報が江戸に集まりやすいことに加えて、情報をストックし、ただちに関連情報を検索して類似例を見つけ出せるような知識人が多かったことが原因であろう。

ここで注意しておきたのが、情報交換をしていた知識人たちの姿勢である。【史料1】では珍しいことなのでお知らせする（「珍敷事ニ御座候間申上候」）といい、天保三年（一八三二）の江戸での雀合戦を報じる小津久足宛の馬琴書状でも「めづらしく覚候」とし、「篠斎子ハ好奇の人ニ候間、此義も御噂被成可被下候」とある。[39]親しい知人に対して、興味をもってもらえそうな珍しい情報を手に入れたので、共有しようというわけである。松浦静山の思いつきを書いて「博粲々々」と付け加えるのも、面白がっているようにしか見えない。[40]知識人たちは、奇談を集めては共有し、ともに楽しんでいたというわけだ。

もとより、こうした奇談に好奇心をかきたてられていたのは知識人だけではない。大洞院では「見物之人数夥敷」（【史料1】）とあり、江戸の雀合戦でも「数人見物夥し[41]」いとあるように、多くの物見高い見物人が集まっている。だからこそ、「このことを板にゑらせん」（【史料3】）という計画が持ち上がっていたのだ。

そのように考えれば、奇談とは親しい友人たちの間で共有されて、ともに楽しむものでもあったといえる。都市には、好奇心旺盛な人びとが多くて異事奇聞が集まりやすく、怪異と見なされる事象の噂が発生、流布しやすい条件が整っていたといえようよう。

ところで、雀の集団行動そのものは一般的な習性であるから、当然ながらその後も大きな群れを作ることはあった。雀の群れを見て「合戦」を想起するか否かは、おそらく見る側の意識と深く関わっていた。

表4-1のように馬琴や松浦静山が報告していた天保三年（一八三二）以降にも、「雀合戦」と表現されている現象は複数例を確認できる。興味深いのは、多くの事例が風雲急を告げる政情のなかで、現実の「合戦」が目前にある時期だった。例えば、幕末の文久三年（一八六三）六月[42]、そして慶応元年（一八六五）六月末に江戸の駒(こま)込(ごめ)や武蔵国・下総(しもうさ)国などで「雀合戦」が見られている[43]。文久三年（一八六三）といえば長州藩が外国船を砲撃した頃である。慶応元年には、「大君の長州征伐に擬して作れる者ならん歟(か)[44]」ともされているように、一四代将軍徳川家茂(いえもち)の進発を伴う長州征討の時期であった。

表4-1　幕末〜近代　雀合戦年表

年月	内容	備考	出典
嘉永元年	伊勢国日永村より報告。近国の雀合戦により尾張には雀一羽もなし		『安政雑記』巻2（『内閣文庫所蔵史籍叢刊第36巻　安政雑記』汲古書院、1981年）

文久3年6月下旬～7月	小石川御箪笥町裏続切支丹坂ほかの樹木繁茂のところで雀合戦	5月長州藩外国船を砲撃、7月薩英戦争	『定本武江年表』下巻（ちくま学芸文庫、2004年、153頁）
慶応元年6月末	駒込より白山辺で毎夕八ツ時頃より雀合戦	5月第2次長州戦争	『定本武江年表』下巻（ちくま学芸文庫、2004年、165頁）
慶応元年6月	武蔵・下総で雀合戦、7月に上州でも合戦		『日本新聞』第7号、慶応元年9月朔日横浜版（『幕末明治新聞全集』第1巻、大誠堂、1876年）
明治10年6月下旬	北本所番場町吉井邸で午後6時より椋鳥と数万の雀が大合戦	2～10月西南戦争	椋鳥雀大合戦（国立歴史民俗博物館蔵）
明治10年8月25日～9月	常陸国久慈郡小貫村雀合戦。椋鳥とねぐらを争う		『郵便報知新聞』明治10年9月27日（『復刻版郵便報知新聞』第13巻、柏書房株式会社、1989年）
明治10年9月	東京本所から山手で椋鳥と雀がねぐらを争い合戦		『郵便報知新聞』明治10年9月27日（『復刻版郵便報知新聞』第13巻、柏書房株式会社、1989年）
明治24年9月18日より	横浜皇宮附属邸内の松にて雀が入り乱れて合戦	明治24年9月25日『東京朝日新聞』に誤報による取消記事あり	『東京朝日新聞』明治24年9月23日
明治34年8月	麻布区飯倉片町徳川邸森林にて午後3時より雀合戦		『東京朝日新聞』明治34年8月5日
明治39年7月13日より	横浜市西戸部町の竹藪にて無数の雀が4時間にわたる大合戦	前年まで日露戦争	『東京朝日新聞』明治39年7月18日
明治41年10月	数日前から浅草観音堂右の銀杏で数百の雀合戦		『東京朝日新聞』明治41年10月4日
昭和6年秋	招魂社銀杏に雀合戦	9月柳条湖事件	永井荷風『濹東奇譚』（『日本近代文学大系 第29巻 永井荷風集』角川書店、1970年）

図4-5 「椋鳥雀大合戦」

明治一〇年（一八七七）には、六月下旬から東京北本所番場町（ばんばまち）の個人宅などでムクドリと雀が戦ったとされ、「椋鳥雀大合戦」という戦う鳥を擬人化した錦絵も作成されている（図4−5）[45]。いうまでもなく、その時期は西南戦争のまっただ中である[46]。また、明治三九年（一九〇六）の横浜での「雀合戦」を伝える新聞記事では「日露戦役にまさる大戦争」とあり、明らかに前年までの日露戦争を意識した報道がなされている[47]。

永井荷風が招魂社境内で雀合戦を見たのは昭和六年（一九三一）だが[48]、この年には九月に満洲事変の発端となった柳条湖事件が起こっている。

こうした事例は「雀合戦」が、松浦静山のいう「この言見る者の心よりして、軍陣のことに思ひ合はするにて、附会せる也」という言葉を想起させる[49]。「軍陣」を強く意識する時代の空気が、「見る者の心」にはたらきかけて、雀が群れを作って集団で塒入りをする通常の行動を「合戦」と見せているのであった。

とはいえ、永井荷風が「雀合戦」を見に行った時には「鞠町の女達[50]」を伴っているのだが。

第五章　「流行正月」——疫病の噂とコミュニケーション——

一年の内に正月が二度もやって来ることになった。まるで嘘のように。気の早い連中は、屠蘇を祝え、雑煮を祝えと言って、節句の前日から正月のような気分になった。

島崎藤村『夜明け前』第一部(1)

はじめに

深刻な飢饉や疫病が、年が改まったからといってよくなるなどとは、誰も本心では思っていなかっただろう。にも関わらず、「流行正月」は、なぜ行われたのか。

「流行正月」とは、一年の途中で松を立て餅を搗くなどの正月行事を行い、年を改めようとすること。取越正月・仮作正月・にわか正月ともいう(2)。

流行正月については、早くに折口信夫が「改めて神の来臨を乞う」「信仰上の正月」だと述べているが、神迎えと正月行事に関連する事項として言及するのみで、主題として詳しく論じているわけではなかった。[3]

平山敏治郎の「取越正月の研究」が、この問題に関する最初の専論であり、いまなお通説的な位置を占めている。[4]平山は、近世の文献史料を博捜し、他の民俗例などを参照した上で、疫病などの社会生活を脅かすような事象に対し、「難を避け除くために、悪しき年を送って新たなる年を迎うれば願望成就する」という考えがあったことを指摘する。

平山は、「取越正月」の伝承性に着目し、「必要があれば何時でも類型的に出現する」ものであるとして歴史的解釈を批判し、取越正月と「仏の正月、重ね正月、年違え餅」などの民俗を「同類と考えられる」とする。葬儀を出したイエでの行事や厄年に行うことなど、個人やイエのレベルで行われている民俗との共通性を見い出している。

流行正月は、イエや共同体を超えて広範囲に広がりを見せることがある。その理由を平山は「古くしてかつ時あって甦る伝承的な心意の底流から湧き出た信仰[5]」と説明する。しかし、そうした本質主義では、近世に流行正月が頻繁に発生しているにも関わらず、近代には大規模に発生していない理由を説明することができない。

この疑問に対して、注目すべきは宮田登の見解である。宮田は、近世の磐城（いわき）国で行われた流行正月について触れ、「これは『世直り』の意識に連なっている」とする。[6]流行正月と「世直り」「世直し[7]」との接続である。これに先立ち、宮田は日本の民俗社会における終末観とその後のユートピア像についてミロク信仰という視点から論じるなかで、流行正月についても言及していた。そこで、近世ミロク信仰は、この世の悪しき部分を除去し、豊年をもたらすという心意を儀礼化した「取越正月・はやり正月を基底に成立したのである」としている。[8]とすれば、宮田は「世直し」に通じる心意は、当初は流行正月として現れ、それを基礎として近世のミロク信仰にかたちを整えていくと考えていたことになろうか。

平山が悪しき年を送るといった通時的な現象ととらえた流行正月を、宮田は、近世に盛んに語られていた「世直し」という思想の母体としてとらえ直したのである。そうすれば、流行正月は、近世の民衆信仰史の根底に関わる重要な事象ということになり、宮田が注目する民衆宗教の歴史的前提として対象化すべき事象となろう。

平山は民俗の歴史的理解を「皮相的」と批判しているが、宮田の理解に立つならば、流行正月のありようも、近世初期と「世直し」が意識化される近世後期のそれでは、おそらく異なったものになるはずである。しかしながら、宮田の関心はミロク信仰や人神に向けられてはいくが、流行正月そのものの歴史的変遷について、これ以上は詳細に論じられなかった。

近世後期の流行正月について、歴史学の視点から論じたのは、落合延孝である。落合は、地域社会における民俗の一部が、のちに民衆運動につながっていくとする。流行正月もそうした危機に対応する民俗として言及されている。だが、流行正月が幕末期に盛んに行われた理由として、落合が「コレラの流行と関連がある」とするのは問題がある。[9]コレラが最初に日本に入った文政五年(一八二二)、コレラが猛威をふるっていた安政五年(一八五八)頃にも流行正月は確認されるが、全国的拡大が確認されるわけではない。幕末に盛んに流行正月が行われたといえるかも疑問で、後述するように一八世紀半ばから一九世紀にかけての方が、顕著な流行を見せている。フォークロアから民衆運動へという図式も、流行正月が誰によって、どのような心意で担われていたかを明らかにしなければ、印象論にすぎるといわざるをえない。

落合とは違う視点で、民衆運動と流行正月について論じるのが、民衆思想史の研究者である安丸良夫である。安丸は、近世随筆に「多くの民衆が突然大きな不安にとらわれる」現象があらわれることを指摘した上で、かかる不安をもたらすような風聞の根拠として、疫病の流行とその被害の大きさを挙げる。「病気と死」は権力が管理し得ない「根源的な否定性」であり、世界全体の不調を象徴するものであり、流行正月などは世界の凶変をまぬがれるための祓除(ばつじょ)儀礼として行われたという。[10] 安丸は、不安によって民衆が権力の制御から逸脱しようとすることで生じる、権力と民衆の間の緊張感に注目した。

だが、実際に史料を見れば、時ならぬ正月の到来に「迷惑そうにはしながらも、内心は悦んでいることが察せられる」[11]のも事実であり、不安に駆られての行為ともいいかねる。権力側の対応もほぼ黙認に近い。

宮田は都市の崩壊という潜在的な不安感と終末観を結びつけ、[12] 安丸も近世社会がはらむ根源的な「不安」について論じるが、それでは常に不安のなかにある都市にあって、特定の年だけに流行正月が急速に広がっていくことの説明はできない。なぜ、この年だったのか。そして、流行正月という手段が選択されたのか。

これまでの「流行正月」研究は、あまりにも「悪しき年を送る」という類型的な理解にとらわれすぎていた。平山は「日付のみを基準として歴史的な理解を求めることは、皮相を撫でるばかりで、真実な内面的な関連に到達する所以ではなかった」という。そうした視点も重要には違いないが、本質主義にすぎて個々の現象を歴史的に理解することを等閑にしすぎた面もあったのではないか。

本稿では、まずは印象論や超歴史的な理解から脱却するために、近世の史料から流行正月に関する記事をできるだけ広く集め、時系列に沿って分析することとしたい。

分析の手がかりとしては、平山敏治郎が「取越正月の研究」で紹介した宝暦九年（一七五九）の事例を出発点とする。宝暦の流行正月を取り上げるのは、詳細は後述するが、いくつかの点でそれまでのものと異なっていることにある。ひとつは、豊年のなかで行われている点である。これまでの研究でいわれてきたような、望ましくない現状を変えるために行われるのではなく、予言された来るべき凶事をあらかじめ回避する予防的行為として行われている点が特徴的である。

そしてもうひとつは、江戸のみならず、上方の大坂、京都、大和、近江まで極めて広い範囲で行われていることが史料的に確認できることである。特定のイエや地域内で完結しない影響範囲の大きさも、それまでには見えなかったものだ。こうした広域性は、前章で論じた、関東・東海に報告事例が偏っていた雀合戦とも異なっている。

宝暦の流行正月そのものがもつ画期性に加えて、「宝暦・天明期」が「江戸時代の分水嶺」といわれるような、「平和の時代に社会の底流において大きな変動が起き、ひとつのうねりとなって次の時代との分岐をなした」時期とみなされていることも重要である[13]。

そこで、宝暦九年（一七五九）の流行正月について具体像を解明した上で、一九世紀の流行正月を通して、近世期における大きな社会意識の変化も浮き彫りにしてみたい。

一　宝暦九年の流行正月

近世に行われていた流行正月について、可能な限り同時代史料によって、管見の及んだ範囲で整理したものが次の表5-1である。(14)

表5-1　近世流行正月一覧

番号	西暦	和暦	月日	地域	備考	典拠
1	1583	天正11年	閏正月1日	洛中洛外	貴船託宣（『御湯殿の上の日記』）	『御湯殿の上の日記』『兼見卿記』
2	1573〜1593?	天正の頃	6月朔日	陸奥若松?	「鹿島の事ふれや告来りけん」。同時代史料未確認	井原西鶴『武道伝来記』巻一第三
3	1593	文禄2年	閏9月	京（?）	京大仏上棟により秀吉が命じたとの風聞	『多聞院日記』文禄2年9月24日条
4	1652	慶安5年	8月頃	駿河国沼津	西国より「大ねつき」流行のため	「万之覚」（『榎本弥左衛門覚書』）
5	1667	寛文7年		江戸近辺町屋迄		『江戸町触集成』1-632
6	1730	享保15年	霜月朔日	南都	南都飛脚の情報、この年は流行病	『月堂見聞集』「至享文記」
7	1759	宝暦9年	夏の頃〜9月頃	江戸（夏）、山陽道、摂津、大坂、河内・大和・山城・京・近江・伊勢松坂（8〜9月）	「難を遁れんにハ正月の寿を祝ふにしく事なし」	『後見草』中、『宝暦雑録』、『摂陽奇観』巻31、「新歯朶集」、『続史愚抄』巻76、「玉尾家永代帳」、本居宣長「日録」、『平田職方日記』、『清水寺成就院日記』
8	1751〜64	宝暦年中		大坂	宝暦9年のことか	『浪花見聞雑話』
9	1771	明和8年	10月		〔補〕の記事で斎藤月岑による嘉永刊本には記載なし	『定本　武江年表』
10	1772	明和9年	8月頃	江戸?		『半日閑話』巻12

11	1776	安永5年	6月15日	奥羽宝坂村	はしか流行のため「其よけ」に正月神事、「ころり道心」という人形送りを25日に実施	『源蔵・郡蔵日記』
12	1778	安永7年	6月朔日	江戸・京（含・禁裏仙洞）・大坂	山で疫病流行の予言を聞いた若狭から広まる（『洗革』『幽蘭堂年譜』）、宮中から（『半日閑話』）	『摂陽奇観』35巻、『半日閑話』巻14、『愚紳』、『続史愚抄』巻81、『洗革』、『籠耳集』、『幽蘭堂年譜』
13	1801	享和元年	9月20日	播磨国龍野	世間にて「流行正月」町役人が触れ龍野藩家中も祝う	『幽蘭堂年譜』
14	1814	文化11年	4〜7月中旬	江戸	江戸及び諸国大干魃	『定本　武江年表』
15	1814	文化11年	5月朔日	江戸（夏）、大坂・大和（9月）	四月上旬より流言、「明言神猿記」売り歩き。80歳程の老人「八歳ばかりの頃、年の半途に正月を祭り致し候こと有之」と（『街談文々集要』）	『豊芥子日記』中（同じ筆者による『街談文々集要』もほぼ同文）、『きゝのまにまに』、『梅園日記』、「荒蒔村宮座中間年代記」
16	1826	文政9年	8月朔日	名古屋	正月の祝儀として雑煮の餅を食へば、はやり病をのがるゝといふ風説	『猿猴庵日記』
17	1854	嘉永7年	閏7月朔日	大和初瀬谷・紀州	15日古市など、大和豊作 江戸では7月下旬に「来月はやり病」「牡丹餅を拵へて……」と流言（『武江年表』）	『大和国高瀬道常年代記』、「永代万控」、『定本　武江年表』
18	1857	安政4年	3月14日	上野国下田島	悪風邪流行により正月出直し	落合延孝『猫絵の殿様』
19	1858	安政5年	7月・9月	江戸、上野国尾嶋	コレラ流行による	『定本　武江年表』、『安政箇労痢流行記』、落合延孝『猫絵の殿様』
20	1859	安政6年	7〜8月	近江国滋賀郡	コレラ流行に伴う悪年送り、賑わいの一環として	「記録帳」（小野区有文書）
21		不明（明和カ）		江戸？	佐藤中陵は宝暦12年（1762）、江戸生まれ、	『中陵漫録』

表からは、一七世紀から一八世紀前半の流行正月は、基本的に地域も限定的で、多くは凶作や疫病などの理由があるか、神託や宗教者のはたらきかけによって行われていたことがうかがえよう。

それまでと大きく様相を異にしていたのが、宝暦九年（一七五九）に全国で行われた流行正月である。杉田玄白による『後見草（のちみぐさ）』は、この流行正月について次のように記している。

【史料1】

宝暦九年の夏の比より誰仕出せしといふ事もなく来る年ハ十年の辰年也、三河万歳の謡る未録（みろく）十年辰年に当れり、此年ハ災難多かるへし、此難（このなん）を遁（のが）れんにハ正月の寿を祝ふにしく事なしと申触たり[15]

かつて、宮田登は「ミロク十年」という表現に注目していたが、ここでは「此年ハ災難多かるへし」という部分に注意したい。来年は「ミロク十年」に該当するから、災難が多いと予言し、災難を回避するための手段として「正月の寿」が示されていることになる。現時点で発生している災厄を祓うわけではないことを確認しておきたい。

むしろ、「宝暦九卯の年は時候よく整ひて五穀よく熟し、五畿七道ともに豊年」だったという。[16]秋の豊かな収穫を前にして、どうして敢えて年を改めなければならなかったのか、通説のような「難を避け除くために、悪しき年を送って新たなる年を迎う」[17]では十分に説明がつかない。

「ミロク十年」に伴う災難を除去するために正月を祝う、という理由も不明瞭である。「辰の年大きやう年成しを取越祝へバ、六月ゟ当年十二月迄辰ノ年の移リ辰の正月ゟ巳ノ年と点ずる由也」[18]という理屈のようだが、豊年を早めに終わらせて災厄の年を早々に迎えるのも筋が通らない。正月を祝うことが年を送って「新しい年を迎える」のだとすれば、宝暦九年（一七五九）夏に正月を祝ってしまえば、期間は短くできるとしても半年ばかり早く災厄の年がやってくる。あわてて夏に正月を実施するまでもなく、歳末の正月までの残り少ない時期に行う方が、災厄を短期間に留められるから都合はよかったはずだ。

平山敏治郎も、「この論理はわれわれには奇異に考えられる」[19]とする。平山は、現代人には奇妙に見えるが「当時は容易に理解され承認されたようである」として論を進めているが、これでは思考停止といわざるをえない。前近代社会の思考は現代とは異なる非合理的なものであったという根拠のない前提に立つのではなく、実態に即して見ていく必要があるだろう。

実は、同時代においても「ケ様成不難の能年を早立ル事あるまじ」という声があった[20]。この時の流行正月に関する詳細な記録『新歯朶集』を記した淀藩士の渡辺善右衛門自身もまた、「豊年之所俄正月」をするのは「古今不審」だろうから、後代に伝えるために筆を執ったと跋文で述べている[21]。同時代においても理解しがたい現象だったのである。

「夏の比」のできごととして流行正月を伝える【史料1】の『後見草』中巻は、杉田玄白の著作である。宝暦九年（一七五九）頃の玄白は江戸で町医師として活動していたから、おそらくは江戸での見聞だろう。「三河万歳」について言及されていることも、そうした推測を補強する。三河万歳は江戸をはじめとした関東一円を檀那場とし、京・大坂といった上方では主に大和万歳が活躍していた。だから、『後見草』の舞台は上方ではない。江戸での流行正月の流行は「夏」、すなわち四〜六月のことだということになる。

秋になると今度は江戸ではなく上方で、流行正月が見られるようになる。初秋に山陽道[22]、あるいは山陰道[23]

から東へと伝播し、[24]摂津国有馬・尼崎（現・兵庫県）では八月朔日を元日とし、それよりも後に流行が始まった大坂では八月中旬に流行正月を行った。のち河内国（現・大阪府）・大和国（現・奈良県）・山城国（現・京都府）・近江国（現・滋賀県）へと広がっている。[25]淀（現・京都市）や京では、九月朔日を正月としたが、間に合わなかった人は一六日までであればいつでも正月をしてよいということだった。[26]

九月には、さらに東の伊勢国松坂（現・三重県松阪市）まで広がっていた。この頃に松坂で医師をしていた本居宣長の「日録」には、宝暦九年（一七五九）九月のこととして次のように記している。

【史料2[27]】

今月、町々家々正月之儀式ヲナス、或餅ツキ、豆ハヤシ、雑煮等アリ、甚シキ者ハ、門餝、松ヲタツルニ至ル、他国ヨリ段々流行来ルト也

本居は九月に行われた正月行事の実施は、「他国」から「流行」してきたものだと明確に記している。

以上のことから、宝暦九年（一七五九）の流行正月は、西国では「初秋」（七月）から九月にかけて、西から東へと比較的短時間で広範囲に伝わっていたことがわかる。

なお、近江国蒲生郡鏡村玉尾家の記録には「当国ゟ正月はやり出し、八九月頃京大坂在々迄」が「常の正月ごとく」祝ったとあり、[28]近江国が発火点で八～九月に京・大坂へ西上したかのように記されている。しかし、八月一日に尼崎・有馬で、以後に大坂、そして京都という広がり方を見ると、近江国から西へというのは首肯しがたい。交通の要衝にあり、米屋を営み京都とも盛んに書状のやりとりをしていた玉尾家の記録であるから、[29]同家周辺が大坂・京あたりでの情報をいち早くつかみ、他に先がけて正月行事を行ったことで、近江か

ら京・大坂へと広がったように見えたのかもしれない。

注意しておきたいのは、江戸では夏に確認できるにも関わらず、西国への伝播は徐々に江戸から西上するのではなく、山陽道か山陰道という遠く離れた場所に飛び火し、そこから東へと広がっていたと見られることである。江戸・西国での流行正月が偶然にも同時多発的に始まって、それぞれの地域で拡大したとも考えられなくはないが、陸路ではなく、海運業者などの手で西国に伝えられたと考えるのが妥当だろう。

看過してはならないのが、流行正月への接し方である。淀藩士の渡辺善右衛門は「長閑にして誠の春」のようだなどと繰り返しいっており、決して終末への恐怖に我を忘れているような様子は見えないのである。平山が指摘した「迷惑そうにはしながらも、内心は悦んでいることが察せられる」[30]という点は、改めて確認しておかねばならない。それでは、こうした流行正月を行ったのは何のためだったのか。

二　流行正月をめぐる噂

江戸では【史料1】で見たように「来る年ハ（略）災難多かるへし、此難を遁れんにハ正月の寿を祝ふにしく事なし」という噂が流れていた。その根拠は、来年が「三河万歳の謡る未録十年辰年に当れり」ということであった。しかし、三河万歳は関東を檀那場とする芸能者であり、上方では馴染みもなく、こうした言説がそのまま受け入れられたわけではない。山城国淀城下（現・京都市伏見区）で書かれた『新歯朶集』を見ると、上方では多様な噂が広がっていたことがわかる。次に主要なものを列記しよう。

①「摂刕」（摂津国）の「土民」某が、ある夜の夢で、老翁から当年は豊年だが、「九月ニ到てゑきれいといへる悪病」が流行し、「万人是に伏ス」ようになるが、正月行事を行ったものだけは病を免れることができると告げられたという。

②「閏月十四日の早天」（宝暦九年閏七月）に鳳凰の形の紫雲がたなびき、播州の百姓の山では、一夜にして「諸々の草」が正月飾りで使われる「裏白の大しだ」になっていた。その後、「たれいふともなく難波の辺へ弘ま」ったという。この情報は「正月の事にて板行にして辻小路ゑあまたのあき人手々に持出たり」とのこと。

③播州姫路の城主酒井雅楽頭殿が、城内に祀る刑部姫と対面し、「当年豊年の処悪キやまい時花へし、依て是を除ンとおもハば正月のぎしきを早仕ン」と告げられたという。[31] 姫路の城主が門々に松飾りをして正月の祝儀を行ったことが大坂へも広まったとされる。

④播州の七歳になる娘が行方不明になっていたが、ある日に両親のもとにあらわれ、「我ハ山の神に召れ」ていると告げて、同様に悪疫流行のことを伝えたという。ことの次第を「板行にして持来ル」という。

以上の噂は①が「九月」の悪疫を予言していることから、八月以前に流布したものとわかる。②は閏七月一四日のできごととして語られているから、少なくとも流布はそれ以降、やはり八月頃のことであろう。

こうした奇怪な噂に加えて、後付けの合理的な説明もなされていたようだ。

⑤「去寅ノ年」に餅米を大量に仕入れていた大坂商人が、想像以上に売れ行きが悪かったので、在庫を売り切るために「正月を取越此米をはかさんとての事のよし」という噂もあった。ただし、これは流行正月の仕掛

け人がいるだろうと想定した言説であり、流行正月が一定程度の広まりを見せてから、後付けで語られたものと思われる。

以上のほかにも多種多様な情報が飛び交っていたようだ。「いろ〳〵さま〳〵セツまち〳〵可成し、印(記す)にゑきなし」と渡辺善右衛門は書き記している。

興味深いのは②④は、いずれも「板行」されており、瓦版のようなものを介して広まっていたらしいことである。渡辺善右衛門は、「淀へも板行度(たび)〳〵うりに来ル」と頻繁にこうした摺物の情報に接していたことを伝えており、④については「すき返帋(かえしがみ)に板して四ツ折赤帋ニて二所封したる」ものだと詳細に形状を記しているから、彼も目にしていたことは間違いあるまい。

これらの情報を見ていて明らかなのは、その内容がきわめて多様性に富んでいることである。来年は疫病が流行する、それを回避するには正月を祀ればよいという奇妙な情報は共通するが、それを伝えた存在については老翁、山の神、刑部姫とまったく一致していない。特に説得的な理由が説明されているわけでもない。説明なしの「お告げ」なのである。

かかる不確実で錯綜した情報に対して、疑問を抱かれるのは当然で、あとから米屋による在庫処分のための策略だといった陰謀論が登場するのも故なしとはしない。同時代の人びとにとっても、こうした一貫性のない奇妙な情報を鵜呑みにしたとは考えにくい。

とすれば、論じられるべきは、出所不明の信憑性が低い情報にも関わらず、なぜ人びとは正月を祀るという行動を起こしたのかであろう。

「年々色々さま〲成セツ沙汰ハ有ルと雖（いえども）、仮染（かりそめ）の事故（ことゆえ）皆成就せす消行也（きえいくなり）、此度の一義者いか成事や成就して世上一統に弘（ひろま）リ用（もちい）て有之（これあり）」という渡辺善右衛門の発言に耳を傾けたい。彼が記しているように、それまでも都市伝説・世間話とでもいうべき多様な噂は、断続的に現れ、流布し、そして時間とともに忘却されていた。にも関わらず、この流行正月だけは、なぜ消えることなく「世上一統」に流布したのだろうか。

それまでの流行正月と異なるのは、災害や疫病の渦中ではなく、豊年のなかでの言説だったことだ。噂の内容が豊年による現状を認めた上で、来るべき疫病による将来の損失を予言していたことが画期的であった。

単に将来の疫病の予言がなされているだけであれば、[32] 現状維持バイアスがはたらき、人びとは不確実な予言のために、敢えて行動を起こすような必要性はあまり感じないだろう。しかし、既に豊年という環境にあって、通常を上回る利益を得ていたり、利益の増大が予想される人びとには保有効果がはたらく。手にしたものを手放す際には、大きな心理的抵抗を感じ、できるだけ損失を回避しようとするという。[33] 豊年で思いがけない幸福を目にした人びとが、将来的な損失の予言に接して、それを回避して確実に利益を得ようという行動に出たということではないだろうか。[34] 豊年で十分な利益を手にしている人びとにしてみれば、正月を祝うくらいのコストで、将来的な損失を確実に回避できるなら安いものだ。こうした行動は連鎖反応を起こして広がっていった。

しかしながら、全村を挙げて「休み」にして正月行事を行うところがあった一方で、西岡あたりでは「ヶ様成不難の能年を早立ル事あるまじ」といって、まったく行っていないから、すべての人が熱狂的に流行正月を行ったというイメージは正確ではない。「かたいぢはりてかまワざる人」もいたらしい。[35] こうした温度差があったことは確認しておきたい。ただし、こうした人が「かたいぢ」を張っていると見られていることにも、注意が必要である。

興味深いのは、渡辺善右衛門が流行正月に巻き込まれていくプロセスである。彼は八月二五日に八百屋が掃除をしているのを見て、「来月祭礼故」かと思っていたくらいで、流行正月については「少も我ハ不知也（しらざるなり）」という状態であった。しかし、その日の申の刻（午後四時頃）になって、同僚の亀山氏が「神の棚・荒神棚（こうじんだな）へ七五三（しめ）を張、明朝雑煮を祝」といってきたのを聞いて、あわてて餅屋に人を走らせている。既に餅屋は多忙になっており、なかなか引き受けてくれなかったが、再三にわたって頼み込んで、ようやく餅を搗いてもらえることになった。この事実をして、渡辺善右衛門に「俄正月」があちこちで盛んに行われていたことを実感させることになった。乗り遅れてはならじと、善右衛門も正月行事の実施を加速させたのであろう。

渡辺善右衛門のもとには、正月の贈り物として鯛などが同僚から届いている。となれば、もらいっぱなしというわけにもいくまい。こうした贈答儀礼の連鎖を通して、流行正月に巻き込まれた人もいただろう。贈答儀礼の輪から距離を取ろうとすれば、外からは「かたいぢ」を張っているように見えるに違いない。西岡という地域では、全村で申し合わせて拒否していたのも、そうしておかないと周囲の空気に流されかねなかったからなのだろう。

事態が沈静化してから善右衛門は「人にそむかす祝納（いわいおさめ）[36]て」と記しているが、多くは周囲に同調するようにして次々と参加し、祝祭的な空気を分かちあっていったというのが実態であろう。豊年の予感の中、正月儀式を進めるうちに、各種の吉兆を見い出しては喜びの声をあげ、折に触れては祝いの和歌を詠みあい、めでたさを周辺の人びとと共有していたのである。[37]

宝暦の流行正月について、渡辺善右衛門は同僚で「九十歳に成りて務メ居」るという鵜飼戸左衛門から「ケ様の事不覚（おぼえず）」と聞いている。[38] 局地的に厄払いなどのために臨時に正月行事が行われるようなことはあったとしても、全国的にときならぬ正月行事が波及するようなことは誰にとっても未経験のことだった。とすれば、この事例は後の流行正月のモデルケースとなっていくことになるだろう。

さらに、宝暦九年（一七五九）の翌年に、疫病の全国的な流行などがなく穏やかに過ぎていけば、本当に疫病除けの効果があったと感じられただろう。それまでの地域的に行われた小規模の疫病除けとしての流行正月とは、質的に異なったものになっていったと思われる。こうして、流行正月後に疫病が発生しなかったという成功体験から、今度は疫病が広範囲に広がっている渦中にも、疫病除けの儀礼としての効果を期待して流行正月が行われるようになる。

宝暦九年（一七五九）の流行に次いで、明和にも流行正月の流行があり、さらに安永七年（一七七八）にも江戸と上方にまたがる大きな流行があった。

三　禁裏を巻き込んだ流行正月――安永七年――

安永七年（一七七八）は、不思議にも江戸・京都で一斉に六月一日に正月行事を行っていたようだ。次の史料は、江戸での流行正月について記したものである。[39]

【史料3[40]】

一安永七年戊戌五月晦日、今日江戸ニテ大晦日也ト称シテ大家・小家・貴賤共ニ十二月節分ノ如ク鬼ヤラヒノ大豆ヲ打チ、大晦日祝ヲナシ、厄払ノ乞食出ル、六月朔日ヲ元日也ト称シ門松ヲタテテ雑煮ヲ食シ屠蘇酒ヲ呑ミ鏡餅ヲ設テ祝フ、町家ニテハ商ヲ止メ元日ノ如ク戸ヲ立寄セ簾ヲ掛ル、買人来レハ雑煮ヲ出酒ヲ進ム、宝舟ノ絵ヲ売ル者モ出タリ、江戸中如此一統ニシタルニハアラザレトモ此事ヲナス者多シ、此事モ若狭国ヨリハヤリ出テ諸国ニ伝ヘテ江戸マテ伝来レリトゾ、カノ国ノ士民山中ニテ異人ニ逢シカ、如此スレバ疫病ヲ除クト教ヘシユヘ此コトヲ行ヒ始メタリト云、古ヨリ如此ノコトヲ聞ス、一怪事也

（下略）

【史料4[41]】

○五月晦日の豆まき（安永七年）　五月晦日豆をまき大晦日なりといふ。太神楽など市に来る。

○六月朔日の雑煮　六月朔日、世俗今日をもて元日とし、雑煮をいはふものあり、元宮中より出し事となん。

また、龍野藩に仕えていた儒者の股野玉川（またのぎょくせん）は、彼が見た江戸での流行正月について、次のように日記に書き留めている。

【史料5[42]】

（上略）昨晩ゟ妖言有之、当年疫癘大ニ行ルヘシ、此朔日正月之規式行之則可免災難（これをおこなえばすなわちさいなんをまぬがるべし）と若狭国ゟ申来ルト云伝、夜前疫払鬼豆打、今朝雑煮給方多有之（たぶかたおおくこれあり）

【史料3】【史料5】では、ともに若狭から広まったと伝え、【史料3】は山中で「疫病ヲ除ク」方法として「異人」から教えられたと記す。江戸では、宝暦のように疫病流行の予言がなされ、その回避の手段として流行正月が行われたようだ。【史料5】によれば、「妖言」が「昨晩」、すなわち五月晦日にあったとあるので、あるいは短時間に急速に拡大した噂だったのかもしれない。ただし、【史料3】で「江戸中如此一統ニシタルニハアラザレトモ此事ヲナス者多シ」とし、【史料4】では「雑煮をいはふものあり」と表現しており、祝わない者がいたことも示唆している。時間的余裕がなかったせいか、すべての人が行っていたわけでもないようである。それでは、上方はどうだったのだろうか。

【史料6】(43)

今年（安永七年）ハ疫病はやり申候故はやく今年ヲ過し候様とのましなひと申而今六月朔日市中正月元三之儀式雑煮祝頃節分豆も祝申候こと、厄病逃レと申候とて家々餅ヲツキ正月之儀式致申候、京も同様ニ而専ら堂上方（どうしょうかた）も被成候（なされそうろう）と申事珍ら敷（しき）事ニ御座候

これは大坂の史料だが、大坂だけではなく「京」でも同様だったと伝えている。宝暦の事例とやや異なって、来年ではなく「今年ハ疫病」が流行するので、早々に「今年ヲ過し候様とのましなひ」だと伝えている。豊年のなかに行われた宝暦の流行正月とは異なって、この時には実際に六月に疫病が流行していたらしい。

【史料7】(44)

一六月（安永七年）　京大坂ニ正月之儀式行ふ

　此頃家々に正月の儀式をなし雑煮を祝ひ節分の體（てい）をなす事宝暦中のごとし

一同月　疫病流行

　傷寒は風のかハりに来れともまた吹かへる伊勢の神風

　此歌を書て七ツ葉を添て帯の縫目に入置べし、また門口に張置バ其疫病を遁るゝといひふらす

【史料7】に「宝暦中のごとし」とあるが、宝暦の流行正月から僅かに一九年だから、この時には以前の流行を記憶していた人も多かっただろう。疫病流行の予兆をとらえて、宝暦に疫病除けとして行われていた流行正月が想起されたのだろう。

なお、【史料4】を見ると、江戸においては、今回の流行正月が宮中から始まったことであるかのように語られていたようだ。【史料6】では、京の堂上方も同日に正月を祝ったことを珍事と記している。それでは、本当に御所周辺でも流行正月が行われていたのか。

【史料8】[45]

（五月）三十日己丑晴、今夜准節分之旨、謳哥

六月

一日　庚寅明晴、此日准元日有見歯固之事、世上流布、内々於禁裏・仙洞已下有此沙汰云々、不可然事也、去元亨元年五月廿九日有節分、六月一日准元日、而後有元弘・建武之兵乱所証希有之事也

【史料9】[46]

（安永七年五月）○三十日己丑。今夜准節分世間打豆（元亨元年有此事、○愚紳、皇代略前）○六月小○一日庚寅。以此日准正朔由有風説。世間設歯固已下。剰此俗延于禁裏仙洞云。元亨元年六月一日有此例。不快。（○愚紳、長暦、年代記略記）

この史料から、公家のみならず禁裏・仙洞御所でも行われていたことがわかる。記主である公家の柳原紀光（やなぎはらもとみつ）自身は、元亨元年の例を引き、その後の兵乱に繋がる凶例として「不快」「不可然」といった私的な感想をもらしている。(47) この記事は、柳原紀光自身の見聞をふまえたもので信憑性は高く、「禁裏・仙洞」でも流行正月が行われたことは事実とみなしてよい。(48)

江戸と同じ六月朔日に行われているので【史料4】がいうように、安永の流行正月が宮中から始まったとはいえないが、禁中・仙洞御所でさえも行われたという影響力の大きさは注意しておいてよい。

何よりも興味深いのは、安永七年（一七七八）においては、江戸と京・大坂という三都で、おなじ六月一日を正月として一斉に祝っていたことが確認できることである。

宝暦の流行正月は、夏に江戸で始まり、七・八月に大坂・京都、そして九月に伊勢と数ヶ月をかけて徐々に伝播し、六月朔日（江戸）、八月朔日（大坂）、八月中、九月朔日（京）と情報が届いた翌月の朔日、あるいは朔日に限らず随時、正月行事を執り行っていた。それに対し、今回は時差がないのが特色である。

江戸・京と東西が一斉に六月一日を正月とすることができたのは、情報の伝播速度が上がったことを示唆していよう。安永七年（一七七八）には、若狭かあるいはそれ以外の場所で発した情報が、五月までに短期間で各地に一気に広まるようになっていたのである。

四　猿の予言——文化一一年——

そして、宝暦九年（一七五九）の流行から約半世紀後の文化一一年（一八一四）にも、全国的な流行正月が確認できる。全国一斉に行われたらしい安永七年（一七七八）とは相違して、江戸では五月朔日に、そして上方では九月から歳末にかけてと、徐々に広がっている。

斎藤月岑（さいとうげっしん）の『武江年表』によれば、四月から七月中旬にかけて「江戸及諸国大干魃」で「門に松竹を建て、疫を禳（はら）ふ」といわれていたらしい[49]。豊年のなかで行われた宝暦の頃とは違って、上方で疫病流行が確認されていた安永七年（一七七八）のように、災害の渦中で行われていた。

興味深いのは、その流行正月のきっかけとなったとされるできごとである。大田南畝（蜀山人）に狂歌を学び、二代目蜀山人を名乗った文宝亭文宝（ぶんぽうていぶんぽう）の『筆満加勢（ふでまかせ）』を見よう。

【史料10[50]】

○同五月何方よりいひ出しけん、此月正月の如く松たてゝ餠を祝ひ或ハ豆まきて正月のまねひ（ママ）ひをすれはあしきやまひをのそくとて、所々にていろ〳〵なる事をせしよし、彼地の人の話也

此事川越の近在ニある庚申塚の森に猿三疋集りていひ出セしより、何かたにてもかゝる事をせしよしきこえり

蜀山先生の狂哥に

正月を二度ハいハへと大晦日払ひの事ハ何の沙汰なし

右猿のものいひたる事、明言神猿記と題して半紙弐枚拾匁つゝにて町中をうりあるきし也

この『筆満加勢』も参照して、江戸の考証家・蔵書家として知られる石塚重兵衛が伝えているのは次の通り

である。

【史料11[51]】

○第十八　再正月流言

一、同四月（文化一一年）上旬より流言せしハ、当年は世界七分通り死亡いたし、是を遁れ候ニは、再正月を祭り候得ば、右病難相除候由ニ而、餅を舂、門松を建、扨五月朔日を元日として雑煮など祝ひ候もの、世間ニ過半有り。

（ア）文宝亭、筆まかせニに云、

五月何方ゟ言出しけん、此月、正月の如く松たてゝ餅を祝ひ、或ハ豆蒔して正月のまねびをすれバ、あしき病ひをのぞくとて、所々ニ而いろ〳〵なる事をせしよし、

此事、川越の近在ニある庚申塚の森に、猿三疋集りて言出せしゟ、何方ニても斯せしト云々

（イ）又予の聞しニは、

坂本日吉山王の神猿申けるハ、当年ハ天下豊年なりト云、又壱疋の猿言ニは、然共人々の死亡多からんト云々、又壱疋の申ニは、今年も明ケ新年と改候ハヾ宜しからんト申ス、故ニ五月朔日を元旦といたし、右之病難をよけ候ト云々、（中略）

右、猿のもの言たる事ヲ「明言神猿記」ト題して、半紙二枚ニつゞりて、町中をうりあるきしなり。

此節の狂哥に

正月を二度ハいはへど大晦日払のことは何の沙汰なし　　蜀山人

（ウ）世上ニかゝる妄言を触るゝ事、往古ゟまゝあり、是を信じて金銭を費すこと、愚なることゝ言ふべし。

このように石塚は、文化一一年（一八一四）の四月上旬から「世界七分通り死亡」するので、難を逃れるには「再正月」をすればいいという流言が広がったことを記している。そして、（ア）文宝亭による【史料10】を引き、川越の庚申塚で猿がいい出したことだという伝聞を書き留める。筆者の見聞を記す（イ）によれば、ものをいったのは川越ではなく近江国の「坂本日吉山王の神猿」だったという。最初に猿が「当年」の天下豊年を予言すると、次に別の猿が人が多く死ぬだろうと告げる。最後に三足目の猿が「今年も明ケ新年と改候ハヾ宜しからん」といったという。今年は人の死亡が多いから、「新年と改め」ることで災難を回避すればいいというわけである。

宝暦の流行正月は、同年は豊年であり、翌年に疫病が流行するので、年を改めることで疫病の流行する年を短くしようというもので、理由付けにはやや無理があった。そして安永の流行正月は、疫病が流行しているなかで行われた厄払いのようなものだった。

文化一一年（一八一四）では、宝暦の豊年の最中に年を改めるという矛盾を修正するように、当年は豊年であるが同時に「あしき病」が流行する、と予言する。そして、正月行事をして新年とすれば「あしき病ひをのぞく」「右之病難をよけ候」と病難除けになるとされている。豊年と病が同時に発生するが、正月行事をすることで、豊年のままで病難だけを除去することができるというわけだ。

注意を喚起しておきたいのは、こうした情報は単なる噂として広まったのではなく、【史料10】【史料11】が伝えるように「半紙二枚」に綴った「明言神猿記」と題した摺物となり、「町中をうりあるきし」者がいたという点である。[52] 宝暦の流行と同じように、印刷物の影響があったことになろう。

【史料11】では、「四月上旬より流言せし」とし、(イ)では五月朔日を正月としたというから、文宝亭は江戸で四月に「再正月」の流言を耳にしていたようだ。(ア)の部分では四月のことではなく「五月」としているが、ここは筆者である石塚重兵衛の見聞ではなく【史料10】文宝亭の『筆満加勢』[53] からの引用である。「川越の近在ニある庚申塚の森」で「猿三疋」が告げたことが発端だと伝える。五月に流行をしたという(ア)の話は、「川越」という地名からみて、四月の江戸での流行からやや遅れて、北関東方面へと広がった頃の話かもしれない。

北静廬(きたせいろ)による江戸後期の随筆『梅園日記(うめぞのにっき)』では、「文化十一年夏のころ、某の国某の山にて、猻(さる)人の如くものいひけるやうは、ことし疫病にて人多く死ぬるなり(下略)」と書かれている。[54] 「某」に固有名詞が入っていたか、それとももともとから「某」(あるところ)だったのかは判断しかねるが、山中で猿が人のように喋ったというのは、庚申塚の森や日吉山王社での猿の予言とも違っており、多様なバリエーションがあったことがうかがえる。

『武江年表』によれば、この時の流行正月は江戸では「四月から七月中旬」に及んでいたようだ。そして、関東での騒ぎが終息した秋頃、この噂は上方まで広がっていた。大和国荒蒔村(あらまきむら)の宮座で書き継がれていた記録「荒蒔村宮座中間年代記」には、次のような記事が見えている。

【史料12】[55]

一八月悪星出候と沙汰有、又九月頃大坂ニ年直しとして正月改而致、此月堺とやらにさるが三疋出申、一疋之申、申者荒キ年ト申、又一疋申者人が三合ニ成ルト申、又一疋申候者正月ヲ年ノ内ニすれは能ト云、是故正月致してよし、依之当国中八九部迄も皆家毎ニ正月致し候、此正月九月頃より十二月時分迄いたし候

【史料10・11】で記録されていたのと同じように、三疋の猿がものをいったと伝えている。最初の猿が豊年をいうのではなく「荒キ年」といい、次の猿が「人が三合ニ成ル」と不吉な予言を重ねている点が大きく異なってはいるが、三疋の猿が将来の凶事を予言し、年内に正月を祝うことで回避できると伝えたところまで一致している。しかしここでは、猿がものをいったのは「堺」だということになっている。

こうした内容の一致から見て、口頭での伝播というよりも、文字情報をベースに拡散し、地名だけを可変部分として、それぞれの地域でもっともらしい固有名詞を組み込んでいったのではないか。猿がものをいったという話は「明言神猿記」のような文字情報で遠隔地に伝わり、伝播した先で適宜地名を変えて再構成されたものが板行されたのであろう。

おわりに

ここまで、全国的に流布した流行正月の事例について、史料を通して宝暦・安永・文化の三例を見てきた。宝暦では、多様な情報が「板行」されて行き交い、徐々に情報が広がっていたこと、当年は豊年であり、翌年

の疫病が予言されており、年を改める必要性に疑問を抱いていた者もいたことが確認できた。むしろ、豊年の予感の中で、周囲の人びととめでたさを共有しているような現象だった。

安永七年（一七七八）は全国的に六月一日に行われ、禁裏・仙洞御所も巻き込んでいたことが特筆される。そして、文化一一年（一八一四）には、江戸から上方に徐々に広がっていき、瓦版などの摺物も作られていたようだが、宝暦の頃とは異なり、情報は猿の予言に画一化されていた。また猿の予言は、当年は豊年だが、同時に疫病も流行するという表現に変わっている。

いずれにしても、現に上方で疫病が流行していた安永七年（一七七八）は疫病除けが主眼となっているが、宝暦・文化の例では、「豊年」が予言されている。平山がいうような「悪しき年を送る」という単純な説明で理解できるわけでもなさそうである。

『武江年表』が伝えるように、文化一一年（一八一四）の流行正月時には、江戸をはじめとした地域で「大干魃」が起こっていたのも事実である。ただし、この時に江戸で流行正月が行われていたのは四～七月のことである。秋の収穫期を前にして、大干魃が起こっていたとすれば、懸念されるのは凶作、そして飢饉である。ところが、この時に猿は疫病の危険とともに「豊年」を予言したわけである。とすれば、猿の示唆に従って正月行事を行えば、疫病も回避でき、なおかつ現実に直面している不安要素である干魃も、「豊年」という望ましい未来に切り替えることができる。むしろその比重は、予想される災厄の回避と豊年という将来の利益確定にあったというべきである。

安政のコレラ流行時にも流行正月が行われていたことは事実だが、この時も社会不安から「悪しき年を送る」ために行われたという解釈には、留保が必要だと考える。というのは、安政六年（一八五九）の「コロリ」の流行を伝える史料に「にぎやかにするがよいと申」とあるからである。[56] いうまでもなく、流行正月も「にぎやかにする」手段としては効果的だったことだろう。

最後に一八世紀半ばから一九世紀にかけての時期に、流行正月が顕著に見られる理由について検討しておきたい。まず、注意すべきは摺物による情報伝達である。やはり迅速かつ広域に拡散し、それなりの信憑性をもって受けとめられたのは、文字情報の存在があったと思われる。[57] こうした情報をいち早く受け取った人びとが初期採用者[58]となり、周辺に口頭で情報伝達をする。あるいは、彼らの行為を周囲が模倣したり、同調する人びとが現れ、次第に広がっていったのだろう。

流行正月をいち早く自らの意思で行い、地域社会や周辺に影響を与える初期採用者になるには、次のような条件を満たす必要があろう。①たとえ少額とはいえ有償で販売される瓦版を買う余裕があり、②それを理解しうる読み書き能力があり、③自分の意思で「休み」にできる立場にあり、かつ④餅を買うなどの正月行事の執行にかかる臨時の出費をする経済的ゆとりがある。損失を回避し、豊年がもたらす利益を確定させたいという意識を強くもっていたのも、恐らくはこうした人びとであろう。

このような存在として、まず想起されるのが一七世紀後期からの都市発展の原動力となっていた「都市小市民」である。守屋毅は家族労働を基本とし、少数の使用人を抱えて小店舗を経営する店持ち・家持ちの自営業者を、元禄期以降の都市における「基礎的な階層」として注目する。[59]「都市小市民」の成長は、一八世紀半ばには朝尾直弘がいうような、武士と一般民衆のあいだに形成された、情報を読み解きうる身分的中間層につながっていこう。[60]

情報に接し、自らの意思で流行正月を行うことができる階層が、都市を中心に全国的に分厚く形成され、彼らがいち早く情報に接することで、全国的な流行現象を引き起こしえる条件が整った。これが、宝暦期以降に次々と全国的な流行正月が起こった所以である。

それでは、次なる問題は、こうした人びとがなぜ流行正月を行ったか。流行正月を全国に広げる推進力となったのは摺物などの文字情報だが、宝暦期には固有名詞や内容の詳細に多様性があったことから、特定の人物が仕掛けたものというよりも、次々と模倣、改変を経て拡散していったと考えられる。そして、最初になにがしかの仕掛け人がいたとしても、それだけで爆発的に流行した説明にはならない。[61]受け手がこうした言説を受容し、流行正月という行動に移すには、受け手の側にも相応の動機がなければならない。

ここで想起するのは、噂について論じた松田美佐の議論である。松田は、噂の機能について、従来からいわれてきた情報伝達・意見発露の手段に加えて、コミュニケーションそのものを目的として噂が採用されることがあるという。「ここだけの話」という情報を共有することで親密感を抱き、孤立回避につながる。[62]そして、適度の不安を感じさせ、かつ実行可能な回避策が同時に示される場合、情報は広がりやすいという。

宝暦の流行正月の噂も、豊年をともに悦びつつ、きたるべき悪疫流行の予言とその回避策という情報を共有し、ときならぬ正月をともに祝うという行為を通して、身分的中間層が横につながり、「共通な関心事」について語り合う公共圏[63]を形成する役割を果たした。だからこそ、そこから逸脱している人は、「かたいぢはりてかまワざる人」と見えていたのである。[64]

そして、一九世紀には、かかる公共圏を形成していた人びとは次第に「市民階級[65]」となっていき、輿論を形成していく中核となっていく。情報の伝達や共有、コミュニケーションにあたって、流行正月のような手段による必要はなくなり、近代には行われなくなっていくのだろう。こうして見た時、流行正月は社会のありようを反映した現象ということも可能であり、平山敏治郎によって皮相的であると批判されたような歴史的解釈だが、一定の有効性をもっているといえそうである。

ここまで見たように、すべての人が流行正月を行っていたわけではないし、その行為を批判するような知識人もいた。自ら参加した人びとも、情報のもつ虚構性をわかった上で、ともに楽しんでいたのであろう。正月行事をしたからといって何も変わらないことは誰もがわかっていた。他者とつながりを感じるために行っていたのである。

終章　メディアと怪異からみる近世社会

当年は、奇談いろ〳〵御座候、その内一ツ、可申上候。

篠斎宛曲亭馬琴書翰(1)

とまれかくまれ珍説なれば、注進仕候。

篠斎・桂窓宛曲亭馬琴追啓(2)

近世メディアのなかの怪異

五章にわたって、メディア史の視点から近世の怪異について検討をしてきた。あらためて概要を整理しておこう。

第一章「「髪切り」――近世メディアがつくる怪異――」では、一見すると多種多様な解釈がある髪切りについて、メディアの特性に注意して分析した。学術的著作などのストック型のメディアでは、漢籍に準拠した狐という解釈がなされ、一方で多くの瓦版や噂など短期間に消費されるメディアでは、必ずしも整合性が求められず多様な解釈がなされていたことが明らかになった。

続く第二章「「一目連」――情報の連鎖と拡大――」では、ストック型のメディアといえる百科事典や地誌、学術書の読まれ方に注目した。自然現象である強い風に関わって「鎌閉太知」と「一目連」を併記した『和漢三才図会』が誤読され、一八世紀には寺社が情報発信を始め、一九世紀にはことあるごとに地誌や随筆で一目連についての情報が書き留められていった。こうして拡大した一目連情報が読まれていく過程で、鎌鼬・一つ目小僧、目々連といった「妖怪」と紐付けられ、一目連は「妖怪」を想起させるようになっていた。

第三章「「石塔磨き」の怪――近世都市の怪異とメディア――」では、江戸での流行に先がけ、関東圏で石塔磨きの事象が確認されており、いち早く書状で江戸に情報がもたらされ、事前に回覧されていた。そのため、江戸で同様の事態が発生すると、急速に知られるようになっていた。見物に行った人びとによって多様な噂も広まり、瓦版も情報の拡大に加わった。「石塔磨き」という謎の事態に接した人びとが、書状、噂、瓦版といった多様なメディアを通して新たな流言をつくっていた。

第四章「「雀合戦」――書状というメディア――」では、前章に引き続いて、情報メディアとしての書状が果たした機能に注目した。最初に「合戦」という名づけをした遠州からの書状が江戸に到来し、流布していたことで、それが鋳型となった。この書状は広く回覧され、筆写されて広がり、同様の事態が発生した際に再見されている。天保三年（一八三二）には、江戸で発生した雀の集団行動が「合戦」と理解された。「雀合戦」の噂が江戸周辺に偏在しているのは、書状などを通して情報が江戸に集まりやすいことに加えて、過去の情報をストックしている知識人が多いことが原因だった。

第五章「「流行正月」――疫病の噂とコミュニケーション――」では、情報ネットワークの形成から近代への移行を展望した。宝暦九年（一七五九）の流行正月は、贈答儀礼を通して多くの人を巻き込んだが、結果的に全国的な疫病流行がなかったことで、流行正月は疫病除けの効果が期待できるものとして意識された。安永七年（一七七八）、文化一一年（一八一四）と全国的な流行正月が確認できるが、宝暦の事例がモデルケースとなっていた。噂は、摺物や瓦版で広範囲に広まっている。臨時の経費がかかる流行正月を実施したのは、身分的中間層であり、彼らの贈答行為や人的ネットワークを介して連鎖的に流行正月を行い拡大した。こうした身分的中間層は、情報の伝達や共有、コミュニケーションを介して、市民階級となっていくことを指摘した。

予兆としての怪異

本書で検討対象とした事象は僅かにすぎず、一般化することには慎重でなければなるまいが、ここで見た怪異をめぐる情報の多くは、何かの予兆として受けとめられていた。

髪切りは、『春寝覚』では、被害を避けるための呪歌に「異国より悪鬼の神のわたりしを」とあることやキリシタンの髪形から、島原・天草一揆と関わる「天変地妖」のひとつとして記されていた。[3] 一目連は、その「出現」から暴風などの激しい気象現象の始まりや終息を予測させるものとされていた。石塔磨きは当初、目的不明で奇妙な目撃情報が流布していたが、墓を磨かれると「子孫断絶する」という不吉な風聞も流れていた。[4] その後の陸奥国伊達あたりでは、上方筋での石塔磨き流行の噂とともに「世は魔国にならん抔（など）」といわれ、「此方より先きに洗ひ置候得は何事もなし」と盛んに石塔を磨いていた。[5] 石塔磨きは「魔国」到来の予兆だとされていたのである。

雀合戦は、明確に予兆だと記しているものはないが、現実に武力衝突の勃発が予想される時に盛んに語られているから、雀合戦から望ましからぬ未来の到来を想像していた可能性はあろう。一方で、同じ野鳥の群飛でも、西国ではアトリの飛来から豊年を期待し、「豊年鳥」と呼んでいた。

流行正月は、多くの場合で何らかの存在が豊年と疫病などの未来を予言しており、それへの対処として行われたものであった。

また、本書冒頭に引用していた『徒然草』でも、一四世紀に京都を騒がせた「鬼女」の噂は、後になって流行した病とセットで理解されていた。怪異は、発生時は「何かの予兆であること」が疑われ、後日の答え合わせのために記憶、あるいは記録され、実際にまもなく何らかの事象が発生すれば、その前兆であったと後付けで擬似的な因果関係で理解される。すべてがそうだというわけではないが、近世においても怪異を何かの予兆と受けとめることは珍しいことではなかった。

『当代記』慶長一一年（一六〇六）五月条には、車が通る音は聞こえるが、姿は目に見えないという「やふれ車と云変化の物」が、京都に出現したことを記す。その上で、「昔年両度如此(かくのごとき)怪異有之(これあり)き、二度共に凶兆と云々」とし、過去に同様の事態は二度発生しており、どちらも「凶兆」だったと記している。[6] また、後水尾天皇第一〇皇子で天台僧の堯恕法親王(ぎょうじょほっしんのう)による『堯恕法親王日記』では、寛文八年（一六六八）に「江戸焼亡并怪異等繁多」と書き留めた。[7] その後の記事では、「今度所々怪事」と八幡山の光物や貴船社の鳴動、鞍馬山の松が倒れたことなど五つを列記し、小御所廊下に鳶が入ってきたことには「先年内裏炎上之前有此怪」、法隆寺の聖徳太子像が転倒したことには「先年大坂兵戦之時有此怪」と付記し、怪異と災害・戦乱との関係性を示唆している。[8] これらは、過去に発生した同様の事象を参照し、凶兆ではないかと見なしている。

宝永四年（一七〇七）には、京都で「世は三月切」という言葉が流行しはじめ、後には近国でも流行語となっていたが、その時は何かの予兆だと考えられてはいなかった。翌年の三月八日に京都御所も被災した宝永大火が発生したことで、人びとは「此前表なるへし」といいあった。[9] ここでは、不可思議な事象のあとに顕著な事態が発生したことで、後付けで両者が結びつけられているのである。

柳原紀光の随筆『閑窓自語』でも、天明期に「人民禁裏の四方をめぐる」という御所千度参りについて記し、その後に京都の過半を焼く天明の大火が発生したことで、「この事こそ大火のさとしとそおほゆる」と二つの事象を結びつけて考えている。

過去の経験に基づく凶事予測、あるいは事後の凶事と怪異の結合――こうした事例が情報として蓄積されれば、同様の怪異が発生した際に、将来に発生するであろう事象の予測に参照される前例となっていく。

序章で触れた西川如見の『怪異弁断』では、「怪異」をもって「禍福」を論じることを批判しているが、裏を返せば「怪異」（「天変地異」「変異妖怪」）に対して、多くの人びとが「吉凶禍福」を論じていたことがうかがえよう。なぜ、人びとは怪異から「吉凶禍福」を論じることができると考えていたのか。

天和三年（一六八三）に刊行された浮世草子『新御伽婢子』巻五は、寛文二年（一六六二）に発生し、甚大な被害を出した大地震に関しての予兆の有無を問題にしている。人びとは、大災害のあと、「かほどの凶事に天神地祇のしめし給ふ前表もなかりし事よ。今澆季の濁世なれハたゞちに悪事ありて、兼年のしるしなし」と語り合ったという。[10]

大災害などが発生する前には、神々から事前に予兆が示されるものだが、世も末となり前触れもなく、いきなり災害が訪れるようになった——と嘆いている。本来であれば、大災害の前には、何らかの予兆があるはずだと考えられていたわけである。

この時には、「いや、前触れはあった」と人魚の出現を凶兆として語る者が現れ、それに対して「人魚を食べれば不老不死になるというから吉兆だ。地震がなくても人魚は出現する」と反論する者もいたと伝える。ここでは、「何れを是とし何れを非とすべき不知」とし、地震の予兆だったかどうかの判断は棚上げしている。ただし、人魚の出現という事態は吉兆か凶兆かが議論され、それが何らかの予兆である可能性は全く疑っていない。(11)

大規模災害などが発生する前には、神仏は人びとに対して警戒を呼びかけるメッセージを発するはずだ、という神仏への信頼・期待が前提としてあるようだ。だから、寛文地震の予兆が見られなかったと考えた人びとは、神仏の加護から見放された「澆季の濁世」だと嘆いていたのである。神仏から完全に見放されているとは信じたくないから、不思議な「あやしい」事態が発生していれば、それが神仏から発せられた災害など凶事の警告ではないかと考えるのである。

怪異の私事化

予兆として語られることも多かった近世の怪異だが、詳しく見ていくと、そこには時代による変化が見られそうだ。中世までの怪異は、饑饉や疫病、戦乱といった国家的な凶事や朝廷との関わりで語られていた。

八幡山の光物や貴船社の鳴動などを記していた一七世紀の『堯恕法親王日記』では、怪異発生によって「朝家安全玉躰安穏」の祈祷を命じられており、怪異が天皇の身体や朝廷に関わる問題だととらえられていた。[12] 髪切りなども、一七世紀の時点では、島原・天草一揆と結びつけられて理解されていたが、後には個人の被害にすぎなくなっている。そして、石塔磨きでは「子孫断絶」の予兆とされるように、イエや地域社会など凶事の対象範囲が小さくなっているように見える。怪異の矮小化が起きていないだろうか。

『百姓分量記』という享保一一年（一七二六）刊の教訓書では、「家に怪異なる事」があるのは、「日比の陰悪の気」が凝集した結果であり、「慈悲心を起し、正しく行ふ時は、其気消て家に難なし」[13] とする。怪異は日常の行為に起因するもので、個々人が身を正しくすることで対処できるというのだから、王権や国家に災厄を知らせ、国家的対処を求めていた中世までの怪異に比べて、スケールダウンしていることは否めまい。

無論、流行正月をめぐる言説のように、近世後期にも疫病や奇病の流行など、個人の領域を超えた災厄についても語られることはあるが、正月行事の実施や呪歌、絵の掲示など個々人の自助努力で回避可能になっている。その他の怪異も、しばしばその回避法がセットで伝えられるようになっていた。髪切りは、被害を免れる呪いの歌などが伝えられ、石塔磨きも墓を磨かれると一家断絶といわれるが、それよりも先に磨けば不幸を回避できる。恐怖感や不安は伴っていても、実行可能な回避策が示されることで、凶事は制御可能になっているのである。

神仏からのメッセージだと理解されていた怪異は、人びとの間に広く流布し、浸透していくなかで、次第に身近な問題と結びつけられ、私事化していく。[14] 国家や王権などではなく、村落共同体や個々人に対して、遠くない将来に発生するであろう不幸を、あらかじめ知らせてくれる神仏からの個別メッセージとなっていったのである。誰でも、注意深くさえあれば、神仏からのメッセージを知ることができ、個々人が適切な対処をすれば将来の凶事を回避することが可能になった。

怪異が私事化すれば、他所で発生した怪異の噂は、他人事である。これらは当事者でなければ、興味深い話題であり、あるいは貴重な教訓となり、凶事を予測し回避するための予防的な情報となろう。

こうなると、奇談・怪異についての情報は、社交の手段としての機能も果たすようになる。[15] 噂について論じた松田美佐は、人間関係を通して「ここだけの話」として希少な情報を伝えられれば感謝し、親密感を抱くようになり、噂が人間関係を強化する機能をもつとする。過剰な恐怖を煽るようなメッセージは反発を招くが、適度に不安を感じさせ、実行可能な回避策が示されていると効果的に広がりやすいという。[16] 近世においても、「流行正月」の流言に対しては、恐怖や強い不安を感じているようには見えない。不可避な大規模災害発生のような深刻な事態を予想させるものでもなければ、慎重な制御のもとで怪異を回避法とともに楽しむこともできた。第四章で見たように雀合戦の情報を、馬琴が書状で松坂の小津久足らに知らせて共有（シェア）していたのは、情報収集という目的もあっただろうが、奇談情報を交換することで、互いの信頼関係を維持する側面もあったといえよう。

そうなれば、聊か不謹慎に見えるかもしれないが、時にはパロディも生み出されるようになる。これまでの研究でいわれてきた、怪異の下降、娯楽化とは、怪異の世俗化、すなわち神仏からのメッセージの私事化によって発生した事態だということもできる。

近世の随筆には、安丸良夫が指摘するように、江戸時代の随筆に「多くの民衆が突然大きな不安にとらわれるという奇妙な現象」が数多くあり、とりわけ病気の流行や大量死を伝える噂が繰り返し見られた。[17] しかし、すべてが安丸のいうような「根源的な否定性」として受けとめられていたのかは、慎重な見極めが必要だろう。疫病の流行が近世に繰り返されていたのは事実であろうし、それが人びとを不安にさせたのも間違いない。とはいえ、本当にそれが信じられ、人びとがパニックに陥っていたのだろうか。

宝暦の流行正月を伝える『新歯朶集』で、流行正月について知らなかった淀藩士渡辺善右衛門は、同僚から正月行事をするという話を聞き、慌てて餅屋に人を行かせると、多忙で餅搗きを引き受けてもらえなかった事実に接して、大きく態度を変えている。周囲の人びとがする行為を見て、それに遅れまいと参加していくなかで、奇妙に見える事象が拡大していたのではないか。[18] そこに主体性のなさを読み取ることもできるが、他者との関係性のなかでなされた、一種のコミュニケーションだということも可能である。[19]

怪異のリアリティ

不思議な話を相手に伝えた側にすれば、怪異だ、予兆だといっても、実際には未来の災害予防に関する耳寄りな情報を伝えたくらいのつもりかもしれないし、少し不思議な話を介した気楽なコミュニケーションだったかもしれない。もともと、話し手にもそれほどの深刻さはなかった、ということも多かったであろう。だから知識人たちは、不思議な事態があったから、近い将来に何かが起こるなどと聞かされても、多くの場合は一笑に付していただろう。

仮に一度だけの怪異であれば、すぐに忘却されることになろう。しかし、奇妙な事態が複数回にわたって発生すれば、次第に気になり始める。その結果、怪異に対する感度が高くなり、何らかの不思議な事象に接すると、普段なら見過ごされるようなことでも「また怪異が発生した」と記憶に留められることになる。不思議な事象が二度、三度と相次いで発生すると、誰しも不安にならずにはいられまい。例えば、先に紹介した『堯恕法親王日記』では個々の怪異よりも、「怪異繁多」(寛文八年二月八日条)、「奇怪多ク」(寛文八年二月一四日条)とあるように、その連鎖が問題だった。ただ、その情報といえば、「江戸焼亡」、八幡山の光物、貴船社の鳴動など、江戸・京・大坂・奈良など都市部や近隣などに留まっていた。

しかし、一八世紀には全国で発生した災害や事件情報が流通するようになる。松浦静山は『甲子夜話』に石塔磨きの情報を書き付けるにあたり、次のように記していた。

一昨年、西国風変、大阪邪宗門、越後地震。去年、江戸大火、今年は京都地震。数般の異事を唱ふること引もきらず。(中略)か丶る種々の異並び至るは、拙夫この老年まで一度も遇はざることなり。又頃日、紀海に潮さしたるのみにて引くこと無しと云。阿波の国民一男を産せしが、生まれながらにして能く言語し、けしからぬことを云ひて死したり抔、其外世間の風聞数般囂(かまびす)しきことども也。江都築地門跡には蕎麦一本生じて、其尺一丈を超したりしに、友人その枝を見たりしが、凡四尺を越しとぞ。[20]

ここでは、風水害、火災や地震などの災害に加えて、切支丹の摘発、予言獣を想起するような阿波でのできごとなど、各地で発生した多種多様な事象が「異事」と一括され、そうした事案が連続発生していることを記している。その流れで「又墓磨は虚事にあらず」と続けているのである。これだけ不思議な事象が相次ぐのだから、ただごとではない。「石塔磨き」だって本当に違いないというわけだ。

松浦静山が、身辺の事象だけでなく、「西国風変」「大阪邪宗門」、そして越後・京都の地震、紀州の潮位異常など全国各地で発生した「異事」を一連のものとして認識しているように、都市や知識人のもとには広範な情報が集まりやすい。都市住人や知識人は、怪異と災害の情報に繰り返し曝され、両者を結びつけやすい環境にあったともいえる。

そのため、知識人たちは奇談・怪異に対して批判的な姿勢で臨んでいたとしても、同様の情報に接する機会が多ければ、そこにいくらかのリアリティを感じざるをえない。本気で信じているわけではないけれど、繰り返し耳にしているうちに、どこかに引っかかるものが残り、気になってしまう。

まったく荒唐無稽の虚談とはいいきれないからこそ、一九世紀の知識人は奇談に無関心ではいられず、情報の収集をし、考証を加えて真偽の判断をし、それを理解しようとつとめたのであろう。そして、平田篤胤が天狗にさらわれた少年や、生まれ変わりといわれた勝五郎の話を聞き出したように、新しい情報に接する機会が多い知識人は、その知的好奇心や学問的な関心から、奇談の生成と流布に積極的に関与する結果になることもあった。

情報のゲートキーパー

ここまで、怪異に関する情報の伝わり方に注意して見てきたが、ひとつ注意しなければならないのは、情報を入手した人には、常に「情報を媒介しない」という選択をする可能性があるということである。

不思議だと認識するような事象を見聞きした人が、錯覚だと思ったり、神仏からのプライベートなメッセージだと判断したり、話してもも信じてもらえない、笑われると考えれば、他者に積極的に語ることはあるまい。人から聞いた不思議な話であっても、他者に伝える価値がない、或いは話しても無駄だと考えれば、それ以上は伝えられない。

自分の不思議な見聞や他者から聞いた話のバトンを、次に他の人へ渡すかどうか、それを誰もが常に考えて行動しているというわけだ。他者へ伝えるだけの価値があるか否か、それぞれが何らかの基準に基づいて判断し、基準以上であれば情報は他者へ伝えられ、基準以下であれば情報はそこでストップする。他者へ情報を伝えるかどうかの基準、これを閾値（しきいち）と呼ぼう。

環境や状況次第で情報の必要性は変化する。ちょっとしたゴシップなら、その対象を知っている人の間では価値があっても、無関係の人には何の価値もない。平常時なら風雨を呼ぶ一目連の出現情報は、好事家が喜ぶ奇談どまりだが、旱魃が続いている状況なら価値は増す。疫病除けの呪いや治療法の情報も、平常時とパンデミック発生時では切迫感は大きく異なる。疫病が流行の渦中にあり、対処法がまったくわからないなら、藁にもすがるような思いで情報を求めることだろう。災害情報は、距離の遠近や知友の有無、つまり地理的、社会的条件によって情報の必要性には差異が生じる。流言は情報崩壊ではなく情報構築であるとタモツ・シブタニが述べているが、非常時に相互に情報を出し合い共同で解釈を行っていたから、極端な状況下にあれば、閾値は下がっていたであろう。

閾値は一定することなく、状況や環境、情報の内容や相手によって常に変動していると考えなければならない。人は、新しい情報に接すると、それぞれの状況や相手との関係に応じて情報の必要性を測定し、それを他者へ伝えるかどうかを判断するゲートキーパーでもあったといえる。

近世における街道や海運といった交通網の整備は、人の移動を活発化させ、情報の伝達速度を上げた。加えて、地域社会のコミュニティや誹諧などの文芸サークル、そして商業上の取引関係、学術的な交流関係など、小規模で多様な集団（クラスター）が重層的に形成された。構成員は地理的に近接しているとは限らず、商取引や書状の往復などによって遠隔地と結びつく場合もある。情報を媒介する中心となるような人と人が、広域に結びついていたことで、全国的な流行を引き起こすことになる。集団内では、経済活動や文芸・学術的交流を通して、広く情報が共有されていく。重要なのは、豪商で地域の有力者、そして文芸や学術でのリーダーをつとめるような複数の集団をリンクするような存在である。地域の文化や経済を牽引する知識人や有力商人などが、集団のハブ（hub）となって相互につながり、集団と集団が結びつけられ、集団を超えて情報が伝えられていく。

集団において情報を最初に受容し、コミュニティに伝える窓口となるのは、書状、口頭のコミュニケーションなどによって他地域からの情報にいち早く接しうる立場にある人である。そうした人物は、地域や文芸・学芸コミュニティのリーダーであり、経済活動の中心人物であろう。彼らが初期採用者となり[21]、情報の必要性と有用性を認めれば、地域社会や自身が所属するコミュニティに最新の情報を伝えて情報を拡散する。

瓦版も庶民向けとばかり考えるのは早計で、龍野藩（現・兵庫県たつの市）にいた股野玉川（幽蘭堂）のもとへ、大坂四天王寺の落雷や大坂・河内の水害について、「絵図」や「読売」（瓦版）を売りに来ている。[22]後者については、日記に「其写」として内容を書き留めているから、こうした人物が瓦版を買い求めていたことがわかる。曲亭馬琴も天保五年（一八三四）、弘化三年（一八四六）に火災の被害状況を記した瓦版「焼原場所附」を買い求めている。天保五年（一八三四）には、「うりあるき候もの」から「門前」で買っている。この時は「初板」と異なる「新板」を手に入れているから、最新の情報を求めていたのだろう。[23] 股野玉川は龍野藩に仕える儒者であり、馬琴も学識で知られた戯作者である。あるいは、瓦版の主要な読者層としては、金銭[24]を支払ってでも積極的に最新情報を手に入れたいという知識人をも想定すべきなのかもしれない。[25]

近世の情報とネットワーク

ネットワーク科学の知見によれば、興味深いことに集団（クラスター）間をつなげるリンクが少数生まれることで、一気にネットワークの距離は小さくなるとされる。[26] 中世には噂の急速な流布が都市とその周辺に限られていたが、遠隔地の集団間を接続するリンクが生まれたことで、ネットワークは全国規模化する。短期間に広く情報が広がるような条件が整うのである。

ネットワークは、近世中期には相当に発展していたと思われる。本書で見た怪異についての情報は、一八世紀半ばをひとつの画期として質的に変化していた。「髪切り」は、江戸・大坂と離れた場所で、長期間にわたって話題となっていたのが明和二〜八年（一七六五〜七二）であった。東海地方の光や風といったローカルな気象現象に過ぎなかった「一目連」が、一目の龍だという具体的なイメージを伴って新しい言説が見られるようになるのが、宝暦一四年（一七六四）に京都の版元の手で刊行された『市井雑談集』あたりからであった。一八世紀半ばには、諸国奇談物と称される不思議な話題の見聞をまとめた作品群が相次いで出版され、各地の奇談が報告されていくこととも軌を一にしている。[27]

「流行正月」も地域的な流行現象だったものが、初めて全国化したのが宝暦九年（一七五九）である。安永七年（一七七八）には極めて短時間で広範囲に広がり、地域も身分も超えて、江戸から京都の禁裏や仙洞御所にまで広がっていた。

瓦版には「近郷の人ハ見聞もあらんなれと、他郷の人ハ聞にもれ為ん事の本意なく、即是を二枚摺の紙に綴写して遠邦の土産に備るのみ[28]」といった言葉で結ばれているものがある。近隣ではみんな知っているが、こんな珍しい話を遠くの人が知らないのは残念なので、遠方への「土産」としてほしいというのだ。当該地域よりも、遠方に運ばれてこそ情報の価値があるというわけだ。「流行正月」なども、こうして情報が遠方まで広がっていたのだろう。

以上のことから、「江戸時代の分水嶺」ともいわれている一八世紀半ばには、全国規模の広域的な情報ネットワークが形成されていたと思われる。そして、一九世紀には、江戸の馬琴が松坂の小津久足らと書状で情報交換をしていたり、「雀合戦」の情報が宿場から届けられているように、商用や物資輸送に伴う遠隔地間の情報交換が頻繁に行われるようになる。日常的にローカルなネットワークが結びつけられ、想像以上に短時間で広域に情報が広がるネットワークが誕生していた。[29] 彼らは、朝尾直弘の表現を借りれば、身分的中間層を形成する人びとであり、情報を交換し、共有していくなかで、さらに横の繋りを広げていっただろう。

なお、誕生した分散型のネットワークには冗長性があるのが特徴である。一部で情報伝達に障害が発生しても、欠損部分を迂回して情報は伝えられる。たとえ、数名が情報遮断をしても、複数の回路から一気に広がっていくのである。

多数の人びとの閾値を超過するような重要情報であったり、何らかの事情により受け手の閾値が低下して多くの人が情報を伝えやすいような環境になれば、一気に情報は拡大する。一方で、情報の解釈が共有されたことで興味が失われたり、陳腐化してしまったり、情報を欲していた環境が変化すれば状況は変わっていく。情報としての価値が低下したり、閾値が上昇すれば、情報の拡散は次第に収束していくことになる。

また、分散型ネットワークシステムは、管理者が不在で安全性を担保するものがいない。近世には、これを悪戯に利用する事態も発生する。例えば、『豊芥子日記』巻中「第十九偽言之怪事」には、「是皆虚説にして、其頃営中にてかかるあとなし事を作りて、誰の作こそ能く弘まりたれなと、夫をなぐさめとせしことはやりける」とあり、わざと虚構の情報を流し、「誰の作」が一番広まったかを競っていたという。

また、文政六年（一八二三）には、大風の夜に細川采女正の屋敷に異獣が落下したという噂が流れた。これは、細川家留守居が「無根のことを言て人の喜を求る」ためにいいだし、「自らその奇状を図に作り人に示」したことで、江戸城御用部屋にまで広まったものだという。[30] この話を書き留めた松浦静山は、虚説を語ることは「かの役のならはし」と記しているから、江戸屋敷留守居役が広めた虚談は、少なくなかったものと思われる。

ネットワークに誤った情報や悪意のある情報が入り込んでも、匿名性が高いため出所を確定することがむずかしく、拡大を止められないのである。

こうして、一九世紀までに真偽不分明な新しい話題が次々と生まれては、一時的に広まって、しばらくして収束するような状況が生まれたのである。

情報を媒介するメディア

ネットワークの要素をつなぎ、情報を媒介していたメディアは何か。まずは、口頭のコミュニケーションであろう。加えて、遠距離であれば「雀合戦」や「石塔磨き」で確認したような書状、そして「流行正月」で見たような瓦版などがあろうか。口頭の噂が、書状や瓦版などの文字情報となることで、遠隔地まで空間を超えて情報が広がっていく。時間・空間を超えた情報の蓄積と媒介は、ストック型のメディアである学術的著作もあり、必要に応じて参照されるようになる。

情報が口頭で伝えられている場合には、人間の記憶力の関係もあり、個々の情報は断片的で短い小噺のようなものになる。しかし、口頭によらない文字情報によって媒介される情報、メディア流言は、「石塔磨き」を通して見たように、記憶力の限界という制限がないので情報量が拡大する。全国に同じような流言が広まっていくようになるのは、文字文化の影響がある。瓦版や書状、あるいは書物の転写などで広がるものは、信憑性を高めるために情報が整理され、固有名詞が詳細に記されるようになる。

随筆類には、短文の断片的な記事が書き留められていることも多い。しかし、時には発端から結末までが整序されて書かれた長文も見られることがある。このような長文は、事態が収束してから、断片的な情報を取捨選択し、辻褄が合うように整理された上で、短編小説のように編集されたものだろう。

情報の収集と蓄積、考証の過程で、学術的な著作では、基準となる漢籍や古記録など先行情報の周辺に収斂する。一方で、短期間で消費されるメディアでは、読み手の興味関心を惹くように、際限なく発散し、あいまいさを増していくことは「髪切り」で見た通りである。

興味深いのは、その情報収集の過程で、しばしば他の事象を想起させ、関連づけられていくことである。「石塔磨き」では、誤報や事実誤認、無関係と思われる事象なども含めて、多くの情報が墓磨きと関連づけられて流布し、一層のあいまいさを生んでいた。一目連では、『和漢三才図会』の記述で「鎌閉太知」と一緒に書かれていたことが誤読を誘発していた。「髪切り」と「石塔磨き」について、時期が近かったこともあるのか、平田篤胤が仏教者を批判する書物の中で「髪切或ハ石塔磨キ」とひとまとめにして幻術によるものだと批判する。[31]データベースを参照する際に、類似例や近接した時期に発生したできごとが想起され、その情報が共振することで、個々の事象を超えた新しい解釈も生まれてくるのである。

「石塔磨き」のように短期間で流行したり、先行する依拠すべき解釈が存在しない「一目連」のような事例では、時とともに情報量が増えていくことになる。「石塔磨き」は極めて短期間の事象だっただけに、一気に情報が過熱し収束したが、一目連では比較的長い時間をかけて、徐々に情報が追加され、それを記した書物が参照されるなかで情報が多様化していくことになった。

「流言」についてタモツ・シブタニは、あいまいな状況に巻き込まれた人が、その状況を解釈するために、自分たちの知識を寄せ集めるなかで発生するコミュニケーションであると論じている。[32]あいまいさのゆえに広がっていく怪異に関する情報に対しても、人びとはあいまいな部分を埋めるための情報を集めて理解しようとするようだ。怪異が、一種の集合知によって成り立っているというのもそれ故であろう。[33]

一九世紀の情報流通と社会

怪異に対して、集合知による解釈を可能にするためには、信頼性の拠り所として権威化され、誰もが了解可能な共有された〈知〉が不可欠となろう。

民間で参照可能な〈知〉としては、官撰・私撰地誌のような地理学的な〈知〉、第二章で見た『和漢三才図会』のような博物学的な〈知〉、そして年代記のような歴史的な〈知〉が出版物で普及したことが大きい。地誌・博物学は〈知〉を横に広げ、歴史学は〈知〉を縦に広げていく。縦横の基準となる参照軸が出版物という形で広がり、共有されたことは、個々人がそれぞれのデータベースを構築する上での基礎となった。[34] また、宗教的な〈知〉についても、家相・人相などの占いやまじないなどの技法書、入門書も出版されていく。『呪詛調宝記大全』のような呪符やまじないの書物は、繰り返し版を変えて増補され、類書が刊行された。これらのストックされた〈知〉が、新たな情報を解釈するための拠り所として、一定の権威をもっていった。

一方で、多種多様なリアルタイムの情報は、遠隔地からも書状を通して伝えられ、真偽取り混ぜて最新の情報が瓦版などで広がっていく。これらの情報は、自ずと解釈可能な〈知〉を保有している者のもとへと集まってくる。結果として、知識人や蔵書家、広域取引をする商人などが多い都市に情報が集中し、価値ある情報だと判定されれば、早期採用者となって流行正月などの行為を実践したり、他者へ情報を広めることになる。数名のハブになる人物が、非常に多くの人物に情報を伝えれば、それは急速に拡大していくことになろう。「雀合戦」の情報が江戸を中心に語られ、知識人が参照情報を交換していたことを確認した。情報面において都市は優位性をもっていたのである。

口頭、摺物などを通して情報が都市に集約されていくと、知識人・蔵書家、あるいは情報通ばかりでなく、都市生活者にも情報は広がっていく。「石塔磨き」が、誤報も含めて多種多様な噂を伴っていたように、受け取った情報に興味をもてば、知識人以外も積極的に関与し、情報を集めては噂の生成と流布に参与する。

文字情報の発信者は、学術書や随筆を執筆するような知識人だけには限らない。明和五年（一七六八）に、いち早く江戸で流行している「髪切り」除けの呪歌を聞きつけ、大坂で「歌を書て板行にほらせて」いた「かづらや万兵衛」のように、一儲けをたくらんで簡易な印刷物を発行するような者もいた。「石塔磨き」や「雀合戦」でも摺物が売り出されたり、発行計画があったように、早期に情報に接した者のなかには、その情報を商品として売り出すことで、場合によっては利益を得ることも可能だったのである。

新しい噂や動向に曝されるようになると、都市生活者は、最新の〈知〉に接し、流行の最先端を行くものとしての意識をもつようになっていく。「野暮と化物は箱根から先」という言葉が一八世紀半ばに生まれるが、[35]最先端の〈知〉と流行が生まれる都市生活のなかで、「化物」を時代遅れの野暮と重ねて笑う余裕と優越感が生まれたのだろう。「江戸っ子」や「通」という言葉が広く使われるようになっていくのも、まさに同じ一八世紀半ば以降である。[36]

見ることの快楽

怪異に関する情報とメディアについて考える上で、もうひとつ重要な点がある。それは、メディアの変化が人の意識を変えたことである。中世には、「音声の世界」が社会に大きな広がりをもっていた。[37]それに対して、近世になると文字文化が広がり、目による情報の伝達が重要な役割を果たすようになり、音声の世界から視覚優位の文化になっている。この点について、芸能史研究者の服部幸雄は、歌舞伎、人形浄瑠璃、大道芸、見世物、浮世絵、絵本、双六、引札、絵看板などの〈見る文化〉を列挙して、江戸文化とは〈視〉と〈知〉が強く結びついた〈もの〉を〈見る文化〉、〈視の文化〉だと述べている[38]。筆者は、一八世紀半ばから一九世紀にかけて、〈見る文化〉が広く行き渡ったと考えている[39]。

聴覚優位の文化から視覚優位への変化は、次第に人の意識やものの見方、考え方も変えていく[40]。報道写真やテレビの報道番組を想起してみよう。事件・災害の現場には、おびただしい数のテレビクルーや新聞記者などが集まっている。現場の様子はカメラを通して伝えられる。しかし、新聞の報道写真や報道番組を見る人は、通常はカメラマンの存在を意識することなく、カメラの視点と自らを同一視する。周囲にいるはずの数多くの報道陣や野次馬を思い浮かべることなく、そこに自分だけがいるかのような錯覚をしてしまう。

図終-1　一魁斎芳年『魁題百撰相　駒木根八兵衛』

視聴者や読者は、カメラを通して現場を「見ている」が、その事件・災害の現場にいて写真や映像に映っている対象は、「私」を見ることはできない。映像・写真の兵士が、こちら側に銃口を向けていたとしても、弾丸は「私」にあたることは決してないのである（図終-1）。

メディアを通して「見る」という行為は、視線の非対称性を生む。「見る」側は、絶対的な安全圏にいて、一方的に視線を対象に向けるという権力関係が生じているというわけだ。「野暮」も、通人を自認する者が、他者を値踏みする一方的なまなざしが生んだものだ。

自身の安全が確保されれば、「怖い」ものや「危険」を見ることも一種の快楽となる。「怖いものみたさ」は、安全が担保された視線の非対称性が生み出した意識ともいえよう。

井上泰至は、江戸時代における怪談流行の背景として、不安と恐怖を「現実ではないという条件付きで疑似体験」することで解消しようという欲求があったことを指摘したが[41]、こうした欲求に答えたのは怪談だけではない。安全な場所から「見る」ようになったことで、怪異の情報を芸能、絵画作品などでも娯楽としても楽しめるようになった。

ここで「妖怪」を身体感覚の違和感だとした伊藤龍平の議論を想起してもいい。伊藤は、「妖怪感覚を形作っているのは、こちら（人間）からは相手（妖怪）は見えないが、相手からはこちらが見えているという情況である」と記している[42]。「妖怪」を生み出したものが「見られている」という感覚だったとすれば、まさしく視覚メディアはそれを逆転させるものだったのである。「見られている」という恐怖感から、安全地帯から「見る」ということで恐怖感は払拭され、快楽へと変わっていく[43]。「怖いもの見たさ」という言葉が、一八世紀後期頃に出現したというのも象徴的である[44]。

怪異とエンターテインメント

恐怖や不安感をもたらしていたはずの怪異も、視覚メディアのなかでは、安全に恐怖や不安を楽しむエンターテインメントとなっていくのである。[45] 絵草紙で化物がしばしば題材とされたり、幽霊や怨霊が登場する陰惨な怪談が、歌舞伎の素材として繰り返し取り上げられていくのは、それ故であろう。近世の大道芸のぞきからくりでも、しばしば化物が題材となっているが、視覚メディアを通して「妖怪」を見ることが娯楽となったことを象徴しているともいえよう。

怖いものを見ることが娯楽化されていく一九世紀には、リアルな生人形（いきにんぎょう）による化物や地獄、変死体の細工物の見世物が流行していた。橋爪紳也は、これを安全が確保された場で「他者の恐怖」「他者の死」を眺めるスペクタクルとしての「死」と表現している。これについて、橋爪は不可解な存在や死の予感という恐怖を、安全を確保して見せることで、死や恐怖を擬似的に体験して遊戯化する装置だと指摘する。

その上で、恐怖は個人的な心象にすぎず、それを遊戯化するためには「ある種の『恐怖感』がメディアを通じて社会全体にひろまり、それが意味する『恐ろしさ』が共有され」ること、そして現実の生活のなかでの恐怖がリアリティをもちすぎないことが前提条件として必要になるという。[46] 日本社会に関していえば、本書で見たような視覚メディアによって、怪異が全国的なネットワークで流布したことが、恐怖感の共有と娯楽化の基盤となっていたといえよう。[47]

そう考えてみると、ここまで見てきた近世の怪異に関する情報には、ひとつの傾向が見えてくる。最初は現象についての記述に留まり、その姿形についてはほとんど記されていない。ところが、情報が広がっていく過程で、具体的な姿形が語られ、そしてその姿を描いたものがあらわれるようになっているのである。

「髪切り」は、比較的早く寛永一四～六年頃には、剃刀の牙に鋏の手足とか鳩くらいといった姿を想像させる

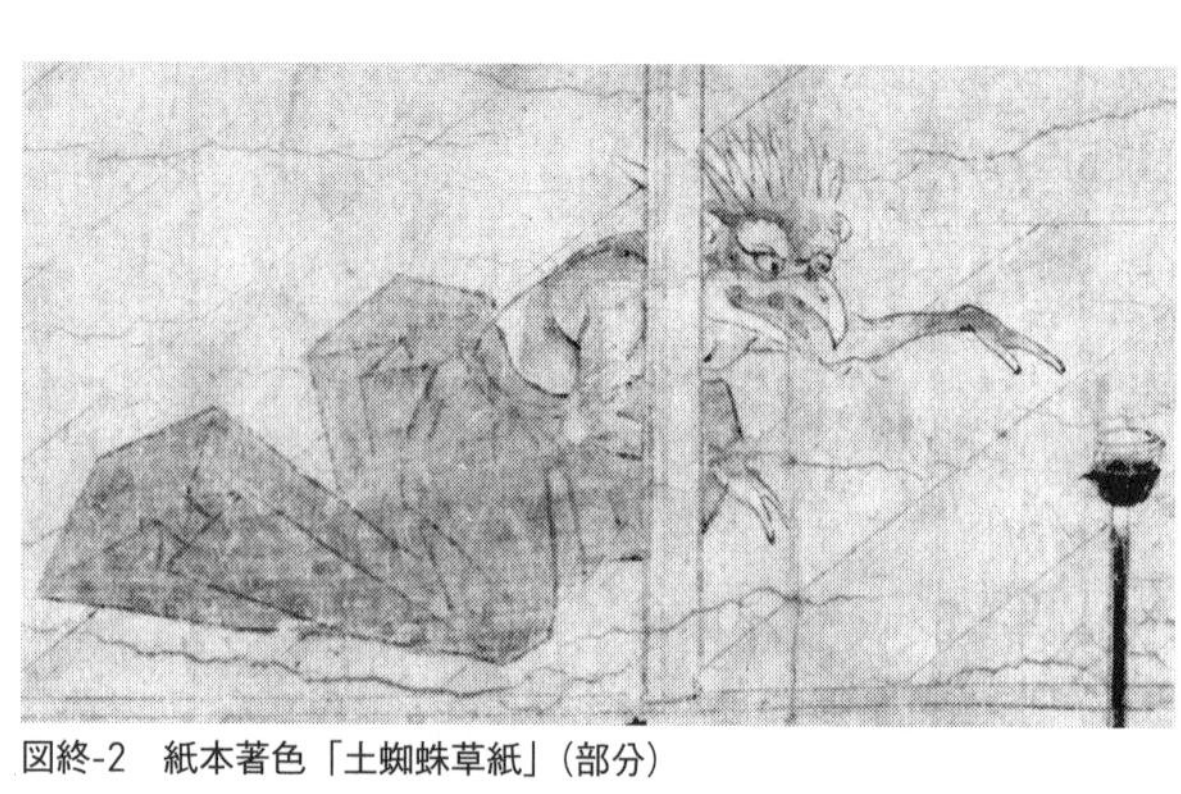

図終-2　紙本著色「土蜘蛛草紙」（部分）

言説があったが、その姿が描かれるのは元文二年（一七三七）の佐脇崇之（さわきすうし）による『百怪図巻』（カバー図版）や明和五年（一七六八）の『明和雑記』に見える瓦版など一八世紀半ばまで下がりそうだ（図1-3）。そのイメージの源流は西山克が既に指摘しているように、鎌倉時代の『土蜘蛛草子』に描かれる燭台の灯心を切ろうとする妖物（図終-2）であろう[48]。一目連については、図像化はされないが、光や風という現象の記述から、一つ目の龍とした具体な姿について記するようになるのは一八世紀半ばからであった。「石塔磨き」も当初は姿が見えないことが奇談たる所以であったが、次第にその姿を描いたとされる絵画が流布するようになっていく。文字情報が先行し、図像は常に後発なのである。

　これについては、文字文化によってもたらされた一八世紀半ばから一九世紀にかけて、〈見る文化〉が広く行き渡ったことで、現象の説明だけでは飽き足らず、具体的なイメージへの欲求が高まったからだと考えている[49]。先の伊藤による「見られている」という感覚が「妖怪」を生み出したという指摘を想起すれば、不可視の怪異を可視化することで不安や恐怖から逃れ、安全に楽しむことができるようになったともいえよう。かつて香川雅信が「言葉」と不可分だったはずの妖怪が文脈から切り離され、「純粋に視覚性のみの存在」となり、名前や規格的形象で表現されるキャラクターとなったと指摘した「妖怪のキャラクター化」[50]現象は、こうした文脈でも理解することもできるのではないだろうか。

その後の怪異とメディア

「雀合戦」が、実際の戦争を想起させる空気のなかで再発していることからも明らかなように、噂は時代の空気、世論も反映している。

一九世紀には、「ここだけの話」として伝えられていたのは、奇談や怪異の情報だけに留まるまい。文政のコレラ流行、安政地震、そしてペリー来航、安政コレラ、戊辰戦争と政局が動き、大きな事件や災害が相次ぐことになる。これらは、いずれも列島社会全体に関わる広域的な問題である。情報の重要性は高まっていくことになり、情報が商品としての価値をもつようになれば、情報自体を蓄積して販売する『藤岡屋日記』を残した藤岡屋由蔵のような、一種の情報屋も誕生する。

島崎藤村の『夜明け前』に描かれた、中山道馬籠宿で国の行く末を案じていた青山半蔵のように、[51]重要な情報に頻繁に接していた人びとは、政局や外交といった大きな問題を意識することにもなっていく。[52]身分的中間層は、既存データベースに基づく歴史意識や世界観に加え、多様な新しい情報に繰り返し曝されることで、新たな情報を積極的に収集する必要に迫られ、そのなかで地域のリーダーとして政治意識や国際感覚などを身につけていく。そして、市民的公共圏を形成し、感情や空気による世論（popular sentiments）ではなく、熟議による意見＝輿論（public opinion）を創り上げるようになる。[53]

近代を迎えると地域のリーダーとして情報の窓口になっていた知識人や豪農・豪商などは、地域の名望家として、新しく欧米からもたらされた近代的な学知を積極的に受容し、新時代に対応しようとしていく。従来の〈知〉に代わって、欧米の科学が権威をもっていくのである。

一方で、旧来の俗信や噂などは「旧弊」とされて、知識人からは啓蒙の対象とされていく。明治新政府も明治六年（一八七三）には「梓巫・市子並憑祈祷・狐下ケ」などを「人民ヲ眩惑セシメ」るものとして禁止するなど、従来の祈祷や口寄せを否定した。[54] 知識人は、新聞や書物といったメディアを使って自らの思想を世に問い、「開化」「文明化」を推進する役割を果たすようになる。全国化し、一体化していたネットワークは、知識人と啓蒙の客体となる大衆の二つの層に分離してしまうのである。

よく引用されるものだが、明治二一年（一八八八）に出版された怪談の速記録『真景累ヶ淵』冒頭にある「幽霊と云ふものは無い、全く神経病だと云ふことになりましたから、怪談は開化先生方はお嫌ひなさる」という三遊亭円朝の言葉は、当時の「開化先生」の姿勢を示してもいよう。それまで、奇談として話題にのぼっていた神がかりや狐憑きなども、知識人の間では精神疾患と見なされるようになる。[55]

近代化のなかの怪異

怪異に関する情報のあり方は、近代にはどうなっていくだろうか。情報を媒介するメディアとしては、近代ジャーナリズムが中心になっていく。少なからぬ奇談・怪談が、新聞に掲載されている。[56] しかし例えば、近世に見られた流行病除けとしての予言獣の絵について「妖言の起るは未開の国の徴にて実に困つた習慣では五座りませんか」とか、[57]「不開化の諸人方には誠に困り升。箇様なものを写して見るより諸新聞を見て身の養生を能くおやりなさい[58]」というように、かかる噂を信じる「不開化」を批判していることにも注意が必要だろう。コンテンツとしての怪異については、近代の知からは迷信として次第に批判されていくようになるのである。

怪異の解釈については、近代の科学・学術が担うようになり、自然現象や「神経」の所産として説明されることになる。その代表的な人物が、「妖怪学」の井上円了や変態心理学の中村古峡といえよう。また、俗信として否定されていくものを学問的素材としてすくい上げようとしたのが柳田國男ということになろうか。

一方で、怪異は私事になっていたから、完全に消え去ることはなかった。近代化によって従来の怪異譚が駆逐されて生じた空白を埋めるように、西洋からの催眠術[59]、降霊術や神智学などが[60]、新しい「知」として流入し、受容されていく。その普及にあたっては、出版物、郵便を使った通信教材、そして各界からの賛否両論を伝えるジャーナリズムなど、近代の新しいメディアが重要な役割を果たした。新宗教も発展し、大本などは、新聞や機関誌などを使って、大正期に積極的な情報発信をして信者を集めていく[61]。大本は第一次、第二次の弾圧を受けることになるが、戦時下においても天津教をはじめとした、ナショナリズムと結びついたオカルティックな言説は根強く残るのである[62]。

また、公式情報とは別のチャンネルとして、多様な流言も発生し、特高警察などによる取締も行われていたが[63]、そこでは近世にも見られていたクダンの予言の噂などもあった[64]。

戦後は、「文化国家建設」の風潮のなかでは、「非科学的」とみなされたものは否定される傾向もあった。例えば、埼玉県では、祟りがあるといわれていた天狗の松を伐採するにあたり、「民主主義の世の中になったたんだ。神の祟りなんかあるものか」といわれている。[65] 一方で、信教の自由が保障されたこともあり、新宗教の教団が数多く設立されている。[66] 子どもたちを対象としたメディアとして、戦前から戦後にかけて、紙芝居が多様な怪奇譚を提供していたことも忘れてはならない。[67]

いずれにしても、近代以降の怪異は、知識集約的な学術情報媒体に掲載されることはほとんどなく、フロー型のメディアが主たる舞台となり、情報は拡散するとともに、失われやすくなっている。[68]

高度経済成長期以降は、マスメディアでも怪異譚は盛んに取り上げられるようになった。現代はインターネットなど新しいメディアによる「つながり」が生まれており、そこでもコミュニケーションの手段として、多様な奇談が語られているようだ。これらについては、既に本書の範囲を超えており、指摘だけに留めておきたい。[69]

あとがき

「あなたは今現在生きている。（中略）私もまた、この本を書くことができたという点で幸運である。（中略）私が本を書き得て、あなたがそれを読むことができるという事実こそが、いかに私たちが幸運かを示している。」（リチャード・ドーキンス〈福岡伸一訳〉『虹の解体――いかにして科学は驚異への扉を開いたか――』早川書房、二〇〇一年、一九～二〇頁）

本書は、二〇二二年から二三年の間に活字化した「怪異」に関する論文に、新稿を加えたものである。怪異情報を通して、近世のメディアと社会について意識的に考えるようになったのは、二〇二〇年に小著『江戸時代の明智光秀』を執筆した頃からであった。ちょうど、新型コロナウィルス感染症の拡大時期と重なっている。

今になって思えば、メディアへの関心を抱くようになったのは、ｗｅｂ授業やオンラインによる会議や研究会が増えていき、新しいメディアに適応することを余儀なくされた経験と無関係ではないだろう。

それまで普通に行われていたかたちの授業や研究会、会議には、「対面での」という奇妙な枕詞がつくようになった。二年間、一度も素顔を見ていないゼミ生と数年後にどこかで会ったとき、ちゃんとわかるのだろうか。オンライン上では何度も会っているのに、まだ一度も会っていない人は「知人」といえるのか、そうでないのか――。メディアが変われば、それまでとは違った関係性の構築をしなければならない。

一方で、オンラインでの研究会や会議にもなんとなく慣れてくると、ある種の煩わしさからの解放を感じている自分もいた。

そんな経験を通して、史料の内容だけでなく、その情報を伝える媒体が、社会をどう変えたかにも次第に目が向くようになっていった。

とはいえ、これまで一貫してメディアについて考えてきたというわけではない。実をいえば、二〇二二年の二月末から半年ほど、メディアについて考えることを中断していた。そのきっかけは、二月二四日に始まったロシアによるウクライナ侵攻である。日本のマスメディアからも、戦争に関する国営放送の映像やSNSに投稿された動画が流されていく。

さらに七月八日の午前、職場からそれほど離れていない奈良県の駅前で元総理が銃撃される事件が発生した。その日、午前の授業を終えて南を見れば、無数のヘリコプターが現場上空を旋回していた。夕方のニュースでは、その時に撮影されたと思われる空撮映像が映され、「このあと銃声が流れます」というテロップとともに事件の映像、そして「視聴者撮影」の動画が繰り返し放送された。しかも、そのすぐあとには何の注釈もなく、砲声がとどろくウクライナの様子が報道されていた。

マスメディアが国家や政治と無関係ではあり得ない現実を見せつけられるとともに、メディアを通して「人の死」を情報として消費する自分たちの姿に気づかせられ、メディアについて論じることのいいようのない無力感や気味の悪さを感じてしまったのである。

そうしたなかで刊行されたのが、吉見俊哉『空爆論』（岩波書店、二〇二二年）であった。「視ること」は「殺すこと」であると喝破し、戦争とメディアという視点から第一次世界大戦から現代までを見通す吉見の仕事は大いに刺激となった。腹の据わった研究者とはどのようなものか――を見た思いであった。そこから、徐々にであるが、メディアと怪異の情報について考えることを再開していった。

今年の一月、別件でご連絡をいただいていた創元社の山口泰生氏に本書の構想をお伝えしたところ、思いのほか面白がって下さった。二月末にできあがった草稿をお送りしてみると、ありがたいことに前向きのお返事をいただくことができ、例年よりも早い桜の便りが聞こえ始めた頃、本格的に完成に向けた作業に入った。

こうしてできあがった本書は、ある意味で「現在」でなければ、書けなかったであろうものになった。にも関わらず、本書の叙述が近代の素描で終わり、現代について述べられていない点にはご批判もあろう。この点は、ひとえに私自身の能力の限界による。メディアを論じる上では致命的だが、現在の人と人をつなぎ、情報を媒介する上で大きな比重を占める多くのハード・ソフトの使用経験に乏しく、実態に全く不案内なのである。そのため、現代メディアとそこで媒介される情報について語るだけの用意がなかった。

これは、将来にわたっても大きく変わることはないだろう。「つながる」ことから容易に降りられない現代において、自分自身の処理能力を超えた「つながり」には近づかないでいる方が安全だと考えているからだ。処理能力が十分に高い人もいるだろう。だが、現代の過剰接続と情報過多は、多くの人びとを疲弊させてはいないだろうか。「つながる」ことを強制されるわけではないのだろうが、「つながり」をもたないことは、あたかも不幸なことであるかのように語られる。その結果、誰かに強制されるまでもなく、自主的に「つながる」ことを求め、それで疲弊しているのだとしたら、なかなかに深刻な事態ではないか。

マスメディアを通して「絆」「連帯」といった言葉が踊るが、時に「つながり」が相互監視や同調圧力を生むことで、「つながらない」という選択肢は失われている。夢中で「つながり」を求めて奔走しても、その行き着く先にあるのが全体主義でないとは限らない。

とはいえ、本書が成るにあたっては多くの人びとに大きく依存しているのもまた事実である。本書に掲載した論文のいくつかは東アジア佐異学会で報告したもので、そこでの討論なしには完成しなかっただろう。内容面での直接的な影響以外にも、さまざまな研究会での討論や、いただいた執筆・報告の機会に着想を得たことも多い。また、前著同様に山口氏にお世話になることになったが、数々のメディア論に関する名著を手がけてこられた編集者に、草稿を面白がっていただけたことは非常に励みになった。

他にも多くの人びとに支えられており、そうした適度な「つながり」に恵まれている幸運には感謝してもしきれない。そしていつものように最初の読者として草稿を読んで貴重な意見をくれた妻にも、謝意を伝えておきたい。

穏やかな日常というものが、決して当たり前ではないということを、この数年で痛感することになった。戦争、災害、疫病——マスメディアでは、深刻なニュースが連日のように報じられている。だが、他者の死が数字に抽象化されて報道される日常に慣れるべきではない。誰も理不尽な暴力などで命を奪われていいはずはない。

今、こうした本を書き、読んでもらえる幸運に感謝し、この恵まれた環境が奪われることなく、いつまでも続くことを願わずにはいられない。

二〇二三年六月一日

村上紀夫

註

■序章

（1）森博嗣『有限と微小のパン』（講談社文庫、二〇〇一年、六四七頁）

（2）『徒然草』第五〇段（小川剛生訳注『新版　徒然草』角川ソフィア文庫、二〇一五年）

（3）太刀川清校訂『続百物語怪談集成』（国書刊行会、一九九三年、四〇頁）

（4）西山克「怪異のポリティクス」（東アジア恠異学会編『怪異学の技法』臨川書店、二〇〇三年、一〇頁）

（5）東アジア恠異学会編『怪異学の技法』（臨川書店、二〇〇三年）、同編『怪異学の可能性』（角川グループパブリッシング、二〇〇九年）、同編『怪異学入門』（岩田書院、二〇一二年）、同編『怪異学の地平』（臨川書店、二〇一八年）、同編『怪異学講義』（勉誠出版、二〇二一年）など。

（6）このほか小松和彦編『怪異の民俗学』全八巻（河出書房、二〇〇〇〜二〇〇一年）、堤邦彦『江戸の怪異譚』（ぺりかん社、二〇〇四年）、鈴木紀子ほか編『女の怪異学』（晃洋書房、二〇〇七年）、佐々木高弘『怪異の風景学』（古今書院、二〇〇九年）、山田雄司『怨霊・怪異・伊勢神宮』（思文閣出版、二〇一四年）、安井眞奈美『怪異と身体の民俗学』（せりか書房、二〇一四年）、高谷知佳『「怪異」の政治社会学』（講談社メチエ、二〇一六年）、木越治ほか編『怪異を読む・書く』（国書刊行会、二〇一八年）、一柳廣孝『怪異の表象空間』（国書刊行会、二〇二〇年）、木場貴俊『怪異をつくる』（文学通信、二〇二〇年）など、日本列島を対象としたものに限っても歴史学・民俗学・地理学・文学と多岐にわたる学問分野から「怪異」を表題にもつ学術書が刊行されている。

（7）西山克「怪異学研究序説」（『関西学院史学』第二九号、二〇〇二年）、同「中世王権と鳴動」（今谷明編『王権と神祇』思文閣出版、二〇〇二年）

（8）マーシャル・マクルーハン（森常治訳）『グーテンベルグの銀河系』（みすず書房、一九八六年）、同（栗原裕・河本仲聖訳）『メディア論――人間の拡張の諸相――』（みすず書房、一九八七年）、M・マクルーハン他編（大前正臣・後藤和彦訳）『マクルーハン理論』（平凡社ライブラリー、二〇〇三）年など。

（9）ニューメディアが古いメディアの文法を変成したものであることから、メディア論がすなわちメディア史であり、比較メディア論であることについては、佐藤卓己『ヒューマニティーズ歴史学』（岩波書店、二〇〇九年、一〇二頁）で論点整理がなされている。メディア論が効果・影響力を重視する立場を明言したものとして、例えば佐藤卓己による『現代メディア史　新版』（岩波書店、二〇一八年）の「新版　はじめに」にある「メディア論の問いは『その影響力は大か小か』である。メディア論において内容（情報）の真偽は影響力の大小ほどに重要ではない」（ⅲ頁）などがある。

(10) 吉見俊哉『改訂版　メディア文化論』(有斐閣アルマ、二〇一二年〈初版は二〇〇四年〉、三頁)

(11) 前掲東アジア恠異学会編『怪異学の技法』、同編『怪異学の可能性』、同編『怪異学入門』、同編『怪異学の地平』、同編『怪異学講義』など。

(12) 間瀬久美子『近世朝廷の権威と寺社・民衆』(吉川弘文館、二〇二二年)が指摘するように近世においても朝廷では怪異が問題になっている。

(13) 前掲間瀬『近世朝廷の権威と寺社・民衆』

(14) 前掲木場『怪異をつくる』

(15) 香川雅信『江戸の妖怪革命』(角川ソフィア文庫、二〇一三年〈初出は二〇〇五年〉)、アダム・カバット『江戸化物の研究——草双紙に描かれた創作化物の誕生と展開——』(岩波書店、二〇一七年)など。

(16) 宮田登『妖怪の民俗学』(ちくま学芸文庫、二〇〇二年)、同『都市空間の怪異』(角川選書、二〇〇一年)など。

(17) 前掲木場『怪異をつくる』一三頁

(18) 西川忠亮編『西川如見遺書　第五編　怪異弁断』(西川忠亮、一八九九年)。『恠異弁断』と西川如見については、若尾政希「天変地異の思想——昌益の天譴論と西川如見——」(同『安藤昌益からみえる近世日本』東京大学出版会、二〇〇四年)がある。若尾によれば、西川は天変地異は天運によって起こるものとし、悪政に対する天からの戒めであるとする天譴論を否定していると指摘する。

(19) 『駿国雑志』二四上巻(国立公文書館蔵『駿国雑志』三五、請求番号:173-0066-0035、国立公文書館デジタルアーカイブで画像公開。なお、『駿国雑志』巻二四上下の「怪異」巻は、堤邦彦・杉本好伸編『江戸怪異奇想文芸大系五　近世民間異聞怪談集成』(国書刊行会、二〇〇三年)に翻刻されている。

(20) 怪異を天地の道理の「理」の内とするか、外として不可知の理を認めるかは、近世においても議論があり、意見の一致を見ていなかった。「理外の事無し」や「理外の理」について、木場貴俊「『日東本草図彙』怪異から読みとく個性」(同『怪異をつくる』一四三〜四頁)。

(21) 類例が多いので個々の事例を挙げることは省略するが、例えば『藤岡屋日記』などでは、異事奇聞を掲載する際に、「不思議」や「前代未聞」という表現を伴うことが多い。「前代未聞」は『駿国雑志』でいう「見馴れざると聞き馴れざる」と通じるものだろう。

(22) 木場のいう狭義の怪異は、朱子学など学術の世界に限定したものなので、広くメディア全体を見渡すことを意図する本書では採用しない。

(23) 『邦訳日葡辞書』(岩波書店、一九八〇年)では「Ayaxij.アヤシイ(怪しい)疑わしい(もの)、または、疑わしい状態である」という語釈がある。

(24) 柳田國男「一目小僧」に「古い信仰が新しい信仰に圧迫せられて敗退する節には、その神はみな零落して妖怪となるものである」とある(『定本柳田國男集』第五巻、筑摩書房、一九六八年、一二五頁)。

(25) 小松和彦『憑霊信仰論』(講談社学術文庫、一九九四年、初出は一九八二年、二八三頁)。同『妖怪学新考』(講談社学術文庫、二〇一五年、四三頁)

でも同様の説明がなされている。

(26) 小松和彦「時代と文化を超える『妖怪』」(同『妖怪文化入門』角川文庫、二〇一二年、三〇頁、当該論文の初出は二〇〇三年)

(27) 小松和彦「妖怪　解説」(小松和彦責任編集『怪異の民俗学2　妖怪』河出書房新社、二〇〇〇年、四三四頁)。

(28) 国際日本文化研究センターが運営する「怪異・妖怪伝承データベース」の「作成委員会委員長」としての小松和彦の「あいさつ」では、「不思議だ、奇妙だ、と思うような現象」について、「名づけ」可能な現象と不可能なものがあり、名づけができない「現象をも幅広く拾い上げるために、「怪異」という語を採用することにした」とある。名づけ可能なモノが妖怪であり、名づけができない不思議なコトを怪異とする。ただし、妖怪は怪異の一部(部分集合)なのか、怪異は妖怪を除外した不思議な現象(妖怪の補集合)かは明確にされていない。

(29) 前掲小松『妖怪学新考』一四頁

(30) 小松自身、前掲『妖怪文化入門』では、「妖怪(怪異)現象」という表現を使っている例もある(九頁)。

(31) 伊藤龍平『何かが後をついてくる』(青弓社、二〇一八年、一四頁)

(32) 『邦訳日葡辞書』(岩波書店、一九八〇年、八二九頁)には、「Vazauai ayaxij(妖(わざわ)ひ怪しい)」とある。

(33) 十返舎一九は文化三年(一八〇六)に『怜悧怪異話(きのきいたばけものがたり)』と題した草双紙を刊行するが、ここでは「怪異」を「ばけもの」と読ませている。ただ、一九は、『妖怪一歳草(ばけものひととせぐさ)』(文化五年)では「妖怪」も「ばけもの」とし、『信有奇怪会(たのみありばけもののまじわり)』(寛政八年)で「奇怪」を「ばけもの」と読ませている。もちろん、『化物太平記(ばけものたいへいき)』(享和四年)のように「化物」を「ばけもの」とする例もある。つまり、十返舎一九の認識では怪異≒妖怪≒奇怪≒化物ということになる。こうした理解が一般的だったか否かは判断が難しいが、一九世紀には「怪異」が「ばけもの」と読まれる事例があることだけは確認しておきたい。

(34) 『類聚三代格』巻一「神叙位并託宣事　斎王事」(『新訂増補国史大系　類聚三代格』前篇、吉川弘文館、一九八〇年)。『日本後紀』弘仁三年九月辛巳条

(35) 『日本思想大系三　律令』(岩波書店、一九七六年、二一六頁)

(36) 佐藤文子「鎮護国家」(大谷栄一他編『日本宗教のキーワード――近代主義を超えて――』慶應義塾大学出版会、二〇一八年)によれば、日本の古代社会において「天皇やその一族」を婉曲に表現する際に「国家」と表現したという。ここでいう「国家」も国家(NationやState)ではなく天皇のことであろう。

(37) 松薗斉「日記の家――摂関家を中心に――」(『岩波講座日本通史　第七巻　中世1』岩波書店、一九九三年)

(38) 中前正志「善家秘記・紀家怪異実録・本朝神仙伝――説話集と神仙思想――」(『説話の講座　第四巻　説話集の世界Ⅰ　古代』勉誠社、

一九九二年）

(39) 川尻秋生「新たな文字文化の始まり」（吉村武彦他編『シリーズ古代史をひらく　文字とことば』岩波書店、二〇二〇年、一一一頁）

(40)『日本古典文学大系　太平記』第二巻（岩波書店、一九六一年、四四六頁）

(41) 高谷知佳「室町王権と都市の怪異」（東アジア恠異学会編『怪異学の可能性』角川書店、二〇〇九年）。ただし、高谷が戦乱による都市の機能不全と社会不安を強調している点には同意しがたい。佐藤健二が「われわれが災害を語るステロタイプのなかに、大地震はいつもパニックを伴うといった、地震予知連絡会報告書ふうの漠然とした常識」について「常識のあいまいさは批判されてよい」とするように（佐藤健二「うわさ話研究のフォーマット」『流言蜚語』有信堂、一九九五年、一四三頁）、戦乱がただちに恐慌状態を生むというのは単なる思い込みかもしれない。災害時にパニックが発生することは稀であり（松田美佐『うわさとは何か』中公新書、二〇一四年、三一頁）、松田は、こうした思い込みを「パニック神話」と記す。現実の恐慌状態では、錯乱行動が発生するのは例外的であり、逃避よりもその場に留まることの方が多いとされる（佐藤卓己『メディア論の名著30』ちくま新書、二〇二〇年、一三五頁）。この点について、佐藤卓己が「ハリウッド映画の戦争・災害シーンはともかく」（一三五頁）と記すように、戦乱や社会不安がただちに恐慌状態と錯乱を惹起するという紋切り型のイメージの出所こそ、メディアとの関わりで問われなければならない。

(42) 分散型ネットワークの代表として想起されるインターネットは、東西冷戦下のアメリカで不測の事態に遭っても通信網を維持できるように開発されたシステムとして知られている。しかし、同様の構造をもつスケールフリーネットワークは、ウェブページのリンクや航空網、映画の共演関係など広い場面で確認される（マーク・ブキャナン〈阪本芳久訳〉『複雑な世界単純な法則――ネットワーク科学の最前線――』草思社、二〇〇五年）。スケールフリーネットワークは、冷戦体制下のインターネット出現を待たずとも自然発生的に出現しうるから、前近代の日本列島社会における情報網が分散型ネットワークを形成していた可能性はある。

(43) こうしたネットワークの一例として、一八世紀江戸の「連」が多様な文化を創出したことを田中優子が『江戸の想像力』（ちくま学芸文庫、一九九二年）、同『江戸はネットワーク』（平凡社、二〇〇八年）で論じている。また、結節点となった一例として、江戸店をもつ松坂商人で、曲亭馬琴との交流でも知られた蔵書家・学者の小津久足などが挙げられよう。小津久足については、菱岡憲司『大才子　小津久足――伊勢商人の蔵書・国学・紀行文――』（中公選書、二〇二三年）参照。

(44) 前掲マーシャル・マクルーハン『グーテンベルグの銀河系』、同『メディア論――人間の拡張の諸相――』、同他編『マクルーハン理論』など。

(45) 佐藤卓己『増補　大衆宣伝の神話――マルクスからヒトラーへのメディア史』（ちくま学芸文庫、二〇一四年）、同『ファシスト的公共性――総力戦体制のメディア学――』（岩波書店、二〇一八年）、同『「キング」の時代――国民大衆雑誌の公共性――』（岩波現代文庫、二〇二〇年）など。

（46）岡村敬二『江戸の蔵書家たち』（吉川弘文館、二〇一七年）、工藤航平『近世蔵書文化論』（勉誠出版、二〇一七年）、横田冬彦『日本近世書物文化史の研究』（岩波書店、二〇一八年）

（47）前掲横田書。読者論とは視点が異なるが、太平記注釈書が与えた社会的影響に着目した若尾政希『「太平記読み」の時代』（平凡社、一九九九年、のち平凡社ライブラリー、二〇一二年）も挙げておきたい。

（48）平凡社から二〇一五～一六年までに『シリーズ本の文化史』として四冊刊行。春秋社の『シリーズ日本人と宗教』のなかにも、島薗進他編『書物・メディアと社会』（春秋社、二〇一五年）がある。

（49）佐藤孝之・三村昌司編『近世・近現代文書の保存・管理の歴史』（勉誠出版、二〇一九年）など。

（50）小池淳一『民俗書誌論』（一九九六年）、宮内貴久『家相の民俗学』（吉川弘文館、二〇〇六年）、笹原亮二編『口頭伝承と文字文化』（思文閣出版、二〇〇九年）、水谷類・渡部圭一『オビシャ文書の世界――関東の村の祭りと記録――』（岩田書院、二〇一八年）、川島秀一『本読みの民俗誌』（勉誠出版、二〇二〇年）など。メディア論を意識した民俗論に坂本要「メディアと民俗」（『筑波学院大学紀要』第四号、二〇〇九年）がある。

（51）近世都市の流言とメディアに関する先駆的な研究として、今田洋三「江戸の災害情報」（西山松之助編『江戸町人の研究』第五巻、吉川弘文館、一九七八年）がある。今田は、近世の災害情報を対象として、非制度コミュニケーションによって生じた流言に「世直し願望」があらわれ、支配者は流言を「妖言」として取り締まっていたことなどを明らかにしている。メディアの機能に着目した思想史研究としては、辻本雅史『江戸の学びと思想家たち』（岩波新書、二〇二一年）が挙げられる。災害情報と瓦版について論じた北原糸子『近世災害情報論』（塙書房、二〇〇三年）や、マスメディアの前史としての近世の瓦版を位置づける木下直之・吉見俊哉『ニュースの誕生――かわら版と新聞錦絵の情報世界――』（東京大学出版会、一九九九年）もある。また、前掲横田冬彦『日本近世書物文化史の研究』、藤實久美子『近世書籍文化論――史料論的アプローチ――』（吉川弘文館、二〇〇六年）は、ことさらにメディア論をうたっているわけではないが、書物がもつ形態や機能などメディアとしての機能面に光をあてた重要な先行研究である。

（52）渡部圭一「『正信偈』読誦における経本と声」（『日本民俗学』第二五八号、二〇〇九年五月）

（53）吉見俊哉は『改訂版　メディア文化論』（有斐閣アルマ、二〇一二年〈初版は二〇〇四年〉、五頁）において「最初からいくつかのメディアが独立してあり、それらを括る集合としてメディア全体を考えるというかたちではなく、むしろ逆に、社会的実践が交差する諸々の場で、それぞれのカテゴリーやその実践、制度、装置がどのように創出されてきたのかを考えなければなりません」とする。

(1) 池上俊一『中世の身体』(ちくま学芸文庫、二〇〇一年、一六三頁)

(2)『大日本古記録　建内記』(岩波書店、一九六八年)。ほかに中世の髪切りについては、『看聞日記』永享一〇年二月六日条(『続群書類従　補遺二　看聞御記』続群書類従完成会、一九三〇年)にも見えている。中世の「恠異」としての髪切りについては、西山克「室町時代宮廷社会の精神史」(東アジア恠異学会編『怪異学の可能性』角川書店、二〇〇九年)を参照。

(3) 中世の「恠異」については、東アジア恠異学会編『怪異学の技法』(臨川書店、二〇〇三年)、同編『怪異学の可能性』(角川書店、二〇〇九年)、同編『怪異学の地平』(臨川書店、二〇一九年)など。

(4) 木場貴俊『怪異をつくる――日本近世怪異文化史――』(文学通信、二〇二〇年)

(5) 香川雅信「鬼魅の名は――近世前期における妖怪の名づけ――」(『日本民俗学』三〇二号、二〇二〇年五月)、同『図説　日本妖怪史』(河出書房新社、二〇二二年、六八～六九頁)。

(6) 香川雅信『江戸の妖怪革命』(河出書房新社、二〇〇五年、のち角川ソフィア文庫、二〇一三年)

(7) 香川雅信「禍福は跋扈する妖怪のままに――江戸の都市伝説――」(『怪』三四号、二〇一一年)。『変態文献叢書』第五巻(文芸資料研究会、一九二八年)や田中香涯『猟奇医話』(不二屋書房、一九三五年)、三田村鳶魚「江戸末の幽霊好み」(『三田村鳶魚全集』第一〇巻、中央公論社、一九七五年、〈初出は一九四一年〉)においても、髪切りを猟奇的な都市犯罪と認識している。

(8) 川平敏文「流言蜚語と古典文学――鬼・髪切虫・大地震――」(ロバート・キャンベル編『日本古典と感染症』角川ソフィア文庫、二〇二一年)

(9) 野口武彦「髪切りの怪」(小松和彦編『怪異の民俗学2　妖怪』河出書房新社、二〇〇〇年〈初出は一九八六年〉)

(10) 原辰吉「怪異『髪切り』の変遷」(『武蔵文化論叢』第一七号、二〇一七年)

(11)『春寝覚』(『仮名草紙集成』第五八巻、東京堂出版、二〇一七年)

(12)『宝蔵』巻四(川平敏文「山岡元隣『宝蔵』箋註(八)」『雅俗』一八巻、二〇一九年)。なお、前掲注(8)川平論文では、『宝蔵』の髪切りに関する記述を引き、「この話は、他書にその事実は確認できていない」とする(一二四頁)が、『春寝覚』に気づいていない。

(13) 前掲『宝蔵』

(14) 拙著『京都地蔵盆の歴史』(法藏館、二〇一三年)

(15)『新山田畔書』(『加賀藩史料』第二編、清文堂出版、一九八〇年復刻版)

(16)『新山田畔書』、『政隣記』、『三壺記』寛永一六年(『加賀藩史料』第二編、清文堂出版、一九八〇年復刻版)

(17)『古典文庫第四四一冊　新伽婢子』(古典文庫、一九八三年)

(18) 『新伽婢子』では、全四八話のうち年代が明示されるのは九例にすぎない。うち八例は寛文~天和という刊行時に近接した時期に集中してはいるが、巻六「明忍伝」では「慶長十五の比」としており、一七世紀初頭の話題も採用されている。
(19) 『定本　武江年表』上巻(ちくま学芸文庫、二〇〇三、二四一頁)
(20) 『諸国里人談』巻二(『日本随筆大成』第二期第四巻、吉川弘文館、一九七四年、四五二頁)
(21) 『御当代記』元禄二年二月条(『御当代記』平凡社東洋文庫、一九九八年)
(22) 『鸚鵡籠中記』元禄二年(『摘録鸚鵡籠中記(上)』岩波文庫、一九九五年、三五頁)
(23) 『御当代記』元禄二年四月
(24) 『定本　武江年表』
(25) 『半日閑話』(『日本随筆大成』第一期第八巻、吉川弘文館、一九七五年)
(26) 『続譚海』巻三七、明和五年条(『内閣文庫所蔵史籍叢刊　第四五巻　続譚海(一)』汲古書院、一九八五年)
(27) 小沢太兵衛は、明和五年『明和武鑑』の「富士見御宝蔵番」の三番衆のなかに名前が見えているので実在の人物であることは間違いない(深井雅海・藤實久美子編『江戸幕府役職武鑑編年集成』第一三巻、東洋書林、一九九七年)。
(28) 前掲野口論文
(29) 守山藩の江戸上屋敷は「上大塚」にあったようで、「大塚神道者」と接点があった可能性もある。
(30) 前掲『続譚海』。なお、天牛(カミキリムシ)が人の髪を噛みきるということは『和漢三才図会』にも記されている。
(31) 『耳嚢』中巻(岩波文庫、一九九一年、一三三頁)
(32) 『浪花見聞雑話』(『随筆百花苑』第七巻一七頁)に「明和九辰の夏、大坂町中髪きりとて、何物のわざとも知れずして人々の髪の先自然と切て髪切々々と言」とある。
(33) 『浪速叢書』第一一巻(浪速叢書刊行会、一九二九年)
(34) 『上方芸文叢刊八　上方巷談集』三一四~六頁
(35) 『日本随筆大成』第三期第三巻(吉川弘文館、二六二頁)
(36) 『日本儒林叢書』第一巻(東洋図書刊行会、一九二七年)
(37) 『甲子夜話』巻一〇によれば、この朝川善庵は「狐の事に委し」とされ、「くだ狐」については、修行を終えた山伏に竹筒に入れて与えられるもので、「邪道」などにも用いられると松浦静山に語っている(『甲子夜話1』平凡社東洋文庫、一九七七年)。当然、「髪切り」が「道士」の駆使する狐によると考えていたなら、修験者が使役するくだ狐のことも念頭にあったであろう。なお、同書によれば朝川善庵は「くだ狐の付たるを度々療治せり」という町医者の伊藤尚貞から詳しい話を聞いていたらしい。

(38) 前掲『続譚海』

(39) 国際日本文化研究センター所蔵。改印から慶応四年(一八六八)閏四月の刊とわかる。「四月廿日の事なりしが」とあるので、事件の翌月に刊行された速報である。よし藤は歌川芳藤のこと。

(40) 前掲原論文の「怪異は与えられた解釈を呑み込みつつ、その形を成し、より怪しいものとなっていく」という評価は、そうした視点で書かれたものであろう。

(41) 福岡市立博物館蔵(カバー図版)。鳥山石燕『画図百鬼夜行』に掲載される「網切(あみきり)」は『百怪図巻』の「かミきり」とは形態が異なっているが、同じように鋭角の嘴とハサミのような手をもっている。なお、『画図百期夜行』の刊行が安永五年(一七七六)で明和期の髪切り流行から一〇年ほどしか経っていないから、「網切り」から「髪切り」を連想する人は少なくなかっただろう。

(42) 前掲注(5)香川論文

(43) 『建内記』嘉吉元年二月八日条

(44) 『建内記』嘉吉元年二月八日承朝書状

(45) 藤田覚『天皇の歴史六　江戸時代の天皇』(講談社学術文庫、二〇一八年、七二頁)

(46) 富永一登「『太平広記』の諸本について」(『広島大学文学部紀要』第五九巻、一九九九年)

(47) こうしたあり方こそ、まさに香川が注目する俳諧の付け合いの世界でもある。

(48) 松田美佐『うわさとは何か』(中公新書、二〇一四年、五二頁)

(49) 香川雅信が前掲注(6)『江戸の妖怪革命』でいう妖怪革命のプロセスをより詳細に解明するには、こうしたフロー型メディアの役割への意識的な注目が不可欠であろう。

(50) 表の作成にあたっては、佐藤卓己『『図書』のメディア史――「教養主義」の広報戦略――』(岩波書店、二〇一五年、一一頁)所載の教養とメディア(広告媒体)の対照表を参考にした。また、ハロルド・A・イニス(久保秀幹訳)『メディアの文明史――コミュニケーションの傾向性とその循環』(ちくま学芸文庫、二〇二一年)によるメディアの傾向性についての議論も念頭においている。

(51) フロー型メディアである瓦版が保存されていたり、噂が古記録や随筆に記録されたりすることもあるが、これは「ストックされるべき情報である」と認識され選別を経て、ストックされた「フロー型メディア」である。ストックされなかった厖大な量のフロー型メディアの存在にも留意が必要である。

(52) 西山克「序章——怪異のポリティクス」(東アジア恠異学会編『怪異学の技法』臨川書店、二〇〇三年)など、これまでの怪異研究は主に王権論として論じられてきた。王権周辺に情報が集積され、「怪異」か否かが判定されるシステムに関心がもたれてきたが、こうした情報を独占的にストックするのが王権であるといえよう。その後、次第に日記の家や日本紀の家など、家職と関わって情報をストックしていくようにもなっていく。ただ、ストックの視点だけにとらわれるとフロー型メディアで語られていた巷間の噂のような「怪異」の存在が見えなくなるだろう。

(53) 前掲西山克「怪異のポリティクス」、一〇頁

(54) マーシャル・マクルーハン(栗原裕・河木伸聖訳)『メディア論』(みすず書房、一九八七年)

■第二章

(1) 『桑名日記』弘化元年六月一三日条(『日本庶民生活史料集成』第一五巻、三一書房、一九七一年)

(2) 柳田國男「片目の魚」(『定本柳田國男集』第三〇巻、筑摩書房、一九七〇年〈初出は『郷土研究』第四巻一一号、一九一七年〉)には、「伊勢の多度神社の別宮には有名なる一目連神社があつて(中略)此社の旧記などを十分に攻究して見たら、何か判明する所が有るかも知れぬ」と記しており、この段階では関心をもってはいたが、具体的知見はなかったと思われる。大正八年(一九一九)九月、衆議院には、多度神社が国幣大社に昇格した際に対象外となった一目連神社の国幣大社昇格の請願書「一目連神社ヲ国幣大社多度神社座位ニ加列請願ノ件」、が地元から提出されている(国立公文書館蔵『公文雑纂』大正八年第十三巻「貴族院衆議院事務局・帝国議会二」貴族院事務局編『帝国議会貴族院委員会会議録 四一回』貴族院事務局、一九一九年)から、同年一二月まで貴族院書記官長だった柳田は請願内容を知っていた可能性はある。柳田論文にさきがけて澤田四郎作「雨乞ひと踊」(『民族』第一巻第六号、一九二六年)で「一目龍」で行われる雨乞いについての報告が掲載されている。報告に対して「編者云」として「多度の一目龍は地誌の書には普通一目連と記されて居る。口碑は何れも因みがあるが、各村甚だしく一様ならず、寺で説く処も時代毎に変化して居た」というコメントが付されている。無記名だが、『民族』は柳田國男と岡正雄によって運営されており、「編者云」も柳田によるコメントの可能性がある。

(3) 初出は『民族』第三巻第一号、一九二七年一一月。のち『一つ目小僧その他』に収録され、『定本柳田國男集』第五巻(筑摩書房、一九六八年)に所収。

(4) 五頁の加藤論文を掲載した直後に、編者でもある柳田が四二頁にわたる論文を掲載する。しかも、天目一箇神は「ファリツク、ゴツドの一面

が有つた」（二三頁）とした加藤論文の結びから僅か四頁後に、「ファリシズムでは無かつた」（二七頁）と記しているから、柳田の意図が加藤批判にあったことは明確であろう。なお、柳田國男と加藤玄智は供犠論争を繰り広げる因縁の関係である（中村生雄『祭祀と供犠』法蔵館文庫、二〇二二年）。

（5）これは明らかに個々の事例の相違点に注意を払うことなく、人類学の研究成果を援用してファロスと結びつけた加藤玄智批判である。

（6）「目一つ五郎考」の結論部では、「加藤博士の如くに粗末にこの資料を取り扱ふのはよくない」と名指しで批判する。

（7）堀田吉雄「多度神と其の信仰」（『伊勢民俗』第二号、一九五二年）

（8）堀田吉雄『山の神信仰の研究』（伊勢民俗学会、一九六六年、三一四頁）

（9）堀田が事例の例示にあたって、「山の神的な妖怪」というあいまいな表現を採用せざるを得なかった点に、「妖怪」という分析概念の扱いにくさがうかがえる。

（10）谷川健一『青銅の神の足跡』（『谷川健一全集　九　青銅の神の足跡　鍛冶屋の母』（冨山房インターナショナル、二〇〇七年、一〇二頁〈初出は一九七九年〉）

（11）ネリー・ナウマン（野村伸一・檜枝陽一郎訳）『山の神』（言叢社、一九九四年）

（12）水木しげる画・村上健司編著『改訂・携帯版日本妖怪大事典』（角川ソフィア文庫、二〇〇五年）

（13）御田鍬・木下昌美著（朝里樹監修）『日本怪異妖怪事典　近畿』（笠間書院、二〇二二年）

（14）三浦佑之「風の妖怪――カマイタチ・一目連・風の三郎――」（『月刊言語』二一巻一三号、一九九二年一二月号）。なお、掲載誌は「風の言語学」と題した特集を組んでおり、そのなかの一本。

（15）小松和彦責任編集『怪異の民俗学2　妖怪』（河出書房新社、二〇〇〇年）

（16）前掲『怪異の民俗学2　妖怪』四三二頁。香川雅信は、自身の論文「鬼魅の名は――近世前期における妖怪の名づけ――」（『日本民俗学』三〇二号、二〇二〇年）においても、「一七〜一八世紀の妖怪名称」とした表で『市井雑談集』から「一目連」を採っており、一目連を「妖怪」に近いものと認識している点は一貫する。

（17）田口竜雄『風祭――日本気象史料余話――』（古今書院、一九四一年）

（18）関口武「一目連のこと」（『地理』第二〇巻一一号、一九七五年、のち小松和彦編『怪異の民俗学2　妖怪』河出書房新社、二〇〇〇年所収）

（19）『勢陽雑記』（早稲田大学図書館蔵、請求記号ル04 04912）。早稲田大学図書館古典籍総合データベースで画像公開。

（20）『京都大学蔵大惣本稀書集成』第八巻（臨川書店、一九九五年）

(21)「評」でも光るのは邪神であり「真ノ神ノ光」は通常は凡人には見えるものではないが、「真ノ神」である一目連の光が見えるのは「古今珍キ事」とし、一目連が「真ノ神」であると認識されている。

(22)著者は不明。南郷晃子「『本朝故事因縁集』をめぐる考察」(『国語と国文学』通巻一〇六九号、二〇一二年一二月)は内容から長門国や曹洞宗寺院との関係を指摘する。

(23)『勢桑見聞略志』巻五(国立国会図書館蔵『鶯宿雑記』巻九九、請求番号二三八―一 所収)。本書を所収する『鶯宿雑記』は桑名藩の駒井乗邨が化政期に執筆した五六九巻二八九冊からなる諸書の写や見聞などを記した叢書で、巻九八~九九が『勢桑見聞略志』である。『勢桑見聞略志』は宝暦二年(一七五二)になって江戸で書かれたもので厳密には元禄期の同時代史料とはいえない。しかしながら、著者の山本七太夫は桑名藩主松平定重に仕え、宝永七年(一七一〇)の桑名から越後高田への転封に従っている。同書序文で「幼弱ノ比ヨリ勢桑ニ居テ見聞セシ万一ヲ記シテ」とあるように、桑名に関する記述は宝永七年(一七一〇)までの見聞に基づいており、少なくとも引用部分のように年代が記載される著者の実体験による記事については、ある程度の信がおけるものと考えられる。

(24)『和漢三才図会』(東京美術、一九七〇年)

(25)前掲関口武「一目連のこと」。【史料1】【史料2】や『勢桑見聞略誌』で記された光や鳴動も竜巻を引き起こすような発達した積乱雲の発生に伴う雷であろう。

(26)気象庁ホームページ(https://www.data.jma.go.jp/obd/stats/data/bosai/tornado/stats/huk.html 二〇二三年二月五日確認)で公開されている一九九一~二〇二二年の「都道府県別の竜巻発生確認数」では、和歌山一七件・三重一六件・愛知一八件、静岡二〇件が報告される。竜巻は関東から九州にかけて太平洋岸などでは比較的多くの発生が確認されている。

(27)宝暦八年(一七五八)刊の大朏東華による随筆『斉諧俗談』は、一目連として『和漢三才図会』の記事が典拠を示さず、全文を訓読して引用している(『日本随筆大成』第一期一九巻、吉川弘文館、一九七六年)。

(28)『近世風俗見聞集』巻二(国書刊行会、一九一三年)

(29)『新安手簡』「寒川儀大夫書」(『新井白石全集』第五巻、吉川半七発行、一九〇六年、三七五~六頁)

(30)〈参照系の知〉が広く共有される了解事項を形成することについては、横田冬彦「近世の出版文化と〈知〉」(同『日本近世書物文化史の研究』岩波書店、二〇一八年)参照。

(31)前掲『勢桑見聞略志』。なお、同書には「祭神面足ノ神ナト云色々不分明、近年伊勢山田ノ祠官天津彦根神ト云シヨリ是ニ定ム」とあり、異伝もあったようだが、伊勢山田の神職による解釈が採用されたようだ。

(32) 天一目が「一目天」と訛り、「一目連」になったのではないかと山本七太夫は述べている。

(33) 「宝永年中」としか書かれていないので詳細は不明だが、宝永二年(一七〇五)には伊勢への群参が発生しており、桑名を訪れる人も増えていたと思われる。近隣以外から多度神社への参詣者も増加したため、対外的に祭神を明確化する必要が生じたのではないだろうか。

(34) この事実から、一目連を天目一箇命との関連により鍛冶神として古代の製鉄と結びつける谷川健一などの議論には無理があるといえよう。

(35) 『日本庶民生活史料集成』巻二六巻「神社縁起」(三一書房、一九八三年)

(36) 『東海道名所図会』(人物往来社、一九六七年、二九八頁)

(37) 東京大学総合図書館蔵、鴎外文庫、請求番号:鴎G26:247、https//doi.org./10.20730/100369585

(38) 『日本随筆大成』第二期一二巻(吉川弘文館、一九七四年)。但し意によって一部句読点を改変した。

(39) 和田徹城『淫祠と邪神』(博文館、一九一八年、三〇〜三一頁)。志村有弘編『庶民宗教民俗学叢書』第二巻(勉誠出版、一九九八年)にも復刻されているが、同書では奥付等が省略されている。

(40) 『第七高等学校造士館一覧　大正元年度』第七高等学校造士館、一八一頁(国立国会図書館デジタルコレクションにて閲覧)、和田徹城は明治四一年(一九〇八)七月卒業。

(41) 九州大学附属図書館蔵(雅俗文庫/52随筆d/カン)。所蔵機関の電子公開画像で閲覧(https://hdl.handle.net/2324/4066966)。

(42) 【史料10】で「毎月十八日」に一目連が寺院に来ると記されるが、一八日は観音の縁日である。『勢陽雑記』巻一によれば、多度山法雲寺は本尊が千手観世音菩薩で、「伊勢巡礼札所三十三番目」である。地方の観音巡礼の結願所で、一八日には当寺への参詣者は増加しているだろうから、法雲寺での語りであれば、そうした場で創出された霊験譚の可能性もある。

(43) 「清泉寺」と書かれるが、割注では「法泉寺、本願寺宗、社より半里ばかり」とある。該当する「楫取」(香取)の真宗寺院は法泉寺である。なお、国立公文書館本(請求番号 172-0137)では「清」とも「法」とも読みうる字体であった。

(44) 『多度町史』(多度町教育委員会、一九六三年、六七頁)

(45) 一八世紀初頭に繰り返し参照された『和漢三才図会』は、いわば読み手が情報を引き出す必要のあるプル型のメディアであるが、一八世紀半ばには寺社の「社説」や談義などプッシュ型メディアによる積極的な情報発信が始まった。情報発信のありかたが変わっている可能性にも注意したい。

(46) 市古夏生・鈴木健一校訂『新訂 東都歳事記』(上巻、ちくま学芸文庫、二〇〇一年)

(47) 『猿著聞集』文政一一年(一八二八)刊(『日本随筆大成』第二期二〇巻、吉川弘文館、一九七四年)

(48)『摂陽奇観』巻四三　享和元年（一八〇一）条（『浪速叢書』第五、浪速叢書刊行会、一九二八年）

(49)『幽蘭堂年譜』享和元年八月晦日条によれば、「大坂表」では八月二日に竜巻が発生し、屋根瓦の破損や家屋の被害も相当数あったと伝えている。「後ニ八絵図・板行ニて売弘ム」とあり、瓦版などにもなっていたようである（『大谷女子大学資料館報告書　第四冊　幽蘭堂年譜（二）』大谷女子大学、一九八一年）。

(50)『閑田次筆』文化三年（一八〇六）刊（『日本随筆大成』第一期一八、吉川弘文館、一九七六年）

(51)『愚紳』明和七年七月一八日条（西尾市岩瀬文庫蔵、東京大学史料編纂所Hi-CATPlus岩瀬A148-086-7）。『続史愚抄』七八巻、明和七年七月一八日条（『新訂増補国史大系　第一五巻　続史愚抄　後篇』、吉川弘文館、一九三二年、六八八頁）

(52)宇宙空間の塵などが、地球の大気圏に突入し明るい光を発するものを火球と呼ぶ。大気中で燃え尽きず、地上に到達したものが隕石である。地上に到達するまでに蒸発した場合も火球と呼んでいる。ここでは、地上まで到達したか否か明確ではなく、「火球」と呼ぶのが適当であろう。

(53)その岩の下からは「いと古くて太刀とおぼしきがひとふり、斧とみゆるがひと柄、陶の皿杯十枚まり二つ、花瓶にかと見ゆる物ひとつ、又さびくちはては侍れど、鏡とおぼしきもの二寸三寸侍るもの廿あまり一つぞ出たる」とあり、落下した岩は磐座で古代祭祀遺跡だったのであろう。文化三年（一八〇六）刊の『諸国周遊奇談』巻四にも「岩崩神鏡剣出し事」として、明和・安永と二度にわたって岩が崩れ、神鏡・剣境などが発見されたことが出土品の図とともに記されている（国文学研究資料館蔵三井文庫旧蔵資料、請求記号MY-1301-12、新日本古典籍データベースで閲覧）。『村井随筆』（『諸家随筆集』、『鼠璞十種』第一巻、国書刊行会、一九一六年、一〇三頁）にも、「明和七寅年頃」に「勢州多度山の石われて、石中より剣二振り、皿斧古銭出候由」と記されている。

(54)『新日本古典文学大系七九　本朝水滸伝　紀行　三野日記　折々草』（岩波書店、一九九二年）

(55)寛政五年（一七九三）序『緘石録』（九州大学図書館蔵）。火球が大気圏で音速を超えることもあり、衝撃波を生じれば「鳴動」も観察される可能性がある。

(56)『続史愚抄』巻七八、明和七年七月一三日条。一六日は「炎旱」のため五山の送り火も中止になっている。この時の地域社会と朝廷の対応については間瀬久美子「賀茂下上社の雨乞と朝廷の祈雨再興」（同『近世朝廷の権威と寺社・民衆』吉川弘文館、二〇二二年）がある。

(57)さらに二八日には「赤気」（低緯度オーロラ）が見られており（『続史愚抄』明和七年七月二八日条など）、夜空の赤い光を一目連の還御と考えた可能性もあろう。

(58)『羇旅漫録』下巻（木越俊介校註『羇旅漫録　付蓑笠雨談』平凡社東洋文庫、二〇二二年）

(59)『甲子夜話』巻二二（『甲子夜話』第二巻、平凡社東洋文庫、一九七七年）

(60)『立路随筆』(『日本随筆大成』第二期第一八巻、吉川弘文館、一九七四年、『楓軒偶記』巻一(『日本随筆大成』第二期第一九巻、吉川弘文館、一九七五年)、小宮山叢書『楓軒偶記』一(国立国会図書館蔵、請求記号826-24、国立国会図書館デジタルコレクションで閲覧)。

(61)天保四年(一八三三)成立の伊勢国地誌『勢陽五鈴遺響』巻一(倉田正邦校訂『三重県郷土資料叢書 第二五集 勢陽五鈴遺響(一)』三重県郷土資料刊行会、一九六五年、四七頁)など。

(62)例えば、文化七年(一八一〇)起筆の平田篤胤『古史伝』巻八で「天麻比止都根命」についての注記において「俗に一目連と申す神」について言及している。文化一〇年(一八一三)成立の伴信友『神名帳考証』巻八の「多度神社」の項でも「○在多度村此社傍小社、俗称一目連者多度大神之子天麻比止都祢命乎」などと記す(『伴信友全集』巻一、国書刊行会、一九七七年〈一九〇七年国書刊行会の復刻版〉)。

(63)天理冊子本『春雨物語』(『上田秋成全集』第八巻、中央公論社、一九九三年、二九七頁)

(64)『春雨物語』は写本で伝わっており、「一目連」の名が見えるのは天理冊子本、富岡本。なお、『上田秋成全集』巻八の「解題」によれば、『春雨物語』は文化三~四年頃の起筆と推定されている(四九〇頁)。現存諸本のなかで最初に書かれたと考えられている『春雨草紙』や文化五年本には「一目連」の語は出てこない。天理冊子本・富岡本は文化五年本より後の成立とされる。

(65)中村幸彦校注『日本古典文学大系五六 上田秋成集』(岩波書店、一九五九年、三九四頁「一目連」補注)

(66)高田衛「『目ひとつの神』逍遙」(同『春雨物語論』岩波書店、二〇〇九年)

(67)高田衛監修『鳥山石燕 画図百鬼夜行』(国書刊行会、一九九二年、二四〇頁)

(68)『桑名日記』弘化元年六月一三日条、八月四日条

(69)柳田國男も参照する前掲澤田四郎作「雨乞ひと踊」は、在地の「一目龍」に関する伝承と雨乞を報告するが、在地の口頭伝承が寺院による宣伝の影響を受けている可能性も否定できない。

(70)タモツ・シブタニ(広井脩他訳)『流言と社会』(東京創元社、一九八五年)

(71)前掲横田冬彦「近世の出版文化と〈日本〉」

(72)カマイタチについては、廣田龍平「俗信、科学知識、そして俗説――カマイタチ真空説にみる否定論の伝統――」(『日本民俗学』二八七号、二〇一六年)、のち同『妖怪の誕生――超自然と怪奇的自然の存在論的歴史人類学――』(青弓社、二〇二二年)

(73)カマイタチからの連想は、近世に留まらない。近代以降も、前掲田口書『風祭』で一目連をカマイタチより規模の大きい「竜巻類似現象」としたり、前掲三浦佑之が「風の妖怪」として一緒に取り上げている。前掲『怪異の民俗学2 妖怪』でも「妖怪とはいえないかもしれないが、カマイタチとの関連もあって」一目連の論文が掲載されている。

(74) 浅井了意『伽婢子』巻一〇には「鎌鼬」について記した後に「尾濃駿遠三州のあひだに提馬風あり」と馬を取り囲んで殺す旋風について記す。提馬風は中国の『五朝小説』からの翻案とされる。浅井了意は翻案にあたって時代や舞台を相応しいものに設定することが多いが、提馬風の発生する場所として東海地方を舞台に選ぶのは、一目連が想起されていた可能性もある（『新日本古典文学大系 七五 伽婢子』岩波書店、二〇〇一年）。

(75) 伊藤慎吾・氷厘亭氷泉編『列伝体 妖怪学前史』（勉誠出版、二〇二一年）

(76) 妖怪事典類は文献を博捜し、精緻な調査による労作だが、事典という性格から、時代とともに多様で重層的になっていく断片情報をすべて詰め込む。そのため、事典項目の一目連像は却って拡散し、「実態」以上に複雑な姿をとっている。こうした事典の記述が参照系の知となって、以後の言説に影響を与えていくこともあろう。

■第三章

(1) 杉浦日向子『百物語』（新潮文庫、一九九五年）

(2) 史料には墓磨き、石塔磨き、墓洗いなどとあり、その名称は必ずしも統一されているわけではない。不可解な行為の対象を漠然と「墓」と表現するか、墓標という点を強調して「石塔」と呼ぶか、そして墓標に対してなされる行為を洗浄とするか、研磨とするかという見方や重点の置き方の違いによる呼称の揺れであり、意図的な呼び分けではないと思われる。以下では、史料上の文言を除き、対象・行為とも比較的正確に実態を表現している「石塔磨き」を採用する。

(3) 三田村鳶魚「江戸末の幽霊好み」（『三田村鳶魚全集』第一〇巻、中央公論社、一九八〇年、一〇三頁〈初出は一九四六年七月〉）

(4) 村松梢風『梢風物語』（天佑社、一九一九年）に「石塔磨き」がある。ほかに墓磨きを題材にしたフィクションとして、畑耕一『史実小説小塚原綺聞』（文蘭社、一九四〇年）など。

(5) 『年中行事覚書』「臼の目切り」（『定本柳田國男集』第一三巻、筑摩書房、一九六九年、一三〇頁）

(6) 柳田為正・千葉徳爾・藤井隆至編『柳田国男談話稿』（法政大学出版会、一九八七年、一九八頁）。同書の千葉による解説によれば、民俗学教本に関する二つのカードの束を千葉が受け取ったのは「昭和二七、八年のうち」とされており（二二九頁）、「石塔みがき」に触れる「民俗学」カード成立は、もうひとつの「民俗学教本案」よりも先行するものと考えられているが作成時期は不明。前掲「臼の目切り」の初出が一九四九年である。

(7) 氏家幹人『殿様と鼠小僧──松浦静山『甲子夜話』の世界──』（講談社学術文庫、二〇〇九年）。なお、本書初出時は『殿様と鼠小僧──老侯・

松浦静山の世界――』（中央公論社、一九九一年）、のち改題して『悠悠自適――老侯・松浦静山の世界――』（平凡社ライブラリー、二〇〇二年）として刊行。本稿では、講談社学術文庫版に依った。

（8）鈴木棠三「石塔磨きの怪」（『江戸巷談　藤岡屋ばなし』ちくま学芸文庫、二〇〇三年、一七七〜八頁）。ただし、鈴木は『藤岡屋日記』に依ったため、発生日時を文政一〇年としているが、後述するように文政一三年の誤りである。

（9）土居浩「〈石化した葬墓地〉と違和する遺体」（『江戸の思想』第九号、一九九八年）

（10）佐藤健二『流言蜚語』（有信堂、一九九五年、一四二〜三頁）

（11）タモツ・シブタニ（広井脩他訳）『流言と社会』（東京創元社、一九八五年、二三六頁）

（12）佐藤卓己『流言のメディア史』（岩波新書、二〇一九年、二七九頁）

（13）近世のメディアと怪異について、「髪切り」を素材として、拙稿「近世『髪切り』考――恠異のメディア論――」（『奈良大学紀要』第五〇号、二〇二二年二月、本書第一章）で論じた。

（14）文政一三年は一二月一〇日に天保に改元されている。以下、引用史料によっては一二月以前も遡って「天保元年」と表記するものがある。

（15）『藤岡屋日記』巻七、文政一〇年九月条「此節、所々寺々石塔磨一件」（鈴木棠三・小池章太郎編『近世庶民生活史料　藤岡屋日記』第一巻、三一書房、一九八七年、一九三〜五頁）。以下、『藤岡屋日記』の引用は同書による。『藤岡屋日記』の当該項目は「文政十年寅九月」として、文政一〇年（一八二七）の項に配置されるが、文政一〇年は亥年であり、「寅」年は文政一三年＝天保元年（一八三〇）である。『藤岡屋日記』巻八には天保元年の「寅ノ年七月中頃ヨリ」として「石塔磨之事」についての記事が掲載されている。氏家幹人も指摘しているように、『藤岡屋日記』文政一〇年の記事は、「寅年」の一三年の誤りであろう。また、『わすれのこり』上巻（『続燕石十種』第一巻、廣谷国書刊行会、一九二七年、四五三頁）には、「石塔磨」を「天保中頃」のことと記すが、内容から天保元年（一八三〇）の誤りと思われる。

（16）『浅草寺日記』（別当代の記録）文政一三年一〇月四日条（『浅草寺日記』第一八巻、金龍山浅草寺、一九九六年）

（17）前掲『藤岡屋日記』文政一〇年九月条「此節、所々寺々石塔磨一件」

（18）前掲『浅草寺日記』文政一三年一〇月四日条の「清光院」のことであろう。

（19）前掲『藤岡屋日記』文政一〇年九月条「此節、所々寺々石塔磨一件」

（20）『弘賢随筆』第一六冊「石塔洗ひ取毀しに付御触等」（国立公文書館蔵、請求番号　特〇九五―〇〇〇四、画像は国立公文書館デジタルアーカイブで公開。https://www.digital.archives.go.jp/item/127l563.html）

（21）『内閣文庫所蔵史籍叢刊　特刊第二　視聴草』第三巻（汲古書院、一九八五年）。以下、『視聴草』の引用は同書により、括弧書きで引用頁数のみ記す。

(22) 前掲『弘賢随筆』第一六冊では、町方にも一〇月七日に石塔洗いは「不届」なので穿鑿の上「召捕」るように町触れが出されている（『江戸町触集成』第一二巻、塙書房、一九九九年、一二五四四号）。

(23) 『斎藤月岑日記』天保元年一〇月朔日条（『大日本古記録斎藤月岑日記（一）』東京大学出版会、一九九七年）

(24) 『兎園小説拾遺』（『日本随筆大成』第二期第五巻、吉川弘文館、一九七四年、一五七〜八頁）。当該項目の末尾に「庚寅十月八日記」とあることから、記入日が判明する。

(25) 『同右』

(26) 髪切りは、明和二年（一七六五）から九年（一七七二）まで、断続的に発生していた。髪切りについては、本書第一章を参照。

(27) 『甲子夜話続篇』巻五五（『甲子夜話続篇』第五巻、平凡社東洋文庫、一九八〇年、二八頁）。以下、『甲子夜話続篇』巻五五の引用は同書により、引用頁数のみ記す。

(28) 『視聴草』三集ノ五（『内閣文庫所蔵史籍叢刊特刊第二　視聴草』第三巻、汲古書院、一九八五年、二六頁）

(29) 『甲子夜話続篇』巻五五（二八頁）

(30) 『斎藤月岑日記』天保元年一〇月朔日条

(31) 『視聴草』三集ノ五（二六〜七頁）

(32) 『甲子夜話続編』巻五五（三四頁）。このほか、『宝暦現来集』巻二〇（『近世風俗見聞集』第三巻、国書刊行会、一九一三年）によれば、赤坂鍬谷円通寺で石塔磨きが死人を掘り出して食い散らしたという噂もあった。

(33) 『甲子夜話続編』巻五五（二八頁）

(34) 『視聴草』三集ノ五（二五頁）

(35) 『視聴草』三集ノ五（二四頁）

(36) 『兎園小説拾遺』（『日本随筆大成』第二期第五巻、吉川弘文館、一九七四年、一五七頁）。

(37) 『視聴草』三集ノ五（二三〜四頁）

(38) 『視聴草』三集ノ五（二四頁）。なお、少女が「お歯黒」をつけられて成人女性の姿にされたり、大人が毛髪を切り落とされ、老人のような禿頭にされたり、出家のような剃髪姿とされるのは、いずれも実際のライフステージに相応しいものではなく、次のライフステージに至った段階でとるべき姿を強制される点で共通している。お歯黒や禿頭といった姿にされることで、ライフステージの強制的な変更——すなわち成長の促進——がなされており、象徴的に寿命を縮められていることにほかならない。単なる奇妙なイタズラとしてではなく、石塔磨きによる呪詛的行為として受けとめられていただろう。

(39) 『甲子夜話続篇』巻五五（二九頁）

(40) 『視聴草』三集ノ五（二五頁）

(41) 『視聴草』三集ノ五（二五～六頁）。『宝暦現来集』巻二〇にも「飯田町万作豆の問屋」が石塔磨きの容疑で捕縛されたという風聞を記す（四〇九頁）。ほかにも『宝暦現来集』では、何某の妻が行方不明になった際に「石塔磨きにて被召捕たる」という風聞があったようである。

(42) 『甲子夜話続篇』巻五五（三三～四頁）。なお、松浦静山の通信相手は、「藤懸赤山の余類」ではないかと返答している。静山は藤懸赤山について知らなかったので、知っている者に聞くと、呪法をあやつる者だったという。

(43) 宮崎ふみ子編『京坂キリシタン一件と大塩平八郎——史料と考察——』（吉川弘文館、二〇二一年）。松浦静山も、この事件について関心をもっていたようで、『甲子夜話続編』巻五三（『甲子夜話続篇』第四巻、平凡社東洋文庫、一九八〇年）に事件の経緯を書き留めている。

(44) 『甲子夜話続編』巻五五（三四頁）。大塩平八郎の乱について記す天保八年（一八三七）の序文をもつ『太平難騒録』には、石塔磨きの流行について「人を迷わす邪法」とした上で、キリシタンとして検挙された正田貢（豊田貢の誤記）が「人のこゝろを一致させんため」の「人のこゝろの謀」りごとと記している（『編年百姓一揆史料集成』第一四巻、三一書房、一九八六年）。石塔磨きと京坂キリシタン事件を結びつける発想は突飛なものだったわけではない。

(45) 『甲子夜話続編』巻五五（三七頁）

(46) 『視聴草』三集ノ五（二四頁）、『弘賢随筆』第一六冊

(47) 『兎園小説拾遺』（一五七頁）

(48) 『視聴草』三集之五（二七頁）

(49) 『兎園小説拾遺』「石塔みがき後記」（一五九頁）。天保二年二月二一日付、篠斎宛馬琴書翰でも「去冬十一月下旬より、拭ふてとりたる如く、風聞やみ申候」とある（『馬琴書翰集成』第二巻、八木書店、二〇〇二年、一三頁）。

(50) 『兎園小説拾遺』「石塔みがき後記」（一五九頁）。記事末尾に「庚寅十二月上旬追識」とあり、馬琴は一二月上旬に記載したとする。ただ、『日記』によれば天保二年二月二一日の夕方に『兎園小説』に「石塔みがき後記」を書き入れていることが見えているので（『曲亭馬琴日記』第二巻、天保二年二月二一日条）、現在知られるテキストは一二月の記載から、さらに加筆されているものかもしれない。

(51) 天保二年二月二一日付、篠斎宛馬琴書翰（『馬琴書翰集成』第二巻、八木書店、二〇〇二年、一三頁）。

(52) 天保二年に石塔磨きは東北を北上する一方で、東海地方へと伝わっていることから、「犯人」は単独とは考えられない。なお、「天保年中巳荒子孫伝」が伝える天保二年の上方筋での石塔磨きについては、あくまでも「陸奥伊達辺」での伝聞情報である。ただし、天保八年の大塩平八郎の乱について記す「太平難騒録」(『編年百姓一揆史料集成』第一四巻、三一書房、一九八六年、三五二頁)でも時期不明ながら大坂での流行を伝えている。

(53) 上方では、前掲註(44)のようにキリシタンの疑いで捕縛された豊田貢との関連で説明されている。その際、大坂の陣で戦死した木村長門守重成の墓への参詣が文政一一年(一八二八)に流行していたこと(『大阪市史史料第八十四輯　反古籠』大阪市史編纂所、二〇一七年、七三頁)と結びつけられて説明されている。それぞれの地域事情に即して整合的に見えるような「解釈」がなされている。

(54) 『文政雑記』第四冊(『内閣文庫所蔵史籍叢刊　第三三巻　文政雑記・天保雑記(一)』汲古書院、一九八三年、九五~六頁)、『視聴草』三集之五(二〇~一頁)

(55) 『甲子夜話続篇』巻五〇(『甲子夜話続篇』第四、平凡社東洋文庫、一九八〇年、一八一~二頁)

(56) 『視聴草』三集之五(二二頁)

(57) 雀が二つの群れに分かれて戦ったとされる雀合戦の情報を伝えた書状の差出人は、筆写されるなかで、「銀蔵」とするものと「辰蔵」となっているものがある。書状が受信者の手を離れて書き写され、広く流布していく際には、差出人については頓着されず、書き手の身体性が失われた匿名報告に近いものとして、情報だけが広がっている。なお雀合戦については、拙稿「『雀合戦』考」(『奈良大学紀要』第五一号、二〇二三年、本書第四章)。

(58) 『甲子夜話続篇』巻五〇(一八一頁)

(59) 『甲子夜話続篇』巻五〇(一八二頁)

(60) 『弘賢随筆』第一六冊

(61) むろん、偽書であることも否定できない。予言獣に関する瓦版に報告書の体裁で書かれるものがあるのも、そうした信憑性をもたせるための小細工だろう。

(62) 『藤岡屋日記』

(63) 『斎藤月岑日記』天保元年十月朔日条

(64) 『視聴草』三集之五(二四、二七頁)、『弘賢随筆』第一六冊の「はかあらひ」図には「小嶋一郎右衛門蔵本転写」とある。個人蔵の図像が転写されて広まっていたことを示している。

(65)『名陽見聞図会』初編、天保三年二月朔日条（『名陽見聞図会』美術文化史研究会、一九八七年）
(66)『同右』。『石塔美賀記』については未詳。
(67)佐藤卓己『流言のメディア史』（岩波新書、二〇一九年、一三頁）
(68)前掲、佐藤卓己『流言のメディア史』
(69)宮地正人『幕末維新期の文化と情報』（名著刊行会、一九九四年）、前掲拙稿「『雀合戦』考」、本書第四章）。
(70)佐藤健二『流言蜚語』（有信堂、一九九五年）
(71)前掲、佐藤卓己『流言のメディア史』
(72)前掲、シブタニ『流言と社会』

■第四章

(1)コンラート・ローレンツ（日高敏隆・久保和彦訳）『攻撃——悪の自然誌——』（みすず書房、一九七〇年、五二頁）
(2)伊藤慎吾「異類合戦物の表現」（同『擬人化と異類合戦の文芸史』三弥井書店、二〇一七年）
(3)笹本正治『中世の災害予兆』（吉川弘文館、一九九六年）。ほかに、前掲注（2）伊藤慎吾論文でも中世以前の動物による「合戦」について史料を挙げて論じている。
(4)木村博「『蛍合戦』『蛙合戦』『雀合戦』」（『西郊民俗』第一五〇号、一九九五年）
(5)前掲伊藤慎吾論文
(6)三上修『身近な鳥の生活図鑑』（ちくま新書、二〇一五年、六一～二頁）、同『スズメ』（岩波書店、二〇一三年、五八頁）
(7)『和漢三才図会』上巻（東京美術社、一九七〇年、四八一頁）
(8)前掲木村論文
(9)『視聴草』五集之九（『内閣文庫所蔵史籍叢刊　特刊第二　視聴草』第五巻、汲古書院、一九八五年）
(10)雀は新暦の二月頃に群れを離れ、つがいを作って子育ての準備を始める（前掲、三上修『スズメ』）。
(11)「鳩程」の「雀」とは、おそらく雀と同様に群れを作り塒入りをする茶褐色の鳥であるムクドリだろう。後述するように、後の「雀合戦」では、ムクドリと雀の合戦があったように伝えるものもある。
(12)ジャン・ハロルド・ブルンヴァン（大月隆寛ほか訳）『消えるヒッチハイカー』（新宿書房、一九九七年〈新装版〉）

(13) 国立公文書館所蔵『筆満加勢』巻一九（請求番号二一四―〇〇〇九―〇〇二〇、国立公文書館デジタルアーカイブにて閲覧）。文章が【史料1】を簡略化したものになっており、発信元を「銀蔵」ではなく「辰蔵」としている。

(14) 長谷川強校注『耳嚢』下巻（岩波文庫、一九九一年、一〇一〜二頁）

(15)『宮川舎漫筆』（『日本随筆大成』第一期第一六巻、吉川弘文館、一九七六年）

(16) 斎藤月岑の『武江年表』巻八（今井金吾校訂『定本武江年表』中巻、ちくま学芸文庫、二〇〇三年、二九七頁）や日尾荊山の随筆『燕居雑話』巻三（『日本随筆大成』第一期第一五巻、吉川弘文館、一九七六年）では、天保四年（一八三三）のこととしている。時期や地名から天保三年（一八三二）の誤りと思われるが、雀の習性から翌年にも同様の事象が発生した可能性も否定はできない。

(17)『兎園小説別集』下巻（『日本随筆大成』第二期第四巻、吉川弘文館、一九七四年）

(18)『甲子夜話続編』第七巻（平凡社東洋文庫、一九八一年）

(19) 天保三年九月一六日桂窓宛書状（『馬琴書翰集成』第二巻、八木書店、二〇〇二年）

(20)『甲子夜話続編』巻八二

(21)『甲子夜話続編』巻八二、一三三頁

(22)『兎園小説余録』（『日本随筆大成』第二期第五巻、吉川弘文館、一九七四年）

(23) 前掲、天保三年九月一六日桂窓宛書状

(24) 天保三年九月二一日篠斎宛書状（『馬琴書翰集成』第二巻、八木書店、二〇〇二年）では、馬琴は篠斎にも「本郷にて雀戦の事は、桂窓子の状中へくはしく注し置候間、同人より御聞被下」と伝えている。

(25) 小津久足については、菱岡憲司『大才子　小津久足――伊勢商人の蔵書・国学・紀行文――』（中公選書、二〇二三年）を参照。

(26) 天保四年三月八日篠斎宛書状（『馬琴書翰集成』第三巻、八木書店、二〇〇三年）

(27)『兎園小説余録』（『日本随筆大成』第二期第五巻、吉川弘文館、一九七四年）

(28) 前掲、天保四年三月八日篠斎宛書状

(29)『甲子夜話続編』巻八二

(30) 例えば、『宿直草』巻五の「戦場の跡火もゆる事」には、「若江の里」で「元和の軍」で多くの死者が出て以来、「亡魂の今も火となりて燃えているることを伝えている（『近世奇談集成（一）』国書刊行会、一九九二年、三〇九頁）。

(31) 宮地正人「幕末の政治・情報・文化の関係について」（同『幕末維新期の文化と情報』名著刊行会、一九九四年、三三一頁）

(32) 近世段階におけるニュースメディアとして公開される書状の存在は、近代以降の雑誌や現代のラジオなどで見られる投書文化とも接続している可能性もあろう。柳田國男と南方熊楠の往復書簡や『郷土研究』が投書により情報収集をしていたように、初期の民俗学も同様のシステムに依存していたといえるかもしれない。

(33) 前掲ブルンヴァン『消えるヒッチハイカー』二〇六頁。

(34) 松田美佐『うわさとは何か』(中公新書、二〇一四年)

(35) その広がりを確定することはできないが、馬琴に情報をもたらしたのは伊勢松坂の小津桂窓だったことから、遠州見附宿を中心に伊勢あたりを西限として、関東圏を中心に広がっていたものと考えておきたい。

(36) 慶長六年(一六〇一)正月にも西上野でアトリが大量に出現しているという記録がある(『当代記』巻三、慶長六年)。平野敏明「空を覆うアトリの大群は、なぜ出現したのか?」(『BIRDER』第三七巻第一号、二〇二三年一月)では、二〇一六年二月に、栃木県鹿沼市で七〇万羽ともいわれる大群が飛来したことが報告されている。前年九月の台風によって収穫前の稲が水をかぶり、刈り取られることなく放置されていたため、稲穂を目当てに大量のアトリが集まったという。同報告によれば、アトリは一〇月くらいに日本列島に渡来し、越冬する冬鳥であるが、年によって渡来数は大きく変動するとのことである。

(37) 『閑田耕筆』巻之三(『日本随筆大成』第一期第一八巻、吉川弘文館、一九七六年、二三二頁)では寛政七年としている。『筆のすさび』(『日本随筆大成』第一期第一巻、吉川弘文館、一九七五年、一二五頁)は「寛政八九年の頃」とする。

(38) 『甲子夜話』巻七七(『甲子夜話』巻五、平凡社東洋文庫、一九七八年、二八二~三頁)。鳥の種類については見た人が識別ができなかったと記されているが、『閑田耕筆』がアトリの群飛を報告する寛政年間と時期も近く、場所も同じ京都の嵯峨野なのでアトリだったと思われる。

(39) 前掲天保三年九月二一日篠斎宛書状

(40) 『甲子夜話続編』巻八二

(41) 『宮川舎漫筆』

(42) 『定本　武江年表』下巻(ちくま学芸文庫、二〇〇四年)

(43) 『定本　武江年表』下巻、『日本新聞』第七号、一八六二年一〇月二〇日(『幕末明治新聞全集』第一巻、大誠社、一九三四年、三五七頁)

(44) 前掲『日本新聞』第七号

(45) 国立歴史民俗博物館蔵(H-22-2-102)

(46) ズボンを穿き背嚢を背負い、奥で鉄砲を構えている右側のムクドリ側を政府軍に、袴姿のスズメたちを西郷方に見立てていると思われる。

(47)『東京朝日新聞』明治三九年七月一八日「横浜の雀合戦」
(48)『濹東綺譚』「作後贅言」(『日本近代文学大系　第二九巻　永井荷風集』角川書店、一九七〇年)
(49)横山泰子「狸は戦い、舞い踊る」(小松和彦編『妖怪文化研究の最前線』せりか書房、二〇〇九年)は、日清戦争期に講談師による軍談がもてはやされるなか、珍しい戦記物のレパートリーとして「狸合戦」を取り入れていたとする(二三〜二四頁)。雀合戦の話題も、軍談のマクラなどで取り上げられていた可能性がある。
(50)『日本近代文学大系　第二九巻　永井荷風集』の頭注によれば、鞠町には永井荷風の愛人であった関根歌の経営する待合があり、その「女」たちであろうかという。

■第五章

(1)島崎藤村『夜明け前』第一部(上)』(岩波文庫、一九六九年、一〇八頁)
(2)以下、本稿では史料・文献の引用を除き「流行正月」に統一する。
(3)折口信夫「年中行事」(『折口信夫全集　第一五巻　民俗学篇1』中公文庫、一九七六年、一〇七頁〈なお初出は一九三〇〜三一年〉)。
(4)平山敏治郎「取越正月の研究」(平山敏治郎『歳時習俗考』法政大学出版局、一九八四年)
(5)前掲平山論文、二七六頁
(6)宮田登『正月とハレの日の民俗学』(大和書房、一九九七年、二七頁)
(7)宮田は「世直り」「世直し」について、語義的には「世直し」は使役形で自律的な意図が認められ、「世直り」は受身形で他律的な状況が想定され「他からもたらされるこの世の変革」が考えられるとする。そして、「世直り」と「世直し」には「本質的差異は必ずしも明確ではない」としつつ、「世直し」は俗的次元の改まりが前提にあり、「世直り」は自然現象の移行・他律的状況の推移によると指摘する(宮田登「『世直し』の原義——歴史学と民俗学の接点から——」『宮田登日本を語る二　すくいの神とお富士さん』吉川弘文館、二〇〇六年)。戦後歴史学のような他律的な「世直り」から「民衆の自主的な表現」が認められる「世直し」へというような民俗から社会運動へという展開をいうのではなく、両者に「本質的差異」はなく地続きとして見ているのが宮田の特色といえよう。
(8)宮田登『新訂版　ミロク信仰の研究』(未来社、一九七五年)
(9)落合延孝「フォークロアから運動へ」(藪田貫編『民衆運動史三　社会と秩序』青木書店、二〇〇〇年)
(10)安丸良夫「民俗の変容と葛藤」(『安丸良夫集　第四巻　近代化日本の深層』岩波書店、二〇一三年、二一〇〜二一一頁)

(11) 前掲平山論文、二七八頁

(12) 宮田登『終末観の民俗学』(ちくま学芸文庫、一九九八年)

(13) 朝尾直弘「十八世紀の社会変動と身分的中間層」(『朝尾直弘著作集 第七巻 身分制社会論』岩波書店、二〇〇四年)

(14) 本稿に先がけて、名古屋市博物館による企画展図録『江戸時代の門松』(名古屋市博物館、一九九四年)で中世からの「流行正月年表」が作成されているが、近世は寛文六年から文政九年までの九例に留まっている。

表5-1の出典は以下の通り。『御湯殿の上の日記』(『続群書類従 補遺三 お湯殿の上の日記(八)』続群書類従完成会、一九三四年)、『兼見卿記』(『史料纂集 新訂増補兼見卿記』第二、八木書店、二〇一四年)、『武道伝来記』(岩波文庫、一九七七年)、『多聞院日記』第四巻(三教書院、一九三八年)、「万之覚」(『榎本弥左衛門覚書』平凡社東洋文庫、二〇〇一年)、『江戸町触集成』第一巻(塙書房、一九九四年)、『月堂見聞集』(『近世風俗見聞集』第一・二巻、国書刊行会、一九一二・一三年)、「至享文記」(『大阪市史史料 近世大坂風聞集 至享文記・あすならふ・あすならふ拾遺』大阪市史編纂所、一九八八年)、『後見草』(『改訂史籍集覧』第一七冊、すみや書房、一九六八年)、『宝暦雑録』(『上方芸文叢刊八上方巷談集』上方芸文叢刊行会、一九八二年)、『摂陽奇観』巻三一・三五(『浪速叢書』第四巻、名著出版、一九七八年)、「新歯朶集」(淀渡辺家文書・京都市歴史資料館寄託)、『愚紳』(岩瀬文庫蔵)、『続史愚抄』巻七六・八一(『新訂増補国史大系』第一五巻、吉川弘文館、一九六六年)、「玉尾家永代帳」(国立史料館編『近江国鏡村玉尾家永代帳』東京大学出版会、一九八八年)、本居宣長「日録」(『本居宣長全集』第一六巻、筑摩書房、一九七四年)、「平田職方日記」(宮内庁書陵部蔵平田家旧蔵本、函号五〇八—四、東京大学史料編纂所データベース Hi-CAT Plus で画像公開)、『清水寺成就院日記』(『清水寺成就院日記』第七巻、法蔵館、二〇一三年)、『浪花見聞雑話』(『随筆百花苑』巻七、中央公論社、一九八〇年)、『定本 武江年表』全三巻(ちくま学芸文庫、二〇〇三〜四年)、『半日閑話』巻一二(『日本随筆大成』第一期第八巻、吉川弘文館、二〇〇七年)、『源蔵・郡蔵日記』(矢祭町史編さん委員会、一九七九年)、三頁)、『洗革』(国立国会図書館蔵・国立国会図書館デジタルコレクション)、『籠耳集』(『浪速叢書』第一一巻、名著出版、一九七八年)、『幽蘭堂年譜』(大谷女子大学資料館編『大谷女子大学資料館報告書 第四冊 幽蘭堂年譜(二) 播州龍野藩儒の日記』大谷女子大学資料館、一九八一年、同『大谷女子大学資料館報告書 第九冊 幽蘭堂年譜(四) 播州龍野藩儒の日記』大谷女子大学資料館、一九八三年)、『豊芥子日記』中(『近世風俗見聞集』巻三、国書刊行会、一九一三年)、『街談文々集要』(『近世庶民生活史料 街談文々集要』三一書房、一九九三年)、『きゝのまにまに』(『未刊随筆百種』第六巻、中央公論社、一九七七年)、『梅園日記』(『日本随筆大成』第三期巻一二、吉川弘文館、一九七七年)、「荒蒔村宮座中間年代記」(『改訂天理市史』史料編第一巻、一九七六年)、『猿猴庵日記』(名古屋市教育委員会 編『名古屋叢書 第一七巻 風俗芸能編 第二』名古屋市教育委員会、一九六二年)、『大和国高瀬道常年代記』上巻(清文堂出

版、一九九九年）「永代万控」（『粉河町史』巻三、粉河町、一九八八年）、落合延孝『猫絵の殿様』（吉川弘文館、一九九六年）、『安政箇労痢流行記』（『安政コロリ流行記 幕末江戸の感染症と流言 仮名垣魯文『安政箇労痢流行記』翻刻・現代語訳』白澤社、二〇二一年）、「記録帳」（小野区有文書『志賀町誌』第五巻、志賀町、二〇〇五年）、『中陵漫録』（『日本随筆大成』第三期第三巻、吉川弘文館、一九七六年）

(15) 『改訂史籍集覧』第一七冊（すみや書房発行、一九六八年）

(16) 『宝暦雑録』（『上方芸文叢刊八　上方巷談集』上方芸文叢刊刊行会、一九八二年）

(17) 前掲平山論文

(18) 淀渡辺家文書『新歯朶集』。平山敏治郎は渡辺家で同史料を閲覧していたが、現在、同家の文書群は京都市歴史資料館に寄託されており（受け入れ番号F035）、そのなかに『新歯朶集』も含まれている。

(19) 前掲平山論文

(20) 『新歯朶集』

(21) 『新歯朶集』

(22) 『宝暦雑録』

(23) 『摂陽奇観』（『浪速叢書』第四、名著出版、一九七八年）

(24) 『宝暦雑録』にいう有馬から尼崎という経路を考えれば、丹波から三田を経て有馬、尼崎という山陰方面からのルートを想定した方がいいだろう。ただし、『新歯朶集』にあるような姫路城での噂を伴っていたとすれば、山陽道から伝播した可能性も捨てきれない。

(25) 『宝暦雑録』

(26) 『新歯朶集』。地下官人の平田職方の「平田職方日記」宝暦九年八月三〇日条、九月一日条（宮内庁書陵部蔵平田家旧蔵本、函号508―4、東京大学史料編纂所データベース Hi-CAT Plus で画像公開）、『清水寺成就院日記』宝暦九年九月一日条（『清水寺成就院日記』第七巻、法蔵館、二〇二三年）によれば、京都では九月一日に正月行事が行われている。

(27) 「日録　宝暦九年己卯」（『本居宣長全集』第一六巻、筑摩書房、一九七四年）

(28) 「玉尾家永代帳」一五（国立史料館編『史料館叢書一〇　近江国鏡村玉尾家永代帳』東京大学出版会、一九八八年）。「平田職方日記」（宮内庁書陵部蔵）宝暦九年九月一日条には「大坂表ゟ始り」とあり、大坂から伝播したとされている。

(29) 「解題」（国立史料館編『史料館所蔵史料目録』第二三集、一九七四年）

(30) 前掲平山論文、二七八頁

(31) 刑部姫は姫路城天守に祀られた守護神で、『甲子夜話』巻三〇によれば、年に一度だけ城主が対面するという。三宅宏幸「姫路城――変遷するオサカベ――」(二本松康宏・中根千絵編『城郭の怪異』三弥井書店、二〇二一年)によれば、オサカベは近世の小説や演劇で素材として取り上げられていた。

(32) 井原西鶴『武道伝来記』巻一(岩波文庫、一九六七年)では、流行正月をしなければ「人間、三合になるべし」という神託で「おどし」た宗教者のことを述べる。ここでは、「女は子共の身の上を思ひ」と子どもたちの安全を願って、いわば万が一の保険として流行正月を行う様子が描かれる。

(33) ダニエル・カーネマン(村井章子訳)『ファスト&スロー』上・下(早川書房、二〇一四年)

(34) こうした豊年の後での疫病流行の予言が成功したことが、この後、一九世紀に見える「予言獣」が豊凶をセットで語る様式につながったのではないだろうか。「予言獣」については、湯本豪一『日本の幻獣図譜』(東京美術、二〇一六年)、常光徹「流行病と予言獣」(『妖怪の通り道』吉川弘文館、二〇一三年)。なお、近世の「予言獣」は、流行正月のような全国的な流布は見られず、内容的に似たところがあったとしても同列に論じるべきではないと考える。「予言獣」に関する瓦版などは、摺物を通して拡大した流行正月の模倣、あるいはパロディ商品として理解すべきであろう。商品としての予言獣瓦版について論じたものに、笹方政紀「護符信仰と人魚の効能」(東アジア恠異学会編『怪異学の地平』臨川書店、二〇一八年)がある。

(35) 『新歯朶集』

(36) 『新歯朶集』

(37) 流行正月の連鎖の事例として、播磨国龍野城下で享和元年(一八〇一)九月に発生していた「流行正月」があげられる。この時、町方では町役人から「心祝之事ニ候間、銘々相祝候様ニ」と触れられていた。どこから始まったかは明らかではないが、公式ルートに乗って町方に通知されているわけである。こうした町の動向に影響を受けて龍野藩家中でも「勝手次第相祝」となり、「近所申合セハ不致候へ共、三ヶ日手前明キ日故相祝」と、申し合わせたわけでもないが、ともに正月三ヶ日のように雑煮や小豆粥でともに祝っている(『幽蘭堂年譜』享和元年九月廿日条『大谷女子大学資料館報告書　第四冊　幽蘭堂年譜(二)』大谷女子大学、一九八一年、一一二〜一一三頁)。

(38) 『新歯朶集』

(39) 以下に挙げる史料に加えて、安永七年(一七七八)から間もない天明元年(一七八一)刊かとされる恋川春町による黄表紙『無益委記』の趣向にも採用されている。

(40) 『洗革』国立国会図書館蔵(請求番号 863-80)国立国会図書館デジタルコレクションにて閲覧

(41)『半日閑話』巻一四（『日本随筆大成』第一期第八巻、吉川弘文館、一九八〇年、三五三頁）

(42)大谷女子大学資料館編『大谷女子大学資料館報告書　第九冊　幽蘭堂年譜 四 播州龍野藩儒の日記』（大谷女子大学資料館、一九八三年、七七頁）

(43)『籠耳集』（『浪速叢書』第一一、名著出版、一九七八年、四九頁）

(44)『摂陽奇観』巻三五（『浪速叢書』第四、名著出版、一九七八年、三一一頁）

(45)『愚紳』安永七年五月三〇日・六月一日条（西尾市岩瀬文庫所蔵　A148-086、東京大学史料編纂所データベースHi-CAT Plusにて閲覧）

(46)『続史愚抄』八一巻。

(47)柳原紀光は、自身の随筆『閑窓自語』において、後桃園天皇が「禁中にはトカゲはいない」とかねてから聞いていたが、安永七年（一七七八）春に庭でトカゲをみかけたこと、「宮中に集る事このましからず」とされるホトトギスが「女御御亭」にいたことを挙げて「御代久しかるましきしるしにはさま〳〵のさとし多かりける」と記している（『日本随筆大成』第二期第八巻、二八三頁）。そして、同年七月には災害が相次ぎ、翌年の安永八年（一七七九）に当時の天皇だった後桃園天皇が在位中に二二歳の若さで急逝し、閑院宮家から光格を迎えて即位している。柳原紀光が流行正月を「不快」「不可然」とするのは、後桃園天皇が病気がちで後継ぎ不在という状況にあり、皇位継承が危ぶまれていたなかで、「御代久しかるましきしるし」という凶兆に見えたからであろう。

(48)安永七年（一七七八）七月、水害や比叡山の山崩れなど大規模災害が発生した際、後桃園天皇は七社七寺に天下太平の祈祷を命じているが、これは万治三年（一六六〇）に後西天皇が行って以来一一八年ぶりの、民衆に身近な災害に対する国家祭祀の復興であったという（間瀬久美子「近世後期の朝廷と幕府の災害祈祷」『千葉経済論叢』第六一号、二〇一九年、のち同『近世朝廷の権威と寺社・民衆』吉川弘文館二〇二二年）。国家祭祀の再興は、後桜町天皇以来の懸案であった。疫病流行下にあって、禁裏で流行正月が実施されていた背景には、このような朝廷を取り巻く空気があったことには注意が必要であろう。

(49)『武江年表』文化一一年四月より七月中旬（今井金吾校訂『定本　武江年表』中巻、ちくま学芸文庫、二〇〇三年、二一四頁）。

(50)『筆満加勢』巻三四（国立公文書館蔵、請求番号214-0009、冊次三一、国立公文書館デジタルアーカイブにて閲覧）。なお、本稿初出時は文宝亭『筆まかせ』について「詳細不明」としていたが、訂正しておきたい。

(51)『街談文々集要』巻一二（鈴木棠三編『近世庶民生活史料　街談文々集要』三一書房、一九九三年、三三一頁）。なお、同書の抄録改題本『豊芥子日記』巻中（『近世風俗見聞集』巻三、国書刊行会、一九一三年、四九七頁）もほぼ同文。なお、史料中の（ア）～（ウ）は村上。

(52)**【史料9】**によれば価格は「拾匁」である。原文の通りで間違いないなら、かなり高額といえる。あるいは一〇文の誤りだろうか。

(53)国立公文書館所蔵文宝亭文宝の『筆満加勢』は、奥書きに「豊芥」の署名がある石塚豊芥子（重兵衛）の旧蔵書である。

(54)『梅園日記』(『日本随筆大成』第三期第二巻、吉川弘文館、一九七七年)
(55)「荒蒔村宮座中間年代記」(「荒蒔区有文書」『改訂天理市史』史料編第一巻、天理市、一九七七年、三九五～六頁)
(56)「福知堂村手覚年代記写」(改訂『天理市史』史料編第一巻、天理市、一九七七年、五五七頁)
(57)文字情報と近世の噂については、佐藤健二『流言蜚語――うわさを読み解く作法――』(有信堂高文社、一九九五年)参照。
(58)初期採用者(Early Adopters)については、エベレット・ロジャーズ(三藤利雄訳)『イノベーションの普及』(翔泳社、二〇〇七年)による。
(59)守屋毅『元禄文化――遊芸・悪所・芝居』(講談社学術文庫、二〇一一年、一六九頁)
(60)前掲朝尾論文
(61)メディアは、受け手に直接、強力な効果を及ぼすわけではなく、限定的で一定の条件下でしか強力にはならない(吉見俊哉『メディア文化論』有斐閣、二〇〇四年)。メディアと流言については、佐藤卓己『流言のメディア史』(岩波新書、二〇一九年)。
(62)松田美佐『うわさとは何か――ネットで変容する「最も古いメディア」――』(中公新書、二〇一四年)
(63)ユルゲン・ハーバーマス(細谷貞雄訳)『公共性の構造転換』(未來社、一九七三年)
(64)『新歯朶集』。こうした視線は、つながらない(つながれない、つながることを望まない)人に対して排除や差別につながりうることも指摘しておく必要がある。「つながる」ことへの指向性がはらむ危険性も軽視してはなるまい。
(65)前掲朝尾論文、ユルゲン・ハーバーマス『公共性の構造転換』

■終章

(1)天保三年九月二一日篠斎宛(『馬琴書翰集成』第二巻、八木書店、二〇〇二年)
(2)天保三年一一月二六日篠斎・桂窓宛追啓(前掲『馬琴書翰集成』第二巻)
(3)『春寝覚』(『仮名草子集成』第五八巻、東京堂出版、二〇一七年、一二七～八頁)
(4)『兎園小説拾遺』(『日本随筆大成』第二期第五巻、吉川弘文館、一九七四年、一五八頁)
(5)「天保年中巳荒子孫伝」(小野武夫編『日本近世饑饉志』学芸社、一九三五年)
(6)『当代記』巻三(『史籍雑纂 当代記・駿府記』続群書類従完成会、一九九五年、九四頁)
(7)妙法院史研究会編『尭恕法親王日記』第一巻(吉川弘文館、一九七六年)寛文八年二月八日条(傍点は村上)
(8)『同右』寛文八年二月一四日条

(9)『拾椎雑話』巻二六（『拾椎雑話・稚狭考』福井県郷土誌懇談会、一九七四年、三九二頁）。「世は三月切に候へはかやうにいたす」と前置きのように使う言葉だった。

(10)『新御伽婢子』（『古典文庫四四一　新御伽婢子』古典文庫、一九八三年、三九三〜四頁）

(11) ここで、古代・中世のように王権との関係が見えていないことにも注意したい。古代、中世は天人相関説に基づき、「怪異」の発生は王権による対処を引き出していたが、近世には怪異に対して朝廷・幕府ともに積極的には関与しない。近世の怪異は王権に対するメッセージではなく、不特定多数に対して近い将来発生する吉事・凶事を示唆するものであり、その解釈には誰もが参与できた。人魚出現情報に接した人びとが個々の記憶や知識に基づいて解釈し、その見解が一致していないことも、怪異解釈を独占的に担う権威の不在を示している。

(12)『堯恕法親王日記』寛文八年二月一四日条

(13)『百姓分量記』（『日本思想大系五九　近世町人思想』岩波書店、一九七五年、二七五頁）

(14) 超越的宗教システムが私事化していくとするP・L・バーガー『聖なる天蓋』（新曜社、一九七九）による宗教の世俗化論が念頭にある。

(15) 松田美佐『うわさとは何か』（中公新書、二〇一四年）

(16) 同前、五三頁

(17) 安丸良夫「民俗の変容と葛藤」（『安丸良夫集四　近代日本の深層』岩波書店、二〇一三年、一八〜一九頁）

(18) 例えば、『拾椎雑話』巻二六には、享保のはじめに大坂で急に深夜から明朝まで、人びとが井戸水を汲み上げ始めたという。「誰いふとなく急に騒き立て、何のわけも聞かす、人かすれば我もいたす事にて、留るにとゝまらぬ勢ひなり。翌日何ゆへといふ訳しれず」（前掲『拾椎雑話・稚狭考』三九二頁）。このような行為は、隣近所の行動に誘発されて拡大したものだろう。

(19) 笹方政紀「疫病と化物」（東アジア恠異学会編『怪異学講義——王権・信仰・いとなみ——』勉誠出版、二〇二一年）は、疫病流行期に流布した疫病退散にかかる噂について、「自分のことであれば信仰に値しないものであっても、他者のため」に使用することがあると指摘する。本気で信じているわけでなくても、他者を不安にさせないため、あるいは安心させるために敢えて同調することはあっただろう。

(20)『甲子夜話続篇』五五巻（『甲子夜話続編』第五巻、平凡社東洋文庫、一九八〇年、二七頁）

(21) 初期採用者（Early Adopters）については、エベレット・ロジャーズ（三藤利雄訳）『イノベーションの普及』（翔泳社、二〇〇七年、二三二〜三頁）参照。ロジャーズによれば、初期採用者は、地に根ざして周囲から尊敬される存在で、新しいアイデアを採用し、対人ネットワークを介してイノベーションを評価し、「承認印」を捺すとされる。

(22)『幽蘭堂年譜』享和元年一二月一〇日条、享和二年七月二一日条（『大谷女子大学資料館報告書　第四冊　幽蘭堂年譜（三）——播州藩儒の日

記――』大谷女子大学資料館、一九八一年、一二三頁、一四五頁）

(23)『曲亭馬琴日記』天保五年二月二一日条、弘化三年正月二〇日条（『曲亭馬琴日記』第四巻、五三頁、三八一頁）

(24) 瓦版の価格は、『新歯朶集』によれば、宝暦の流行正月の際に売られていたものは、「すき返帋に板して四ツ折」で「六銅ツヽ」だった（京都市歴史資料館寄託、淀渡辺家文書「新歯朶集」）。また、嘉永五年（一八五二）に江戸で売られていた京都の水害を報じる「絵図面・次第書」は「半紙二枚続ニて八文」である（『藤岡屋日記』第三八、『近世庶民生活史料　藤岡屋日記』第五巻、三一書房、一九八九年、一四二頁）。

(25) 曲亭馬琴は、『兎園小説拾遺』に文政一〇年に墓地で大金を手に入れた人物がいたという噂について、「ゑせあき人が板せしを売りあるきしもので「全く虚説」と記している（『日本随筆大成』第二期第五巻、吉川弘文館、一九七四年、八七～八八頁）。いうまでもなく、情報を精査して内容の真偽を吟味するメディアリテラシーがあった上での瓦版による情報収集であった。なお、瓦版のなかには、支配者層や上層町人らの意向を反映した逆宣伝・情報操作を意図したものもあった可能性を今田洋三「江戸の災害情報」（西山松之助編『江戸町人の研究』第五巻、吉川弘文館、一九七八年）が指摘する。たとえ瓦版が大衆的メディアだったとしても、内容がただちに民衆の思想を反映していると判断するのは慎重でなければなるまい。

(26) マーク・ブキャナン（阪本芳久訳）『複雑な世界、単純な法則――ネットワーク科学の最前線――』（草思社、二〇〇五年）、ダンカン・ワッツ（辻竜平・友知政樹訳）『〔増補改訂版〕スモールワールド・ネットワーク――世界をつなぐ「6次」の科学――』（ちくま学芸文庫、二〇一六年）

(27) 木越俊介『知と奇でめぐる近世地誌――名所図会と諸国奇談――』（平凡社、二〇二三年）

(28)「神童奇産物語」（木下直之・吉見俊哉編『ニュースの誕生――かわら版と新聞錦絵の情報世界――』（東京大学出版会、一九九九年、五一頁）

(29) 前掲ダンカン・ワッツ『〔増補改訂版〕スモールワールド・ネットワーク――世界をつなぐ「6次」の科学――』

(30)『甲子夜話』第三四（『甲子夜話』第二巻、平凡社東洋文庫、一九七七年、三三五～六頁）。この時に作られた「怪獣之図」は現存している（湯本豪一『日本の幻獣図譜――大江戸不思議生物出現録――』東京美術、二〇一六年、一一九頁、なお現在は湯本豪一記念日本妖怪博物館〈みよしもののけミュージアム〉蔵）。江戸留守居が「聞番（もんばん）」とも呼ばれ、江戸での情報の収集と初版への情報伝達を担っていたことについては、前掲今田洋三「江戸の災害情報」に指摘がある。

(31)『出定笑語附録』第一巻（『新修平田篤胤全集』第一〇巻、名著出版、一九七七年、四二六頁）

(32) タモツ・シブタニ（広井脩他訳）『流言と社会』（東京創元社、一九八五年）

(33) 木場貴俊「集合知としての怪異・妖怪文化研究」（小松和彦他編『妖怪文化研究の新時代』せりか書房、二〇二二年）。

(34)『世間胸算用』巻一「鼠の文つかひ」では、失われた銀を鼠が運んできたかのように見える奇妙な事態に対して、医者（「薬師」）が「年代記を引いて」

「かかる事は古代にもためしあり」と大化元年の事例を参照して説明している場面がある（『日本古典文学全集　井原西鶴集』第三巻、小学館、一九七二年、四〇五頁）。奇妙に見える事態に対して、知識人（医師）が歴史的な〈知〉によって前例を発見し、説明可能なものととらえている。

(35) アダム・カバット『江戸滑稽化物尽くし』（講談社選書メチエ、二〇〇三年、八六頁）、同『江戸の化物――草双紙の人気者たち』（岩波書店、二〇一四年、一〇四）によれば、明和元年（一七六四）の草双紙『化物秘密問答』あたりが古い用例のようである。

(36) 西山松之助「江戸ッ子」（同編『江戸町人の研究』第二巻、吉川弘文館、一九七三年）。同論文によれば、「江戸ッ子」の初出は明和八年（一七七一）で、天明期に山東京伝によってデフォルメされた江戸ッ子イメージが確立したとする。また、「通」という言葉は一七世紀には見られるようだが（前掲カバット『江戸滑稽化物尽くし』八七頁）、「通」が広く使われるようになったのも明和六～七年（一七七〇～七一）からだという（同「江戸ッ子」六〇頁）。超人的な霊力で鬼神などを退治する荒事で知られる市川團十郎を江戸ッ子が贔屓にしていたというのも象徴的といえる。

(37) 酒井紀美『中世のうわさ――情報伝達のしくみ――』（吉川弘文館、一九九七年）

(38) 服部幸雄『さかさまの幽霊――「視」の江戸文化論――』（平凡社、一九八九年、二八五頁）

(39) 拙著『文献史学と民俗学』（風響社、二〇二二年）

(40) マーシャル・マクルーハン（森常治訳）『グーテンベルグの銀河系』（みすず書房、一九八六年）、ウォルター・J・オング（林正寛ほか訳）『声の文化と文字の文化』（藤原書店、一九九一年）、拙著『文献史学と民俗学』（風響社、二〇二二年）

(41) 井上泰至『雨月物語の世界――上田秋成の怪異の正体――』（角川学芸出版〈角川選書〉、二〇〇九年）。ただし、井上はニュースメディアの未発達により、噂がもてはやされたというが、この点については同意できない。噂と情報メディアとの棲み分けや相互関係こそが問題となろう。

(42) 伊藤龍平『何かが後をついてくる』（青弓社、二〇一八年、一七頁）

(43) 市川團十郎の「睨み」は、こちらから「魔」を見ることによって「魔」を鎮めるものといえよう。

(44) 木場貴俊「『こわいもの見たさ』の近世文化史」（安井真奈美他編『身体の大衆文化――描く・着る・歌う――』株式会社KADOKAWA、二〇二一年）

(45) 「語り」によって、自身が怪異に遭遇することを目的とした体験型エンターテインメントである一七世紀の百物語にかわって、一八世紀以降には見ることで安全に怪異を楽しむ娯楽が主流となっていくといえる。

(46) 疑似体験から帰還した現実世界が恐怖と不安に満ちていたら娯楽にならないし、近すぎる過去に戦禍や大災害が発生していたら不謹慎という批判も起こりうる。恐怖感を娯楽化することの社会的同意には現実が平穏であるという共通理解が欠かせない。

(47) 橋爪紳也『化物屋敷――遊戯化される恐怖――』（中公新書、一九九四年、一七五頁）

(48) 西山克「鉄輪の恋――あるいは生活雑器の歴史学――」（『関西学院史学』四六号、二〇一九年）。袴を白襌とし、性別を転換しているというのも西山が指摘する通りである。図像創案にあたっては、こうした先行するイメージを参照することも多かったと思われ、粉本や古画などの情報をもっていた存在が関与することも多かっただろう。なお、中世の「髪切り」について記す『看聞日記』永享一〇年二月六日条では、「変化之物」は「女房」だともいわれているようだが、髪を切られた人の目だけには見えるが、他人には見えないとあり、不可視の存在で明確な図像イメージはなかったものと思われる。

(49) 拙著『文献史学と民俗学』（風響社、二〇二二年）

(50) 香川雅信『江戸の妖怪革命』（角川ソフィア文庫、二〇一三年）

(51) 青山半蔵は、島崎藤村の父で平田国学を学んだ馬籠宿庄屋の島崎正樹をモデルとしている。島崎正樹をめぐる国学者の動向や歴史的背景については、宮地正人『歴史のなかの『夜明け前』――平田国学の幕末維新――』（吉川弘文館、二〇一五年）がある。

(52) 一九世紀に発生した「世直し」状況をひろたまさきが「妖怪的世界」と呼んでいるのも示唆的といえる（ひろたまさき「「世直し」に見る民衆の世界像」『日本の社会史』第七巻、岩波書店、一九八七年）。なお、ひろたの「妖怪的世界」については、木場貴俊「近世怪異が示す射程――ひろたまさきの「妖怪」論を手掛かりにして――」（東アジア恠異学会編『怪異学の地平』臨川書店、二〇一八年）がある。

(53) 世論と輿論の違いと使い分けについては、佐藤卓己「あいまいな日本の『世論』」（同編『戦後世論のメディア社会学』柏書房、二〇〇三年）、同『輿論と世論』（新潮選書、二〇〇八年）参照。

(54) 「宗教関係法令一覧」（『日本近代思想大系　国家と宗教』岩波書店、一九八八年、四五二頁）

(55) 川村邦光『幻視する近代空間――迷信・病気・座敷牢、あるいは歴史の記憶――』（青弓社、二〇〇六年）、兵藤晶子『精神病の日本近代――憑く心身から病む心身へ――』（青弓社、二〇〇八年）、大宮司信『祈祷性精神病――憑依研究の成立と展開――』（日本評論社、二〇二二年）

(56) 湯本豪一編『明治期怪異妖怪記事資料集成』（国書刊行会、二〇〇九年）、同編『大正期怪異妖怪記事資料集成』上・下巻（国書刊行会、二〇一四年）、同編『昭和戦前期怪異妖怪記事資料集成』上・中・下巻（国書刊行会、二〇一六年）

(57) 『山梨日日新聞』明治九年六月一七日（湯本豪一編『明治期怪異妖怪記事資料集成』国書刊行会、二〇〇九年、一九頁）。この時の予言獣は「アリエ」と呼ばれていた。

(58) 『長野新聞』明治九年六月二一日（前掲『明治期怪異妖怪記事資料集成』一九頁）

(59) 一柳廣孝『〈こっくりさん〉と〈千里眼〉――日本近代と心霊学――』（講談社選書メチエ、一九九四年）、同『催眠術の日本近代』（青弓社、二〇〇六年〈初出は一九九七年〉）、同『無意識という物語――近代日本と『心』の行方――』（名古屋大学出版会、二〇一四年）

(60) 栗田英彦・塚田穂高・吉永進一『近代日本の民間精神療法――不可視なエネルギーの諸相――』（国書刊行会、二〇一九年）、一柳廣孝『怪異の表象空間――メディア・オカルト・サブカルチャー――』（国書刊行会、二〇二〇年）、吉永進一『神智学と仏教』（法藏館、二〇二一年）、怪異怪談研究会監修・茂木謙之介他編著『〈怪異〉とナショナリズム』（青弓社、二〇二一年）、栗田英彦編『「日本心霊学会」研究――霊術団体から学術出版への道――』（人文書院、二〇二二年）など。

(61) 新宗教とメディアについては、大本の『人類愛善新聞』を販売することが信者のつとめとされていたことや、書籍や雑誌、新聞広告などが重要な役割を果たしていたことの重要性を「座談会　日本宗教史像の再構築に向けて」（大谷栄一・菊地暁・永岡崇編著『日本宗教史のキーワード――近代主義を超えて――』慶應義塾大学出版会、二〇一八年、一八～二〇頁）において永岡崇が指摘している。

(62) 原武史『松本清張の「遺言」――『神々の乱心』を読み解く』（文春新書、二〇〇九年）、原田明『幻影の偽書「竹内文献」と竹内巨麿――超国家主義の妖怪――』（河出書房新社、二〇二〇年）、藤巻一保『戦争とオカルティズム――現人神天皇と神憑り軍人――』（二見書房、二〇二三年）など。

(63) 佐藤健二『流言蜚語』（有信堂、一九九五年）

(64) 笹方政紀「戦時に件（クダン）を語る訳――戦時流言に関する一考察――」（『世間話研究』二七号、二〇一九年）

(65) 松谷みよ子『現代民話考　第一巻　河童・天狗・神かくし』（ちくま文庫、二〇〇三年、三四一頁）

(66) H・N・マックファートランド（内藤豊・杉本武之訳）『神々のラッシュアワー――日本の新宗教運動――』（社会思想社、一九六九年）が古典的研究。近年の「戦後」と宗教に関する研究動向を俯瞰したものとして、島薗進他編『近代日本宗教史　第五巻　敗戦から高度成長へ』（春秋社、二〇二一年）など。

(67) 姜竣『紙芝居と〈不気味なもの〉たちの近代』（青弓社、二〇〇七年）。戦時下では猟奇的作品は禁止されるが、戦後に復活した紙芝居では怪奇談などが息を吹き返している。

(68) それゆえ、まずは基礎作業として体系的なデータの収集と保存が急がれた。妖怪・怪異研究の分野では、柳田國男の「妖怪名彙」（『定本柳田國男集』第四巻、一九六八年〈初出は一九三八～三九年の『民間伝承』〉）に始まり、戦後には各種の妖怪図鑑、事典が編纂され、そして国際日本文化研究センターの「怪異・妖怪伝承データベース」のようなデータベースが構築された。

(69) メディア史研究者の佐藤卓己は「メディア史としてのメディア論は、俗流メディア論、すなわちメディアの発展が民主主義や近代化を推進するという規範的モデルを採用しない」（佐藤卓己『ヒューマニティーズ歴史学』岩波書店、二〇〇九年、一〇二頁）とする。こうした視点に立つならば、近代に「開けた」知識人と啓蒙の対象としての大衆へと分離していたものが、現代のインターネットによって両者が幸福に再統合されたか否かは慎重な見極めが必要だろう。

【初出一覧】

序　章　メディア論としての「怪異」研究（新稿）

第一章　「髪切り」――近世メディアがつくる怪異――（「近世『髪切り』考――怪異のメディア論」『奈良大学紀要』第五〇号、二〇二二年二月）

第二章　「一目連」――情報の連鎖と拡大――（新稿）

第三章　「石塔磨き」の怪――近世都市の怪異とメディア――（新稿）

第四章　「雀合戦」――書状というメディア――（「『雀合戦』考」『奈良大学紀要』第五一号、二〇二三年二月）

第五章　「流行正月」――疫病の噂とコミュニケーション――」（「『流行正月』再考――近世民俗の史的考察」『奈良大学大学院研究年報』第二七号、二〇二二年三月）

終　章　メディアと怪異からみる近世社会（新稿）

※いずれも加筆訂正

【図版出典一覧】

カバー　髪切り（福岡市立博物館「百怪図巻」）福岡市博物館所蔵　画像提供：福岡市博物館 / DNPartcom
https://images.dnpartcom.jp/ia/workDetail?id=FCM1993B030090029

図序-1　『怪異弁断』巻1（国立公文書館蔵『怪異弁断』巻1、請求番号：212-0061、国立公文書館デジタルアーカイブ）
図序-2　『駿国雑志』巻24上（国立公文書館蔵『駿国雑志』35、請求番号：173-0066-0035、国立公文書館デジタルアーカイブ）
図序-3　古代の怪異伝達経路概念図
図序-4　中世の怪異伝達経路概念図
図序-5　近世の怪異伝達経路概念図
図1-1　『化物尽絵巻』（国際日本文化研究センター蔵）
図1-2　『狂歌百物語』（富山大学附属図書館ヘルン文庫蔵）
図1-3　「髪切むし」の図（『明和雑記』、船越政一郎 編『浪速叢書』第11巻、浪速叢書刊行会、1929年）
図1-4　「髪切の奇談」（国際日本文化研究センター蔵）
図2-1　多度神社（秋里籬島『東海道名所圖會』第2巻、国立国会図書館蔵、国立国会図書館デジタルコレクション https://dl.ndl.go.jp/pid/2559315）
図2-2　「目々連」（鳥山石燕 画『百鬼夜行拾遺』3巻、国立国会図書館蔵、国立国会図書館デジタルコレクション https://dl.ndl.go.jp/pid/2551541）
図2-3　一目連関連文献の影響関係
図3-1　『弘賢随筆』（国立公文書館蔵、請求番号特095-0004、国立公文書館デジタルアーカイブ　https://www.digital.archives.go.jp/item/1271563.html）
図3-2　『視聴草』「はかあらひ」（『内閣文庫所蔵史籍叢刊　特刊第2　視聴草』第3巻、汲古書院、1985年）
図3-3　『視聴草』「はかあらひ」（『内閣文庫所蔵史籍叢刊　特刊第2　視聴草』第3巻、汲古書院、1985年）
図3-4　江戸流行後の石塔磨き
図4-1　スズメ（筆者撮影）
図4-2　ムクドリ（筆者撮影）
図4-3　寛永寺と湯島根生院（江戸切絵図「本郷湯島絵図」国立国会図書館蔵　請求記号：本別9-30に寺院名を加筆）
図4-4　伴蒿蹊『閑田耕筆』4巻（国立国会図書館蔵、国立国会図書館デジタルコレクション https://dl.ndl.go.jp/pid/2562882）
図4-5　「椋鳥雀大合戦」（国立歴史民俗博物館蔵、請求記号　H-22-2-102）
図終-1　一魁斎芳年『魁題百撰相　駒木根八兵衛』（国立国会図書館蔵、国立国会図書館デジタルコレクション https://dl.ndl.go.jp/pid/1313275）
図終-2　紙本著色「土蜘蛛草紙」（部分）（東京国立博物館蔵、Image: TNM Image Archives）

著者略歴

村上紀夫（むらかみ・のりお）

1970年愛媛県今治市生まれ。大谷大学大学院文学研究科博士後期課程中退、博士（文学・奈良大学）。現在、奈良大学文学部史学科教授。著書に『江戸時代の明智光秀』、『歴史学で卒業論文を書くために』(以上、創元社)。ほかに、『近世京都寺社の文化史』(法藏館、2019年)、『まちかどの芸能史』（解放出版社、2013年)、『文献史学と民俗学――地誌・随筆・王権』（風響社、2022年）などがある。

装丁・ブックデザイン　森裕昌

叢書パルマコン・ミクロス m 05

怪異と妖怪のメディア史
——情報社会としての近世

2023年9月10日　第1版第1刷発行

著　者　村上紀夫
発行者　矢部敬一
発行所　株式会社創元社
https://www.sogensha.co.jp/
〔本　　社〕〒541-0047 大阪市中央区淡路町4-3-6
Tel. 06-6231-9010 Fax. 06-6233-3111
〔東京支店〕〒101-0051 東京都千代田区神田神保町1-2 田辺ビル
Tel. 03-6811-0662
印刷所　株式会社太洋社

ISBN978-4-422-70129-5 C0021